“哈大齐”工业走廊经济发展的策略研究

许淑琴　孙绪静　张新建　著

中国农业出版社

图书在版编目（CIP）数据

“哈大齐”工业走廊经济发展的策略研究 / 许淑琴，孙绪静，张新建著. —北京：中国农业出版社，2009.8
ISBN 978-7-109-13501-7

Ⅰ. 哈… Ⅱ. ①许…②孙…③张… Ⅲ. 工业经济-经济发展战略-研究-黑龙江省 Ⅳ. F427.35

中国版本图书馆 CIP 数据核字（2009）第 148017 号

中国农业出版社出版
（北京市朝阳区农展馆北路 2 号）
（邮政编码 100125）
责任编辑 张 欣

中国农业出版社印刷厂印刷 新华书店北京发行所发行
2009 年 8 月第 1 版 2009 年 8 月北京第 1 次印刷

开本：850mm×1168mm 1/32 印张：10.375
字数：265 千字 印数：1～1 000 册
定价：26.00 元

目　录

1 绪论

1.1 选题的背景和意义

近年来，区域经济发展已成为各国普遍关注的焦点问题之一，经济一体化正在成为经济发展的重要趋势，尤其是从20世纪90年代以来，打破原有区域格局，重新进行产业布局，实现区域经济一体化的步伐正在不断加快，现已成为国际经济发展的潮流。在这一潮流中，中国在积极地参与区域经济一体化实践，同时在一定程度上取得了令人瞩目的成绩。在国际上与周边国家和地区建立了紧密的经济联系，积极参与亚太经合组织的活动，推动中国——东盟自由贸易区的建立；在国内，跨行政区划进行整体布局，协调区域经济发展。继东南沿海开放、西部大开发、中部崛起战略，又推出振兴东北老工业基地战略。各省级行政区划内部区域经济发展格局也在逐步确立和发展起来。作为黑龙江省八大产业区的“哈大齐”工业走廊，正是在这样的经济历史洪流中逐步建立起来的，这是黑龙江省为实现东北老工业基地发展战略，实现区域经济一体化的重大战略举措之一。这一规划的目的是加快黑龙江西部经济的发展，通过区域互动，拉动全省经济的整体发展，实现东北老工业基地的全面振兴。

2004年11月，作为国家科技部批准的全国第五个国家级高新技术产业开发带的“哈大齐”工业走廊，还处在不断吸收和总结经验、探索其发展路径的过程中。尤其在当前面对全球金融危机经济大环境的背景下，研究如何完善“哈大齐”工业走廊地方经济发展的各项政策措施意义重大。通过对“哈大齐”工业走廊经济发展的策略研究，提出有利于发挥其在区位、产业、生产要素方面比较优势的政策建议，有利于促进合理开发和利用走廊内的有限资源，优化经济区范围内的经济结构，形成区域性的主导产业、优势产业，最终形成合理分工和互补的产业体系。在提高区域市场竞争能力方面，通过政策引导，促进区域内较大范围内实现有效的跨区联合、兼并，从而有利于企业形成规模经济，实现降低生产和交易成本，提高产品的市场竞争力，使生产要素的集聚功能和扩散功能得到充分发挥。通过政策安排，加强区域内交通、通讯等基础设施建设，推进区域统一市场的培育，使周边欠发达地区的土地资源、劳动力资源得到充分利用，有利于促进区域内的分工合作与优势互补，有利于先进地区带动落后地区经济发展，进而实现区域经济的协调发展。系统地研究“哈大齐”工业走廊区域经济发策略既具有理论和实践价值，又具有开拓性和创新性。

1.2 国内外区域经济政策理论研究状况

1.2.1 国外区域经济政策理论研究状况

尽管区域政策与区域经济是两个不同的概念，但研究区域政策必然涉及到区域经济问题，况且区域经济学在几十年的发展中已经形成了比较完备的理论体系和较为适用的分析方法，因而在构建区域政策分析研究框架时，借鉴区域经济学的理论方法甚至是某些观点是十分必要的。区域政策理论从根本上说属于经济政策理论的范畴，所以研究区域政策问题就较大程度地运用经济政策的一般理论和相应的分析方法。从目前情况看，经济政策理论自身的体系已经比较成熟，这为我们借鉴和运用经济政策理论分析区域政策问题奠定了基础。

1.2.1.1 区域经济理论

区域经济理论的产生与发展有着深刻的社会经济背景。德国经济学家杜能 1826 年在其著作《孤立国对于农业国民经济之关系》中指出，农产品的利润是由农业生产成本、市场价格、运费这三个因素决定的。他从农产品经营程度的地区差别出发，阐述了专业化分工与优势区位之间的关系，对生产力布局理论的发展有很大的影响。自杜能提出农业区位论以来至今已有 180 多年的历史。在这一漫长的历史过程中区域经济理论的发展大体经历了三个阶段。

起步阶段。19 世纪末至 20 世纪初的第二次工业革命阶段，以亚当·斯密的《国民财富的性质和原因》的研究为起点，产生了论述西方经济发展进程的经济理论。20 世纪 30 年代，“大危机”之后又产生了凯恩斯主义主张的政府干预经济的宏观经济理论，西方国家兴起了区域计划与政策。各发达国家相继推出大规模的区域发展规划和相应的区域政策，为区域经济发展理论的形成奠定了基础。在这一时期，涌现了一批至今仍有较大影响的区位理论，如韦伯（A. Weber）的工业区位论，他认为，企业选择区位的因素包括运费、劳动力费用、集聚效应。在现实的企业生产中，运费最低点不等于成本最低点。除了运费外，影响最优区位选择的因素还有劳动力费用与集聚效应。如果一个地区的廉价劳动力指向和集聚指向的引力超过了运费指向的引力，工业区位就会向工资价格比较低廉的地区或集聚程度较高的地区转移。这就是说，如果工资成本节约和集聚而产生的生产成本节约小于运输成本的增加，则原有区位不变；如果前者大于后者，则应当把工厂迁至工资较低的地方或集聚区域。韦伯是第一次把工业区位理论系统化，综合分析运费、劳动力费用和集聚效应的学者，他把由此所决定的最小生产成本作为厂商选择最优区位的标准。此外，这一时期赖利的市场分界点理论、勒施的市场区位理论等也为区域经济理论的发展做出了重要贡献。

逐步发展阶段。“二战”以后，世界各地生产力迅速发展，工业大幅度增长，经济增长出现一个空前高涨时期。绝大多数发展中国家经济先后走上独立发展道路，并大规模地开始了工业化进程。世界经济结构发生了根本性变化，出现了新型国际劳动分工。随着对发展问题研究的需要，相继创立了不同的学派，加上计量化和模型化的飞跃发展，使经济发展理论有了重大的进展。这一时期，提出了若干平衡发展理论与模型。代表性的有“大力推进理论”（罗森斯坦·罗丹）、“二元结构模型”（刘易斯）和“贫困循环理论”（纳克斯）。平衡发展论的产生在西方经济学界引起了广泛争论。针对这些理论的缺陷，许多学者注意到经济发展的空间问题，并提出了非平衡发展理论、关联效应理论和出口导向型理论。代表性的有“增长极理论”（佩鲁）、“循环累积理论”（缪尔达尔）、“中心——边缘理论”（弗里德曼）、“主导产业论”（罗斯托）等。它们在理论与概念上广泛借用经济学和地理学的理论，在研究方法上不仅扩大了过去因素分析的范围而且引入技术经济指标分析与比较研究和数学方法，从而使区域经济发展理论的深度和广度大大提高，形成比较完整的理论框架。

理论完善阶段。20个世纪70、80年代是世界经济结构发生重要转变，进入生产国际化的一个新时期。各个国家或地区相互合作依赖关系和竞争格局日益加强，这些巨大的变化给区域经济发展研究提出了更为复杂的课题，同时对已有的区域经济发展理论提出了挑战。一方面空间决定区域发展的理论开始被取代，换之以社会结构及其历史演变过程作为区域发展的基本因素，强调抽象的空间关系和经济功能的地域化，确认区域之间联系和区域经济结构共同影响区域发展；另一方面抛弃经济增长率和产业结构转换作为发展目的的传统观念。强调发挥农业和人力资本的重要性，这些变化，对纠正传统的区域经济发展理论的偏差，弥补其缺陷具有重要作用。自80年代以来，随着官方统计数据的大量公布和计算机网络技术的迅速发展，区域经济学研究开始逐步走向计量化。实证研究成为一种新时尚，这一时期无论是在区位理论，还是在区域发展方面各国区域经济研究的范围和领域都有了很大的扩展。

1.2.1.2 国外区域经济政策理论研究进展

关于政府通过制定经济政策对经济活动进行干预的理论研究也在进行着。可将其政策分为微观经济政策和宏观经济政策。微观经济政策主要是针对市场失灵而设计的干预工具；宏观经济政策主要是调节社会经济活动的总量及其结构，以减轻经济周期的波动幅度，促进经济协调均衡发展为目的。区域经济政策应该属于经济政策的一部分，其政策工具与宏观和微观经济政策工具有类似之处，但由于一般经济政策不会有目的地考虑空间问题，区域经济政策自产生之日起就有着与一般经济政策不同的特点。

目前，区域经济政策理论已成为各国区域经济发展解释现象和处理问题的重要工具。但是，国外有关区域经济政策的理论研究较少，而对宏观经济政策的区域效应的研究较多。从广义上看，宏观经济政策不仅包括财政政策和金融政策，而且也包括收入分配和就业等方面的政策，这些政策虽然不是针对某一特定地区制定的，但它的实施对各地区所产生的影响或者政策效果则有所不同，这种地区差别性的政策效果在国外一般称之为宏观经济政策的区域效应。

1.2.2 国内区域经济政策理论研究状况

国内关于区域发展问题的系统研究是从 20 世纪 50 年代开始的，但研究进展比较缓慢，只有到改革开放以后，区域经济的理论才取得了突破性进展。区域经济理论的研究是在介绍翻译西方区域经济发展的论著和论文并借鉴国外成功经验的基础上发展起来，主要围绕两个内容展开，一类是区域发展战略的研究，对区域产业结构、技术结构、贸易结构、生产力布局等重大理论问题进行了深入探讨，并为实际的区域规划制定提供了基础理论；另一类是对区域经济发展的途径、机制等一系列重大经济理论问题和对策的研究。其中一部分是从生产力布局的角度着重研究探讨生产力空间的合理布局，在某种意义上基本属于生产力经济学的范畴。另一部分则是从经济体制改革的角度研究经济发展过程中中央与地方关系及区域间关系变动的趋势，从时间上大体以90年代中期为界划分前后两个时期。

90年代中期以前，研究的重点在于描述和揭示中西部地区与东部沿海地区的发展差距，同时对改革开放以后，国家实施向沿海地区倾斜的政策效应进行评价。90年代中期以后国家明确提出了加快中西部地区发展的方针，并在国家"九五"计划和2010年远景规划中，制定了落实这一方针的多项政策措施。这一时期的研究重点转向具体的发展对策和政策分析上。主要是在分析东西部经济差距成因的基础上探讨如何进一步加快中西部地区的发展。这方面的代表著作有《中国地区差距报告》（胡鞍钢等著，辽宁人民出版社1995年）、《西部经济崛起之路》（陈栋生等著，上海远东出版社1996年版）、《中西部发展论》（薛军著，中国经济出版社1998年版）、《中国区域经济政策研究》（王一鸣主编，中国计划出版社1998年版）及《中国不平衡发展的政治经济学》（王绍光著，中国计划出版社1999版）等等。

1.3 选题的缘由、可能的创新之处和不足

1.3.1 选题缘由

之所以要研究"哈大齐"工业走廊区域经济发展策略，一方面在于无论在国外还是在国内，关于区域经济发展策略的研究尚未形成体系，我国虽然有不少学者在研究区域经济发展问题时开始注意区域经济政策问题，并就区域经济发展问题能够提出具有普遍意义的政策建议，但这些政策建议仍局限于某种具体现象的分析，针对具体某一区域经济发展提出系统全面的经济策略研究的文献十分有限。另一方面，在区域经济发展中，现行有关政策尚缺乏对区域发展的战略性、有效性和连续性的引导。具体地说，我国关于区域经济发展的研究虽然取得了一定的进展，但是

仍然存在不足和缺陷。比如注重从生产力配置的角度研究经济布局，忽略了从区域经济运行本身的微观层面及宏观经济管理体制的角度进行研究。提出的政策措施仍未彻底摆脱传统计划经济的思维，习惯于把国家扶持政策等同于国家直接投资，而在诸如诱导性政策制度的创新等方面难有所为，忽视了各项政策之间的相互影响和配合。

社会主义市场经济条件下如何充分发挥政府的作用，制定有效的区域经济政策，促进地方经济全面发展已成为理论界和实际工作者具体面对的一项重大课题。对于一个大国要实现区域经济的协调发展仅有宏观经济管理政策是远远不够的，它更需要因地制宜的区域经济政策体系的建立。如何制定出既满足促进区域发展的需要，同时又符合市场经济运行规则的地区发展策略，我们尚缺乏经验，因而开展此项研究也更加必要。

1.3.2 可能的创新之处

本书在对区域经济理论、产业集群理论等相关理论研究的基础上，针对“哈大齐”工业走廊经济发展和建设的实际情况，从总体上研究“哈大齐”工业走廊发展的相关经济政策，试图为“哈大齐”工业走廊区域经济的发展提出相关的经济策略。具体创新体现在以下方面：

（1）选题新。继国家振兴东北老工业基地战略决策出台之后，“哈大齐”工业走廊于 2004 年 11 月被国家科技部批准成为全国第五个国家级高新技术产业开发带。2009 年 4 月 24 日，黑龙江省委第十届七次全会审议通过“黑龙江省八大经济区”规划，正式将“哈大齐”工业走廊规划为黑龙江省重点建设区之一。2009 年 1 月 15 日，“哈大齐”工业走廊内重要的两座城市哈尔滨和大庆，被国务院办公厅批准为全国服务外包示范城市（同时被获批的还有北京、天津、上海、重庆、大连、深圳、广州、武汉、成都、南京、西安、济南、杭州、合肥、南昌、长沙、苏州、无锡)，相继出台了有关经济发展政策。本书的选题正是在这样的背景下提出的。

(2) 内容新。本书涉及的内容紧紧围绕当前经济形势，针对“哈大齐”工业走廊区域建设的重要领域全面展开，使区域经济理论研究与地方经济建设和发展紧密结合，具有现实意义。

(3) 研究范围广。本书的研究领域涉及“哈大齐”工业走廊内经济建设重点产业，如绿色乳品产业、医药产业、服务外包产业、高新技术产业。涉及税收、金融等重要经济政策，涉及节能减排、外部推动等重要问题。这些研究都是结合区域经济发展的宏、微观环境分析，在实地调研的基础上，提出政策建议的。

(4) 研究方法新。在研究方法上，本书采用定性推理和定量分析相结合的方法。在具体研究过程中，运用了文献法、实证分析与实地调研相结合的方法，运用区域经济分析中的多指标综合评价法对统计资料进行定量分析，将国内外有关经济政策进行比较，采用比较分析法。

(5) 统一性与独立性相结合。全书从“哈大齐”工业走廊地方经济建设历史入手，通过分析其比较优势，展开各领域研究，具有全书的统一性。各章以理论分析——现状分析——策略建议为主体研究思路，具有相对独立性。

1.3.3 存在的不足

(1) 缺乏更加深入的实地调研。由于时间和调研范围的局限性，实地调研的空间和得到的第一手资料不够全面和具体。

(2) 理论研究不够深入。由于篇幅和时间的局限，在模型构建和相关理论研究方面还不够深入，某些问题还有待于进一步深入研究。

(3) 下一步研究计划。在“哈大齐”工业走廊建设金融业发展策略上构建数学模型；构建“哈大齐”工业走廊建设服务外包体系。

1.4 全书的基本结构和主要内容

全书由13章组成，其中第1章、第2章、第3章、第4章、第6章、第11章由许淑琴执笔；第5章、第7章、第8章、第12章由孙绪静撰写；第9章、第10章、第13章由张新建完成。全书在研究区域经济相关理论和政策的基础上，从“哈大齐”工业走廊比较优势理论分析展开论述，针对走廊内部税收优惠政策、高新技术产业发展策略、绿色乳品业发展策略、医药业发展策略、金融业发展的政策支持、服务外包产业发展策略，承接外部推动的策略，节能减排策略，现代物流业发展策略以及促进“哈大齐”工业走廊周边城市化进程建设策略等具体论述。

全书的内容：

第1章 绪论。介绍本书的研究背景、研究意义、国内外研究现状，本书的创新点及不足、研究方法以及全书的基本结构。

第2章 “哈大齐”工业走廊经济建设概况。介绍黑龙江省经济发展历史及相关产业状况，重点介绍了“哈大齐”工业走廊的基本建设情况。

第3章 “哈大齐”工业走廊建设的比较优势。运用比较优势理论对“哈大齐”工业走廊区域内生产要素进行分析、概括和总结，提出“哈大齐”工业走廊在经济发展方面的优势。

第4章 “哈大齐”工业走廊建设税收政策支持研究。在对“哈大齐”工业走廊发展的税收政策现状简要评述的基础上，提出“哈大齐”工业走廊发展的税收政策建议。

第5章 发展“哈大齐”工业走廊高科技产业的策略研究。从自主创新角度来研究“哈大齐”工业走廊发展高科技产业的路径选择。本章结合当前自主创新的热点问题，对自主创新做了重新定义，在此基础上提出“哈大齐”工业走廊如何实现高科技产业自主创新，创造自己品牌的政策建议。

第6章 “哈大齐”工业走廊节能减排策略研究。结合当前国家节能减排工作的整体部署，在分析“哈大齐”工业走廊偏于重工业发展，导致污染严重现状基础上，提出“哈大齐”工业走廊节能减排工作的政策建议。试图对一个将要面临资源枯竭的地区如何实现结构调整，促进经济转型，实现区域经济可持续发展提出建设性意见。

第 7 章 “哈大齐”工业走廊现代医药产业的建设与发展。针对“哈大齐”工业走廊内的支柱产业之一——医药产业的发展现状进行分析，结合我国当前医药体制的改革，提出发展“哈大齐”工业走廊医药产业发展的政策建议。

第 8 章 “哈大齐”工业走廊绿色乳品产业发展的策略研究。以“哈大齐”工业走廊发展绿色乳品业得天独厚的区位优势为出发点，结合当前国内外乳品业发展的现状，指出“哈大齐”工业走廊发展乳品业的不足，提出发展“哈大齐”工业走廊乳品业的新思路。

第 9 章 “哈大齐”现代物流业的发展。结合当前我国物流业发展的现状，对“哈大齐”工业走廊处于东北亚经济圈的地理优势进行分析，指出“哈大齐”工业走廊在物流业发展方面存在的不足，提出“哈大齐”工业走廊大力发展现代物流业的政策建议。

第 10 章 “哈大齐”工业走廊金融业发展的策略研究。针对“哈大齐”工业走廊在资本市场建设方面的不足，提出如何加强金融业的政策引导，促进“哈大齐”工业走廊建设合理有效的资本市场，为“哈大齐”工业走廊经济建设提供高效有序的融资环境。

第 11 章 大力发展“哈大齐”工业走廊服务外包业。本章在研究外包理论的基础上，针对当前我国服务外包业的发展，分析“哈大齐”工业走廊服务外包产业发展现状，提出大力发展“哈大齐”工业走廊服务外包业的政策建议。

第 12 章 “哈大齐”承接“外部推动”的策略分析。本章在进行国际制造业外部扩散理论研究基础上，分析“哈大齐”工业走廊的制造业基础条件和劳动力优势，结合当前经济形势，提出大力发展“哈大齐”工业走廊制造业的政策建议。

第 13 章 发挥“哈大齐”龙头作用，促进周边地区农村城市化建设。本章结合“三农”问题，提出以“哈大齐”工业走廊区域经济发展带动周边地区农业现代化发展的策略。

1.5 致谢

本书从构思、选题及资料的收集方面都得到了东北农业大学经济管理学院院长，博士生导师郭翔宇教授的悉心指导和热情帮助，在此表示最诚挚的感谢！同时感谢中国农业大学李大枫老师，黑龙江大学经济与管理系研究生刘放，哈尔滨学院财经与管理学院教师刘雪峰在审稿中提出的宝贵意见和热情帮助！感谢在实地调研过程中相关部门给予的大力配合与支持！

2 “哈大齐”工业走廊经济建设概况

黑龙江省地处我国北部边陲，是我国重要的边疆省份。它的北部和东部隔黑龙江、乌苏里江与俄罗斯相望，南部与吉林省接壤，西部同内蒙古相连。

黑龙江地区有悠久的历史，早在两万年以前，这里就有了原始人类的活动。黑龙江地区在商周时期为肃慎地，汉为挹娄及夫余地，唐为室韦及黑水靺鞨地，公元六世纪末，兴起于松花江、牡丹江流域的粟末靺鞨族建立了“震国”，公元 729 年改称为渤海国，这是在黑龙江地区出现的第一个地方性政权。辽时黑龙江归东京、上京二道管辖，金时属上京路，元时隶属岭北和辽阳行中书省，明朝为女真及鞑靼地，清初为宁古塔将军、黑龙江将军辖区，清朝末期设置黑龙江省。

黑龙江省是一个多民族聚居地区，现代的汉、满、蒙、达斡尔、赫哲、鄂伦春、鄂温克、锡伯等民族，都是由本地区古代民族发展而来的，黑龙江地区古代民族为中华民族的形成，为统一的多民族国家的巩固和发展做出了巨大贡献。本章从回顾黑龙江经济发展历史入手，介绍“哈大齐”工业走廊的建设与发展概况。

2.1 黑龙江省经济发展历史回顾

2.1.1 清朝到新中国成立阶段

17 世纪初，女真族建立了大清国，清统治者控制了黑龙江地区以后，这里的社会经济生活发生了较大的变化。这以后，随着汉族人口的不断移入，使黑龙江地区得到了初步的开发，并逐渐形成与确立了封建制度。

清朝入主中原后，在整个东北地区实行“封禁”政策，这虽然在一定程度上延缓了黑龙江地区的经济开发进程，但客观上却保护了生态环境。1840年鸦片战争后，就全国来说，开始了由封建社会向半封建半殖民地社会的转化。这种变化在1856年牛庄开港以后，对东北地区的社会经济有了较大的影响，黑龙江地区也呈现出较明显的变化。1861年，清朝统治者实行了由部分放垦以至全部放垦的政策，黑龙江地区社会阶级关系有了新的变化，出现了大地主。1858—1904年的日俄战争前后，德、日、英、法、俄等帝国主义资本相继侵入了黑龙江，同时外国的宗教势力也逐渐深入到黑龙江地区，这就使黑龙江地区逐步走向了半封建半殖民地的道路。“九·一八”事变以后，东北地区完全沦为日本的殖民地，经济命脉几乎被日本垄断。在这一时期，一方面黑龙江经济得到了一定程度的发展，其中重工业发展相对较快，一些工矿城市在这一时期建立起来。另一方面，各种自然资源遭到了掠夺性的开发，给黑龙江地方经济的发展带来了不利影响。

2.1.2 新中国成立到改革开放时期

新中国成立后，我国经济进入全面恢复和建设时期。当时的国际战略环境和国内的经济基础条件，决定了中国选择优先发展重工业的工业化道路。由于没有经历充分发展的资本主义经济时代，国民经济发展的基础设施、机器装备、技术水平等都相对落后。同时，恢复国民经济需要大量的能源、矿产、生物等自然资源。中国东北地区资源储备丰富，重工业发展有一定的基础，与全国相比具有比较优势，国家对整个东北地区进行了全面的经济建设部署。“一五”期间，东北被列为老工业基地，成为国家重点发展的地区。全国有156项重点工程项目，其中东北地区就有58项，① 黑龙江省有22项。国家充分利用地方自然资源优势改建和

① 数据来源：振兴东北网站。

扩建了东北地区的煤炭工业，黑龙江的鹤岗就是其中之一。此外，还在辽宁、黑龙江兴建了一批以重型机械为主的大型机械厂，使东北地区成为全国最大的重工业基地。同时国家还将东北地区建成为全国重要的商品粮生产基地，发展纺织、食品、木材加工、造纸、水产品加工等轻工业，东北地区走上了以国营经济为主、重工业优先发展的工业化道路，形成了多种经济成分并存的经济格局。

在这一时期，作为东北老工业基地省份之一，黑龙江省在经济方面得到了迅速发展，每年向国家提供大量的能源、原材料、机械设备及商品粮。1952—1985 年的 34 年间，黑龙江省共净调出社会产品总价值 487.26 亿元，为同期国家对黑龙江省基本建设投资总额的 152.1%。① 1963 年起，由于“大庆油田”的发现的开发利用，中国告别了长期依赖石油进口的历史。作为中国最大产油基地的大庆油田年产量一直稳定在 5 000 万吨以上，加上辽河油田和吉林油田，东北石油产量占全国石油总产量的一半以上。在大庆油田建设的基础上一批石化工厂兴建起来，同时交通铁路和输油专用管道网迅速建成，改变了黑龙江省的能源结构、原料结构、产品结构及外贸结构。

2.1.3 改革开放至今

党的十一届三中全会以后，中国经济走上了改革开放的道路。在改革经济体制和扩大对外开放的政策引领下，中国经济进入了由计划经济向市场经济过度的高速发展时期。1979 年，深圳首先成为经济特区，此后，国家先后在珠海、汕头、厦门、海南等地设立经济特区，并逐步扩大了沿海开放程度。1999 年，党中央启动了西部大开发战略，宏观经济政策由东南沿海战略，向西部推进。而此时，国家对东北地区的投入相对减弱，再加上体制等其他方面的诸多原因，东北地区没有及时适应计划经济向

① 数据来源：黑龙江省人民政府网站。

市场经济的转变，丧失了市场经济发展的先机。尽管在这一时期，东北地区对全国的经济贡献率还比较大，比如大庆油田开采40多年来，累计生产原油17.26亿吨，占全国同期陆上原油总产量的47%，累计上缴各种税金6.61亿元。但是由于重工业在经济发展中的比重较高，经济结构不合理，再加上体制遗留的问题没有得到实质的解决。使得失业、社会保障、三农和城乡二元结构等社会问题日益凸现。

2002年，在党的十六大报告中首次提出要振兴东北老工业基地，2003年10月，中共中央、国务院制定了《关于实施东北地区老工业基地振兴战略的若干意见》这是继西部大开发后的又一重大决策。2004年3月，中国共产党黑龙江省第九届委员会第五次全体会议审议并通过了《黑龙江省老工业基地振兴总体规划》。在《规划》中明确提出，发展六大产业群，建设六大基地，全面推进黑龙江省工业结构优化升级。其中包括：装备制造业产业群——建设现代化装备制造基地；石化工业产业群——建设国家一流的石化工业基地；能源工业产业群——建设东北地区能源基地；绿色特色食品工业产业群——建设全国重要的食品工业基地；医药工业产业群——建设我国“北药”生产基地；森林工业产业群——建设我国重要的森林工业基地。

2004年11月黑龙江省委常委会议做出了建设“哈大齐”工业走廊建设的决策。国家科技部批准哈大齐高新技术产业带为国家级高新技术产业开发带，这是国内继珠三角高新技术产业带、关中高新技术产业带等之后的第五个国家级高新技术产业开发带。“哈大齐”工业走廊整体规划是由哈尔滨经大庆到齐齐哈尔，规划建设用地总面积为837.1平方公里的新型工业经济园区。这三个城市形成一条直线，从哈尔滨到大庆，从大庆到齐齐哈尔，各100余公里，沿高速公路两侧形成一条约长200公里的“工业走廊”。“哈大齐”工业走廊除哈、大、齐三市外，还包括沿途的肇东和安达两个县级市。

2.2 黑龙江省工业发展布局

新中国成立以来，东北地区以占全国8%左右的人口，创造了全国25%以上的工业产值，汽车、石油、煤炭产量长期居全国第一位，电站成套设备制造占全国1/3份额，冶金设备制造占全国1/4份额，机床产量占全国1/3份额。黑龙江省作为我国东北老工业基地省份之一，与吉林、辽宁共同成为国家重要的工业基地和战略保障基地，为国家建设和工业化进程做出了巨大的贡献。黑龙江省作为老工业基地省份之一，目前在工业布局方面仍有明显的特征。

2.2.1 黑龙江省产业布局的特征

2.2.1.1 按资源分布来布局

黑龙江省是著名的煤炭、石油、木材的生产基地，一直以来素有资源大省之称，蕴藏着丰富的自然资源。随着各类重要经济资源的陆续发现与开发，逐渐形成了以资源分布为特征的工业布局。其中最主要的聚集地包括以鸡西、鹤岗、双鸭山、七台河为中心的东部煤炭工业区，以大庆为中心的中部石油工业区，以大小兴安岭为中心的森林工业区。

2.2.1.2 围绕铁路沿线来布局

特殊的开发历史，使得黑龙江省的工业布局以铁路干线为主轴线，铁路干线几乎连接了所有的大中城市和工矿区。比如“哈大铁路”连接石油城市大庆与北方枢纽城市哈尔滨，将石油由北向南输送。此外“滨洲铁路”，“滨绥铁路”都连接着黑龙江的重要城市。这些大中城市相互影响、相互作用形成了沿铁路延伸的“经济走廊”，经济发展水平从轴线向两侧梯度递减。

2.2.1.3 重工业比重大

黑龙江省工业发展主要以装备制造业、石化工业、能源工业、食品工业为四大主导产业，这四大产业的产值约占地区总产值的 78.71%（6 540.9/8 310），在国民经济中占主要地位，为地方经济乃至国家经济建设做出了重要贡献。表 2-1 和表 2-2 显示，2008 年装备工业、石化、能源工业总产值合计为 5 526.4 亿元，占黑龙江省四大支柱产业工业总产值的 84.49%。

表 2-1　黑龙江省 2008 年 1—12 月份国民经济主要指标①

	产值	增长率%
地区生产总值（亿元）	8 310	11.8
第一产业	1 089.1	8.2
第二产业	4 365.9	12.1
第三产业	2 855	12.4

表 2-2　黑龙江省四大主导产业 2008 年产值及增长情况

四大主导产业	1—12 月	增长%
工业总产值（亿元）	6 540.9	18.6
装备工业	1 156.3	16.1
石化工业	1 254.5	12.7
能源工业	3 115.6	19.2
食品工业	1 014.5	28.5
主营业务收入（亿元）	7 066.9	22.2
装备工业	1 128.6	18.1
石化工业	1 274.7	13.4
能源工业	3 645.6	24.4
食品工业	1 018.0	31.8
城镇固定资产投资（亿元）	1 194.3	32.9
装备工业	199.0	45.9
石化工业	135.3	30.4
能源工业	680.2	30.0
食品工业	179.7	33.1

① 黑龙江省统计局网站截取并整理。

2.2.2 黑龙江省八大经济区布局

2009年4月24日，黑龙江省委第十届七次全会正式通过了“八大经济区”建设规划。八大经济区包括：“哈大齐工业”走廊建设区、东部煤电化基地建设区、东北亚经济贸易开发区、大小兴安岭生态功能保护区、松嫩三江两大平原农业综合开发实验区、北国风光特色旅游开发区、哈牡绥东对俄贸易加工区和高新技术产业集中开发区。

2.2.2.1 “哈大齐”工业走廊建设区

“哈大齐”工业走廊主要围绕集中建设好哈尔滨、大庆、齐齐哈尔、安达、肇东五个重点园区，充分发挥其产业集聚和辐射带动作用。以优化发展环境、引进高新项目、加快建设进度为三大任务，加快核心示范区和重点园区建设。政府着力围绕重点产业、龙头企业和高新科技项目，加大招商引资力度。完善工业走廊建设规划，将其开发建设成高质量的现代化工业园区和现代化城市新区。

2.2.2.2 东部煤电化基地建设区

东部煤电化基地建设区主要包括鸡西、鹤岗、双鸭山、七台河、佳木斯、牡丹江等城市，其煤炭资源储量占全省的92%，这一地区的发展主要是充分挖掘和发挥电力、煤化工、冶金、建材原料、生物工程等产业的优势，大力推进落实重点项目，全面规划建设电网、交通等基础设施。按照新型工业化的要求，以延长煤炭产业链为主攻方向，以高新技术为引领，以循环经济为主要发展模式，加快东部煤电化基地的建设步伐。

2.2.2.3 东北亚经济贸易开发区

这一区域的工作重点是推进东北老工业基地振兴战略与俄远东及外贝加尔地区发展战略互动对接，以绥芬河、黑河、东宁、同江、抚远等重点边境口岸为节点，建设连接国内生产基地和国外商品市场的跨国物流网络，建设集资金流和信息流于一体的现代服务体系。黑龙江省位于东北亚经济区的中心位置，为此，推进经济贸易合作，以“哈大齐”工业走廊等经济板块为依托，以区域性中心城市为支撑，以边境口岸为节点，将其建设成为面向东北亚、辐射亚欧大陆的经济贸易开发区，吸引国内外有实力的战略投资者到边境口岸投资创业、兴办市场，形成立足龙江、服务全国、辐射欧亚、通往世界的区域性商品集散中心。

2.2.2.4 大小兴安岭生态功能保护区

大小兴安岭地区是黑龙江省的主要资源聚集区域，黑龙江省委、省政府在这一地区的部署是继续深入实施天然林保护工程，有计划调减木材产量，加强对珍贵树种和草原、湿地的保护，加快推进生物多样化建设。大力发展特色优势产业，推进林木种植业、特色养殖业发展，培育龙头企业，积极打造全省乃至全国林工产品精深加工基地。预期到 2010 年，特色产业、生态产业等替代产业加快发展，产业结构明显优化，基础设施建设速度明显加快，初步形成以生态经济为主的产业格局。

2.2.2.5 两大平原农业综合开发试验区

松嫩平原和三江平原农业综合开发区是全国粮食主产区之一，主要以发展现代农业、构建城乡经济社会发展一体化新格局为重点，是实施千亿斤粮食产能工程的重要基地。农业综合开发试验区发展的重点是在农业基础设施建设，农业结构调整，做大做强畜牧产业，推进农业标准化、规模化生产和产业化经营上下大力气，着力打造销售收入千亿元以上龙头企业集群，围绕水稻、大豆、肉类、渔业、乳品、禽蛋加工形成一批龙头企业，创出一批知名品牌。

2.2.2.6 北国风光特色旅游开发区

这一区域主要是围绕实施精品旅游战略，着力建设好哈尔滨冰城夏都旅游区、五大连池旅游度假区、镜泊湖渤海国旅游集合区、兴凯湖旅游度假集合区、神州北极旅游度假区、大庆温泉旅游度假区、小兴安岭森林旅游度假集合区、凤凰山生态旅游度假区、扎龙湿地生态旅游区等龙头旅游景区。充分利用黑龙江省独特的冰雪旅游资源，开发建设具有国际性、地域性和市场竞争力较强的旅游精品和品牌，力争通过三五年的努力，实现从旅游资源大省向旅游经济大省的过渡。

2.2.2.7　哈牡绥东对俄贸易加工区

这一区域主要是指以牡丹江为核心，以绥芬河、东宁口岸为前沿，以滨绥铁路、绥满公路为轴线，以周边内陆县（市）为依托，呈带状分布的经济区域。黑龙江省政府提出在这一区域重点抓住东北亚经济一体化步伐加快的战略机遇，把这一区域建成东北亚地区的加工中心、商贸中心、旅游中心、物流中心、会展中心，从而使其形成口岸、临岸地区与腹地优势互补、良性互动的对外开放新格局，成为带动、支撑全省沿边开放的先导区。依托国内外两种资源、两个市场，"引进来"和"走出去"相结合，境内、境外两个基地一起建，推动对内对外开放的战略升级，使对俄贸易加工区成为我省沿边开放的核心区，对俄、对韩、对日经贸科技合作战略的前沿区。

2.2.2.8　高新科技产业集中开发区

高新科技产业集中开发区是围绕各地市的高新技术产业发展规划，以培育和发展特色骨干企业为主要任务，整合科技资源，加强高等院校、科研院所与企业间的合作，打造一批产业特色鲜明、核心技术领先、服务平台完善、管理模式先进、基础功能完备的国内一流的现代化、国际化科技产业园区，发挥高新技术集聚效应，带动黑龙江省经济又好又快、更好更快发展。在这一区域优先发展重点园区，以黑龙江中东部对俄外向型星火产业带建设为重点，支持对俄农业科技园区建设。搭建科技平台，充分利用大学的资源优势，推动科技产业园的建设与发展。

2.3 "哈大齐"工业走廊建设情况

"哈大齐"工业走廊作为黑龙江省八大经济区之一，是在国家振兴东北老工业基地宏观经济政策基础上，于2004年11月提出并通过整体规划的。区域建设计划用15年时间完成，分三步发展。初期目标是2005—2006年开发100～150平方公里，启动招商并完善基础设施建设。中期目标是从2008—2010年，开发255平方公里。2020年完成其余400多平方公里的开发计划。整个走廊以能源、化工、装备、汽车、食品、高新技术六大板块为主框架，构筑现代化产业带。

在黑龙江省振兴老工业基地的实践中，加快建设“哈大齐”工业走廊能够实现强强合作、优势互补、实现以部分地区带动整个区域发展的整体目标。推进“哈大齐”工业走廊建设，既是加快区域经济结构优化升级的内在要求，也是促进黑龙江省经济实现跨越式发展的重大战略选择。

2.3.1 “哈大齐”工业走廊建设的必要性

2.3.1.1 有利于优化配置装备制造业资源

根据装备制造业主要经济指标分析，上海、广东、江苏的装备制造业整体实力在全国31个省级行政单位（不含港、澳、台）中居于遥遥领先的位置；北京、辽宁、湖北、浙江、山东整体实力逊于前者，但在全国看实力还是较强的。其他各省级行政单位整体实力普遍较弱。黑龙江省在省份排名中相对落后，这与哈尔滨市和齐齐哈尔市在重型装备制造业领域方面的优势不符。哈尔滨市在水电、火电、核电等电站成套装备等领域，齐齐哈尔市在重型机械装备、重型数控机床、重载铁路货车及铁路起重机等领域均处在全国优势地位。黑龙江省装备制造业发展的现状，决定了应大力发展哈尔滨与齐齐哈尔的装备制造产业。通过“哈大齐”整体的规划和布局，能够充分利用地区优势，整合资源，增强创新能力，发展地方优势产业。

2.3.1.2 有利于提高区域创新能力

中国科技发展战略研究小组从知识创造、知识流动、企业技术创新能力、创新环境和创新的经济绩效5个方面，对全国31个省级行政单位（不含港、澳、台）的技术创新能力进了分析，黑龙江省2001年排名第18位，2002年排名13位，高于吉林省（第18位）而低于辽宁省（第8位），整体创新能力居于全国中游水平。因此，黑龙江省有必要通过技术创新、体制创新，实现区域和行业科技资源的整合，确定合理的空间发展结构，引导产业的空间重组和结构调整，推动市场经济的发展，促进资源的合理配置，构建一体化环境协调机制。

2.3.1.3 有利于推进区域经济一体化

坚持以国家和本区域内的产业政策为依据，打破原有经济构成中不合理的模式和简单延续性发展的思维定式，立足于区域内的资源特点、区位优势和发展潜力，面向国内外市场，优化配置生产力要素，形成能够充分发挥区域优势的生产力模式。从宏观上看，“哈大齐”工业走廊的主要产业（如装备制造业和石化产业）关联性和互补性很强，有很大的合作发展空间，具备实现区域经济一体化的内在条件。

2.3.1.4 有利于统一规划基础设施建设

区域基础设施的不断完善，是实现一体化的重要载体。在推进一体化的过程中，必须统一规划地区基础设施建设，特别是大型基础设施建设。因为这些项目的建设具有不可逆性，一旦建成重新改造需要付出巨大代价。所以，通过“哈大齐”工业走廊在公路、港口、机场等基础设施和信息网络基础设施的合理布局，可以加强各地区的协调、统一规划，以避免重复建设和规模不合理问题的出现。

2.3.1.5 有利于建立适应区域经济协调发展的管理体制

建立区域合作机制要积极发挥市场的主导作用，发挥政府的引导作用。目前，我国区域经济内部恶性竞争、各自为政的问题相当突出，造成生产力的严重浪费和财政税收的极大损失。其根源是地方政府追求自身利益最大化。区域经济一体化的前提是市场一体化，市场一体化包括市场主体经营地点选址的自由化、产品与服务推销的无障碍化和要素获取的全区化。想要实现市场一体化，必须在区域内实行统一的产业政策和发展规划，对“哈大齐”工业走廊建设的合理规划能够清除走廊内影响区域经济发展的各种体制障碍，构筑统一的发展环境。

2.3.1.6 有利于打造特色鲜明的产业形象

以加快产业升级和提高产业竞争力为核心，以产业结构的战略性调整和加速工业化进程为主线，以制度创新和科技进步为动力，有机融合工业走廊内的优势，实现产业优势集成，形成若干优势产业群，优化区域产业布局，拓展产业市场空间，增强产业集聚和辐射功能，促进走廊内产业经济有机联动和跨越式发展。使“哈大齐”工业走廊出现一些具有较高产业集中度和一体化水平的优势产业群，其他支柱产业整体实力进一步增强。

2.3.1.7 有利于发挥石化产业的传统优势

“哈大齐”工业走廊区域内的三个主要城市均位于绥满铁路沿线，化学工业和装备工业基础雄厚。经济发展上能够以大庆油田为依托，加强同俄罗斯方面的原油进口合作，将其建成为在国内最具影响力的石化产业带，从而发挥地方比较优势。在区域发展过程中，通过走廊的区域联动作用可以有针对性地进行技术改造和产业升级，提高其在国内外市场的竞争力。

2.3.2 “哈大齐”工业走廊建设所取得的成效

目前在振兴老工业基地和推动区域经济大发展中，“哈大齐”工业走廊建设取得了一定的成效。截至2008年11月末，已经启动建设29个园区，开发面积达到96平方公里，开工项目742个，竣工投产项目461个，实际完成投资489亿元。协议入区总投资3亿元以上的项目80多个，其中28个项目今年已开工，占全省3亿元以上工业开工项目的25.9%。具体建设项目、投资及收益见下表。

表 2-3 "哈大齐"工业走廊建设情况一览表

指标名称	合计	哈尔滨	齐齐哈尔	大庆	安达和肇东
项目区规划及进展情况					
项目区规划总面积（平方公里）	920.7	251.0	111.9	340.8	217.0
实际启动面积（平方公里）	62.4	23.3	9.1	24.7	5.3
计划项目数（个）	1 391	470	325	533	63
已开工项目数（个）	721	232	150	291	48
项目区企业情况					
计划入区企业数（个）	1 245	445	305	433	62
已入区企业数（个）	821	269	202	288	62
投产企业数（个）	489	129	137	195	28
投资情况					
计划投资额（亿元）	369.3	269.5	21.1	30.0	48.7
完成投资额（亿元）	117.8	59.9	16.9	17.9	23.1
项目区基础设施投资额	35.7	28.8	1.8	2.3	2.8
企业项目投资额	82.1	31.1	15.1	15.6	20.3
工业生产效益情况					
绝对量（亿元）					
工业总产值	296.4	60.3	97.7	113.6	24.8
主营业务收入	311.5	56.1	105.9	125.9	23.6
利润总额	13.7	3.1	6.8	2.8	1.0
税金总额	15.0	1.6	7.8	4.8	0.8
增长速度（%）					
工业总产值	37.6	74.3	59.4	7.8	77.1
主营业务收入	37.0	134.7	64.7	7.9	76.1
利润总额	−3.5	158.3	33.3	−60.0	11.1
税金总额	50.0	33.3	69.6	23.1	100.0

资料来源：黑龙江省统计局网站

在“哈大齐”工业走廊整体规划中，哈尔滨、大庆、齐齐哈尔三个城市的发展至关重要，出逐一介绍这三个城市的建设情况。

2.3.2.1 哈尔滨段基本情况

“哈大齐”工业走廊哈尔滨段各园区的大项目集聚效应和集群发展特征明显。截止2009年2月，仅哈尔滨段各园区完成近40平方公里的项目区建设，入区企业313个，协议投资总额666.9亿元，已完成投资223.8亿元，入区开工项目252个，其中141个项目基本竣工投产，各园区企业已成互相配合、协调发展的集群态势。投资亿元以上的竣工项目24个，投资亿元以上在建项目39个，其中10亿元以上项目6个。投资亿元以上协议项目29个，其中10亿元以上项目6个。

“哈大齐”工业走廊为哈尔滨市优势产业升级和创新开辟了新的发展空间，已有8个汽车零部件项目落户汽车及配套产业园，一批电力设备配套企业集中在机电工业园。2009年哈尔滨市以获得国家民用航空产业基地和国家生物产业基地两项授牌为契机，依托航空及汽车产业城、利民医药科技园，正集中力量打造航空、汽车和生物制药等优势产业集群。

哈大齐高新技术产业带目前已经启动，区域包括哈尔滨、大庆2个国家级高新技术产业开发区，4个国家级特色产业园区，6个国家级对俄产业化中心，1个省级高新区，4个民营科技示范区，2个医药科技园区，4个农业科技园，通过“产业带”的发展促进“走廊”的建设。

2009年正在建设或准备建设的项目中，有一批处于产业高端的高技术、高附加值项目，包括投资50.9亿元的东轻超大规格特种铝合金板带材，投资7.2亿元的核电主泵电机和大型阀门，投资20亿元的航空复合材料，投资12亿元的轻型车厂搬迁改造及风电产业基地等项目。这些项目建设对发挥“哈大齐”工业走廊的辐射带动功能将产生积极作用。

2.3.2.2 大庆段基本建设情况

大庆作为“哈大齐”工业走廊的重要城市，近年来发展的速度比较快，从表2-3可以看出，大庆的工业总产值超过其他两市，居于首位。2008年上半年统计显示，全市实现地区生产总值1 048.0亿元，同比增长11.0%，比上年同期提高1.0个百分点。三次产业分别实现增加值16.2亿元、910.2亿元和121.6亿元，同比分别增长9.6%、10.4%和15.6%。其中，非公有制经济实现增加值150.7亿元，同比增长13.4%，占GDP比重14.4%。

大庆的出口加工区位于高新技术产业开发区主体区内，于2005年5月正式启动，整体规划占地面积3平方公里，当地依托地缘优势，瞄准俄罗斯、东北亚市场引进项目和开发产品。主要产业方向是绿色化工、机械制造、高新技术和轻工产品加工。该区域计划用5年时间，使大庆出口加工区初具规模，发展对外出口加工型企业约30～50家，年实现进出口总额5亿美元，带动相关产业实现经济附加值1亿美元。目前2栋6 400平方米标准厂房、1栋3 400平方米标准厂房、3 400平方米监管仓库和11 600平方米多层厂房及相关配套设施已建成投入使用，14 000平方米的海关综合楼也已竣工。

大庆精细化工科技园是大庆市政府、大庆高新区根据大庆地区石油石化产业发展的实际需要，为发展大庆接续产业，于2003年初启动建设的专业精细化工基地。2004年精细化工科技园被列入“哈大齐”工业走廊项目区，并被黑龙江省科技厅批准为火炬计划精细化工产业特色基地。精细化工科技园总规划面积4.49平方公里，已经建设0.93平方公里，截止2007年末引进企业53家，重点发展石油化工添加剂、助剂、催化剂等精细化工领域的高新技术产品。

大庆服务外包产业园区被国家商务部、信息产业部、科学技术部认定为中国服务外包示范区。该产业园位于大庆高新区主体区，毗邻大庆石油学院和黑龙江八一农垦大学，占地 49.74 万平方米，房屋建筑面积 60.49 万平方米，拟分三期用 5 年时间建成。一期建设 A 区和 D 区，房屋建筑面积 15.19 万平方米。其中，D 区建筑面积 7.8 万平方米，共有 6 栋单体楼，已投入使用；二期建设 B 区和 C 区，房屋建筑面积 15 万平方米，2009 年底建成；三期建设 E 区和 F 区，房屋建筑面积 30.3 万平方米，2011 年底建成。

2.3.2.3 齐齐哈尔段基本建设情况

齐齐哈尔是一个开发潜力巨大的新兴城市。以重型机械、冶金工业为主体。既有被周总理誉为“国宝”、“掌上明珠”的第一重型机械厂、北满特殊钢厂和被列为全国机床行业“十八罗汉”的第一、第二机床厂，又有全国最大的铁路货车生产企业齐齐哈尔车辆厂和大型化工企业黑龙江化工厂、齐齐哈尔化工总厂，还有和平、建华、华安等为共和国作出卓越贡献的三大军工生产企业。

齐齐哈尔在“哈大齐”工业走廊的规划中，重点建设五个开发区和一个物流系统，包括：1. 南苑高新技术产业开发区，规划面积 36.17 平方公里，发展以机械制造、机电一体化、仪器仪表、数控机床等产品为主的装备工业和以绿色食品的精深加工为主的绿色食品产业。2. 北苑经济技术开发区，规划面积 11.3 平方公里，重点发展有机农业生产资料、新型节能环保建材产业和能源产业。3. 富拉尔基民营科技示范区，规划面积 14.68 平方公里，主要发展机械冶金制造业和新型节能环保建材产业及煤化工精深加工等产业。4. 昂昂溪中俄国际贸易园区，规划面积 4.72 平方公里。建设集内陆口岸、国际贸易、现代物流、加工工业、文化旅游为一体的新兴综合开发区。5. 江西经济开发区，规划面积 45 平方公里，初步规划为具有居住、贸易、金融、旅游、文化休闲等功能的城市新区。6. 物流系统，由南苑物流基地、北苑物流园区、北大仓物流中心三部分组成。

2.4 "哈大齐"工业走廊经济发展现状分析

"哈大齐"工业走廊的经济发展与黑龙江省整体发展密切相关，现结合黑龙江省整体经济面临的问题进行分析。

2.4.1 体制性矛盾仍然存在

黑龙江省是大批大中型国有企业和产业工人的密集区，就业压力大，2006 年 9 月底，全省尚有各类下岗失业人员 8 817 万人，还有约 20 万名初高中和高校毕业生等新生劳动力要进入就业市场，加之农村劳动力转移速度加快，就业需求多方汇流，导致就业压力加大，黑龙江省 2006 年城镇登记失业率为 4.32%，比 2005 年低 0.10 个百分点。黑龙江省就业形势的严峻，其根源就在于劳动力的供给远超过需求。在企业自身效率方面，企业技术落后、装备陈旧、产品老化、企业领导市场竞争意识不够强。

"哈大齐"工业走廊作为黑龙江省的重点发展区域，企业产权制度改革进程迟缓，实现投资主体多元化的速度比较慢。在这种国有经济比重较高，非公有制经济发展不足的体制下，政府重视国有经济和大型企业，忽视非国有经济和中小型企业，重视资本密集型产业、忽视劳动密集型制造业。经济发展过程中对国有独资企业依赖程度过高，导致政企不分、市场经济成分发展迟缓。体制性问题表现在国有经济比重大，规模以上工业增加值中国有及国有控股企业所占比重较大，生产成本高，自我积累与自我发展能力不足。

非公有制经济存在于其他工业类别中（如表 2－4），其他工业在工业总量中的比重由 1980 年的 0.1%缓慢上升到 1990 年的 3%，90 年代上升到 1995 年的 15.1%。如不考虑统计口径变化的影响，其他经济的产值贡献率呈缓慢上升趋势，但总体水平各个时期均大大低于全国平均水平，表明黑龙江省非公有制工业经济虽有一定发展，但发展程度远落后于全国水平。

表 2-4 黑龙江省工业总产值的所有制构成（%）

范围 \ 所有制		国有工业	集体工业	其他工业
1980	全　国	76.0	23.5	0.5
	黑龙江	82.0	17.9	0.1
1990	全　国	54.6	35.6	9.8
	黑龙江	80.5	16.5	3.0
1995	全　国	34.0	36.6	29.4
	黑龙江	65.2	19.7	15.1
2000	全　国	47.3	13.9	38.8
	黑龙江	84.2	4.3	11.5
2005	全　国	35.2	5.7	59.1
	黑龙江	76.5	1.6	21.9

数据来源：根据《中国统计年鉴 1990—2006》计算

同时，非公有制经济投资的地区分布主要集中在黑龙江省的西南部，布局不均衡现象严重，从表 2-5 可以看出，主要集中在哈尔滨、大庆、齐齐哈尔等地。

表 2-5 黑龙江省非公有制经济的地区结构（%）

地区 \ 指标	增加值（亿元）	产值比重	从业人员（人）	人员比重	比较劳动生产率
哈尔滨	850.2	46.4	126.1	27.1	1.71
齐齐哈尔	166.5	39.4	50.6	19.4	2.03
牡丹江	129.6	42.8	53.1	47.9	0.89
佳木斯	74.6	30.9	44.6	39.5	0.78
鸡西	61.0	29.8	23.4	33.7	0.88
鹤岗	27.1	24.1	11.0	27.8	0.87
双鸭山	40.4	27.6	12.2	20.6	1.34
七台河	52.2	52.1	12.4	32.5	1.60

（续）

指标 地区	增加值（亿元）	产值比重	从业人员（人）	人员比重	比较劳动生产率
大庆	206.8	14.8	66.5	45.2	0.33
伊春	50.9	43.9	22.4	54.1	0.81
黑河	25.2	20.9	19.4	28.7	0.73
绥化	141.0	40.2	73.5	32.1	1.25
大兴安岭	13.8	29.9	6.7	32.4	0.29
其他地区	108.7	33.7	28.5	40.8	0.83

数据来源：根据《黑龙江统计年鉴 2006》计算

2.4.2 企业自身状况

黑龙江省是近代中国工业的摇篮，为新中国经济发展做出过重要贡献。但是黑龙江制造业由于长期技术投入不足，装备老化现象十分严重。2005 年东北地区的国内生产总值仅占全国的 8.67%。80 年代初期黑龙江省 GDP 与东部各省市的平均值基本相当，而目前只是其 46%左右，人均 GDP 仅为上海的 1/4。

由于自然与历史的原因，“哈大齐”工业走廊内的很多企业是作为地方资源型企业生存的，这些企业肩负着国家重要的能源及重工业产品的供应任务，发展速度比较快，而其他产业发展相对落后。由于同时，资源的不可再生性决定了资源型产业的发展缺乏可持续性，难以成为国家或地区经济腾飞的支点。

国企改革还远没有到位，多数企业仍以初级产品生产为主，历史负担沉重，经济效益不高。东北地区资源开采大多为国有大中型企业，多数是原中央直属，经营期大多在 40 年以上，目前这些企业离退休人员多，债务负担沉重，厂办大集体、企业办社会等历史遗留问题尚未完全解决。

企业的自主创新能力薄弱，研发经费严重不足。同时对引进技术的消化、吸收和创新效果较差，技术引进与自主创新不能充分结合起来。造成对国外技术资源的过分依赖。

2.4.3 产业结构矛盾突出

黑龙江省的产业结构调整滞后，与发达省份相比，黑龙江省第一、二产业比重偏高，第三产业发展明显滞后，而第二产业对资源依赖程度也比较高，石油、煤炭、木材或以此为原料的加工业所占的比重较大；第三产业不发达，其中，通讯、科研、信息、咨询等新兴行业总值小，比重低。现对产业结构矛盾的具体表现加以分析。

2.4.3.1 能源生产以煤炭为主，污染严重

以 2007 年为例黑龙江省生产的原油、原煤和天然气分别占全国总量的 22.3%、3.2%和 3.7%。黑龙江省能源生产在全国所占比重较大，其中原油、天然气均集中在“哈大齐”工业走廊内。

表 2-6 黑龙江省一次能源生产总量和构成情况表（万吨标准煤、%）

年份	能源生产总量	原煤	比重	原油	比重	天然气	比重	水电	比重
2005	13 717.9	6 955.3	50.6	6 421.6	46.7	324.6	2.3	54.1	0.4
2006	13 922.4	7 344.4	52.8	6 200.8	44.5	326.2	2.3	51.0	0.4
2007	13 542.2	7 189.5	53.1	5 957.0	44.0	339.2	2.5	56.5	0.4

资料来源：黑龙江统计信息网

从表 2-6 可以看出，黑龙江省能源结构中原煤、原油的产量在整个能源构成中比重较大，而原煤、原油的消费也正是环境污染的主要来源；黑龙江的地势起伏较大，水资源比较丰富，水资源具有可再生、无污染的特点，有效利用水资源将有利于降低和节约能耗，有利于人与自然的和谐发展。但能源构成中，水资源利用和开发则相对较弱，这将成为今后资源开发和利用的重点。

2.4.3.2 能源消费以煤炭为主，生态受损

以2007年为例，黑龙江省共消耗能源9 374万吨（标准煤，下同），比上年增长7.4%，其中一次能源消费总量7 957.9万吨，比上年增长3.9%；原煤消费量5 250.5万吨，增长5.2%，原油消费量2 340.5万吨，增长1.9%；天然气消费量328.5万吨，增长3.6%；水电消费量38.4万吨，下降24.7%。

表2-7 黑龙江省一次能源消费总量和构成情况表[①]（万吨标准煤、%）

年份	能源消费总量	原煤	比重	原油	比重	天然气	比重	水电	比重
2005	7 619.6	4 909.7	64.4	2 340.6	30.7	315.2	4.2	54.1	0.7
2006	7 657.3	4 991.9	65.2	2 297.3	30.0	317.1	4.1	51.0	0.7
2007	7 957.9	5 250.5	66.0	2 340.5	29.4	328.5	4.1	38.4	0.5

资料来源：黑龙江统计信息网

表2-7数据显示，黑龙江省能源消费构成中原煤的消费增长量较快，水电的消费量却呈明显的下降趋势，需要进行能源消费结构的调整。从黑龙江省能源消费结构来看，未来二十年内以煤炭为主的消费格局不会发生根本改变，这将对生态环境造成很大压力。

2.4.3.3 第二产业能源消耗比重大

表2-8 产业及生活消费能源构成情况表（万吨标准煤、%）

年份	能源终端消费总量	一产业	比重	二产业	比重	三产业	比重	生活消费	比重
2005	6 836.85	309.5	4.5	4 506.1	65.9	949.0	13.9	1 071.9	15.7
2006	7 753.39	325.8	4.2	5 148.9	66.4	1 033.4	13.3	1 245.4	16.1
2007	8 251.40	335.8	4.1	5 318.3	64.5	1 088.2	13.2	1 509.1	18.2

资料来源：黑龙江统计信息网

① 资料来源：见黑龙江统计信息网

表2-8数据显示，第二产业能源消耗比重较大，第一、三产业相对较小。据了解，发达国家第三产业在国民经济中所占比重达到70%左右，我国第三产业比重平均也在40%以上，而黑龙江省仅为33.9%，仍有很大上升空间。因此，要大力发展能耗较低的第一、三产业，减少环境污染，节约能源，同时还能解决一些就业问题，尤其在经济衰退，失业比重增大的现代经济大环境下，大力发展一、三产业具有很大的现实意义。

2.4.3.4 结构调整面临巨大退出障碍

由于缺乏相应的体制条件，黑龙江省产业结构调整无法有效进行。首先，社会保障体制不健全是产业结构调整的最主要障碍，大批的国有企业下岗工人成为国企改革的沉重包袱。而同时地方社会保障基金严重不足，失业保险金远低于全国平均水平。由于社会保障体制的制约，使劳动力结构成为结构演进中的滞后因素。其次，黑龙江省重化工业和原材料工业的资产具有专用性强的特点，产业退出需要巨大的费用，仅靠地方无力承担这笔费用。最后，缺乏资本市场和民间资本及外资主体，也限制了产业演进。老工业基地所面临的问题是多方面、综合性的，是发展过程中的结构性问题，传统主导产业增长乏力和衰退，以及新兴产业发展缓慢是各种问题的诱因，旧有体制机制缺乏市场经济因素是问题的根本，区域经济发展缓慢以及大量的失业是各种问题的直接表象。因此，解决老工业基地问题要从这些直接表象入手，培育新兴的替代产业从而扩大就业，使区域经济恢复以往的活力。

资源型城市大多是因自然资源开采而兴起或发展起来的城市，矿业在城市经济结构中占据主导地位。特别是矿业城市中的采掘业与配套产业作为主导产业形成了紧密的产业链，产业关联度大，配套产业的依附性强，整个城市的经济发展对资源具有高度依赖性。东北地区的资源型城市大多都还处于探索转型的早期，并未找到既能有效发挥地方比较优势，又能有效发展地方经济、促进就业的接续替代产业，且由于资源开采以外的其他产业基础薄弱，缺乏相应的人才支撑等因素，大多只能在产业链条的低端寻求突破，使得资源型城市这种天生被动的发展基础进一步被固化。

2.4.4 黑龙江省经济增长缓慢

1978—1998的20年间，全国GDP年均增长率为9.7%，而东北地区仅为8.7%，比全国平均水平低1个百分点。从经济增长来看，根据要素贡献率分析，高资本投入仍是东北地区经济增长的主要推动力量。这20年中，东北地区的资本贡献率为80%，劳动贡献率为11.5%，全要素生产率贡献为12.1%。其中辽宁和黑龙江的资本贡献率超过90%，吉林为53.5%；全要素生产率吉林较高为29.7%，辽宁6.5%，黑龙江最低为−0.17%。2002年全员劳动生产率全国平均为54 885元/人，吉林为55 446元/人，黑龙江为43 044元/人。可见，增长速度相对缓慢，整体效率低下是东北地区改革开放以来经济增长的主要特征。

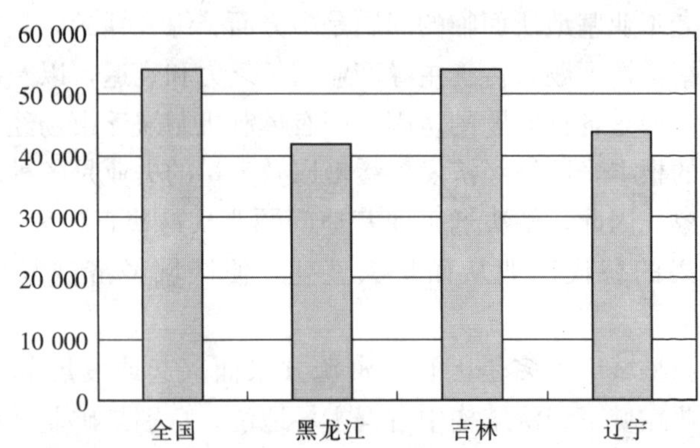

图2-1 黑龙江与全国、辽宁、吉林全员劳动生产率的比较（2002）

仍以2002年为例（图2-1），黑龙江省的全员劳动生产率与辽宁、吉林以及全国水平相比均明显偏低。

从黑龙江省的工业增加值2007年与2008年的对比分析来看（见表2-9），黑龙江省2007年的经济增加值增长率为15.8%，而2008年下降为13.1%，经济增长速度减缓。

表2-9 黑龙江省工业增加值对比情况表①

工　业	2008年1～12月		2007年1～12月	
	数值	增长%	数值	增长%
工业增加值（亿元）	3 444.8	13.1	2 871.9	15.8
轻工业	421.6	13.8	351.5	16.5
重工业	3 023.2	13.0	2 520.4	15.7
国有及国有控股企业	2 837.3	12.9	2 365.4	15.6
集体企业	47.5	12.2	39.6	15.8
非公有制企业	560.0	14.2	466.9	17.0
股份制企业	2 821.2	13.0	2 352.0	15.7
大中型企业	3 040.8	13.0	2 535.1	15.7
小型企业	404.0	13.9	336.8	16.6
工业销售产值（亿元）	7 220.4	19.2	5 898.4	11.6
轻工业	1 348.0	23.1	1 074.5	21.4
重工业	5 872.4	18.4	4 823.9	9.6
国有及国有控股企业	5 068.6	14.2	4 393.1	6.4
集体企业	277.4	21.4	209.1	21.6
非公有制企业	1 874.4	34.9	1 296.1	31.4
股份制企业	5 457.2	21.2	4 473.6	10.7
大中型企业	5 925.3	16.5	4 953.6	8.2
小型企业	1 295.1	33.6	944.8	33.0

2.4.5 市场化程度低

落后的生产经营方式，使得黑龙江省企业在市场经营意识、市场功能发育和政府的行政管理等方面，还不能完全适应市场经

① 资料来源：黑龙江省统计局网站整理

济的要求。民营企业比重小，但其在经济增长中的作用却在不断加强，由于开放程度比较低，经济外向度不足10%。外资企业数量少、规模小。企业经营管理落后，产品市场竞争力不强。市场体系不完善，市场功能不健全，市场机制对经济的调节作用弱，经济发展缺乏持续的内在动力。

2.4.6 资源面临枯竭

由于长期以来黑龙江省的资源开发缺乏计划性，并且开发历史比较长，无论是土地资源、生物资源、还是矿产资源都遭到了不同程度的破坏。生态问题没有得到应有的重视，森林资源日益减少，水土流失和气候恶化等情况越来越突出，环境污染十分严重，矿产资源日渐枯竭，开采成本逐年提高。

传统的资源型产业不断丧失比较优势，省内几大自然资源优势正在迅速弱化乃至消失。年产量长期占全国石油产量一半左右的大庆油田，其可采储量目前只剩下30%，约7.45亿吨。到2020年其年产量只能维持到2 000万吨左右，开采成本将在现有基础上大大提高。省内四大煤炭生产基地鹤岗、鸡西、双鸭山、七台河已经面临煤炭资源枯竭或大量关井的局面。我国最大的森林工业基地伊春，16个林业局当中已经有12个无木可采，全市可采的成熟林只剩下1.7%，可采木材不足500万立方米。

由于国内新的资源区资源产量增加，以及国外进口石油、铁矿石等资源量加大，导致国内众多品种的资源性产品由过去的短缺转为过剩，从而进一步加剧了黑龙江省资源型产业地位的下降，并影响到区域的可持续发展。

2.5 结论性评述

黑龙江省经济的发展具有较深的历史渊源。从其建设和发展历程看，每一个发展时期均与政治环境和国家经济政策紧密联系在一起，在不同发展时期体现出了不同的特点。作为以重工业为主导的国家老工业基地，在共和国建立之初为国家做出了较为突出的贡献。这一贡献给几代人带来了荣誉。然而，在国家改革开放和现代化建设的进程中，黑土地人民面临着经济结构调整，现有经济转型的严峻挑战。龙江人困惑过，困惑之余需要重新思考。

黑龙江省委省政府抓住振兴东北老工业基地的契机，做出了建设"哈大齐"工业走廊建设的决策，并获得国家科技部批准，使"哈大齐"工业走廊作为国家级高新技术产业开发带，成为全国第五个国家级高新技术产业开发带。在国家宏观经济政策指引下，"哈大齐"工业走廊得到了整体规划，并逐步加快建设步伐，成为全省八大工业区之一的重点建设区。

客观地分析当前的形势和面临的困难，充分利用国家有关政策，制定切实可行的建设和发展计划，合理地整合现有资源，有效地开发和利用各种资源，争取开发建设出高质量、经得起历史考验的现代化工业园区、现代化城市新区，实现强强合作、优势互补、实现以部分地区带动整个区域发展的整体目标。加快区域经济结构优化升级，是促进黑龙江省经济实现跨越式发展的重大战略选择。

3 “哈大齐”工业走廊建设的比较优势

3.1 产业集群相关理论

3.1.1 国内外研究现状

3.1.1.1 国外研究现状

当前，国外集群研究主要集中在产业集群的机理、技术创新、组织创新、社会资本以及经济增长与产业集群关系研究、基于产业集群的产业政策和实证研究等方面。

（1）产业集群机理的研究。关于产业集群机理的研究，最早可以追溯到马歇尔。马歇尔（1920）解释了基于外部经济的企业在同一区位集中的现象。它发现了外部经济与产业集群的密切关系。他认为产业集群是外部性导致的。Alfred Weber（1929）最早提出聚集经济的概念，他在分析单个产业的区位分布时，首次使用聚集因素。随后，August Losch（1954）、P. Sargant Florence（1948）对聚集经济进行了进一步的阐述。

克鲁格曼通过其新贸易理论，发展了聚集经济的观点，但理论基础仍然是收益递增。他的工业聚集模型假设一个国家有两个区位，有两种生产活动（农业和制造业），在规模经济、低运输费用和高制造业投入的综合作用下，通过数学模型分析，证明了工业聚集将导致制造业中心区的形成。Andersen（1994）分析了传统的熊彼特主义分析创新关联度的不足，主张用演化经济学来分析创新关联度，并在演化经济学的框架内，构筑了交互创新的两产业模型和三产业模型，探讨了创新关联和国际专业化问题。

UNCTAD（1977）把企业间合作模式分为：群、网络和战略伙伴，探讨了不同的合作模式对企业能力和竞争的作用，从政府、企业、中介机构的层次提出了政策建议。Alex Hoen（1997）从理论角度对群进行分类：群的概念分为微观层（企业群）、中观和宏观群（产业集群），群内企业通常通过创新链和产品链进行连接。Lynn Mytelka 和 Fulvia Farinelli（2000）采用了不同于 Markusen（1996）的产业集群分类方法，他们把产业集群分为：非正式群、有组织群和创新群。探讨如何在传统产业中培育创新群，建立创新系统，从而使传统产业保持可持续的竞争优势。

Magnus Holmen 和 Staffan Jacobsson（1998）探讨了产业集群的确定问题。认为传统的投入产出分析和用户——供应商关系是基于产品和产业，对于确定基于知识性和扩散产业集群是不合适的，并提出了基于专利的确定产业集群的新方法。Gabriel Yoguel，Marta Novick 和 Anabel Marin（2000）通过对大众公司在阿根廷企业的研究，从生产网络（群）的角度探讨群内企业关联度、创新能力和社会管理技能（工作流程的组织和合同的形成机制）

Aldo Romano、Giuseppina Passiante 和 Malerio Elia（2001）分析了 29 个虚拟群，用组织接近的概念来代替传统的地理接近概念，认为组织接近是虚拟群形成动力的新来源，而组织的接近则通过供应链和客户关系管理来实现。他们突破的产业集群的地理限制，利用信息通讯技术的进步把产业集群置于全球化的虚拟学习环境中，扩展了产业集群活动的空间。Henry G. Overman 、Stephen Redding 和 Anthony J. Venables（2001）从经济理学学的角度探讨贸易流的方式、要素价格产生产的区位问题，分析了贸易成本的决定因素和贸易成本影响贸易流，认为地理条件是要素价格的重要决定因素，提出了基于地理的贸易流和要素价格影响产业集群产生与发展的机理。

（2）产业集群与经济增长的关系研究。关于产业集群与经济增长的关系研究，Philippe Martin 和 Gianmarcol Pottaviano（2001）综合了克鲁格曼的新经济地理理论和罗默的内生增长理论，建立了经济增长和经济活动的空间聚集间自我强化的模型；证明了区域经济活动的空间聚集由于降低了创新成本，从而刺激了经济增长。反过来，由于向心力使新企业倾向于选址于该区域，经济增长进一步推动了空间的聚集，进一步验证了著名的缪尔达尔的“循环与因果积累理论”。也就是说，企业偏好市场规模较大的地区，而市场的扩大与地区企业数量相关。Anthony J. Venables（2001）认为，新技术改变了地理对我们的影响，但是并没有消除我们对地理的依赖性；地理仍然是国际收入不平衡的重要因素，是产业聚集的重要条件。

D. Norman 和 J. Venables（2001）探讨了基于规模收益递增的世界经济范围内产业集群的规模和数量，研究了国家产业集群政策与世界经济均衡发展的关系以及产业集群与世界经济福利最大化的关系后，认为在均衡发展的条件下，产业集群数量太多而规模太小。

Lura Paija（2001）通过对芬兰 ICT 产业集群的实证分析，认为 ICT 产业集群是芬兰基于知识的经济增长的发动机，优化了芬兰的产业结构，构筑了芬兰国家竞争优势，并从产业政策的角度回顾了 ICT 产业集群在芬兰的发展。

（3）产业集群与技术创新、组织创新、社会资本的关系研究。关于产业集群与技术创新、组织创新、社会资本的关系研究，Kalumholmen 和 Jacobsson（1999）从国家创新系统的角度，探讨了北日德兰半岛和瑞典西部知识型产业集群的形成。Machielvan Dijk 和 Onder Nomaler（2000）不同于传统关注知识溢出和累积的思维，从供给方面解释产业动力学。他们从需求的角度解释了产业动力学，在假定消费者偏好多样化和相关技术兼容性不同的前提下，探讨新技术应用的时间和频率是如何影响产业动力学的，验证了新技术应用模式和产业中企业数量的关系。Lucia Cusmano（2000）探讨了企业的相关研究能力（即企业评价、整合和利用在交互作用中产生知识流的能力）在技术政策和合作研发方面的作用，其理论依据是演化经济学。把技术作为知识，以交互作用作为分析单位，假定合作企业是异质的，具有互补的知识和能力。在企业合作中，技术外部性导致的知识溢出是有成本的，企业对知识溢出的利用取决于自身的吸收能力，而吸收能力与企业自身的知识存量和研发的投入呈正相关。C. J. Caniels 和 A. Romijn（2001）研究在经济自由化和国际经济整合的背景下，技术能力的累积对中小企业在区域发展中的作用，建立概念框架来分析地理聚集影响技术能力累积的机理，从中观和微观层次对聚集优势进行了分析，并提出了相应的产业集群政策。

Nicolai J. foss（1999）从博弈论的角度探讨了领导能力在协调博弈中的作用，并认为共同的知识概念对于理解领导能力是非常重要的。Nicolai J. Foss（1999）比较了传统用来解释企业间的能力理论和组织经济学理论，分析了能力理论和经济学解释企业间关系的优点和不足。能力理论虽然可以解释企业间的合作，但是缺乏理论基础。Carlos Quandt（2000）认为，创新群和合作网络是促进区域发展，提升创新能力和区域竞争优势，缩小空间和社会不均衡的主要工具。Dirk Messner 和 Meyer Stamer（2000）则探讨了什么是网络、如何认识网络等问题，从三方面对网络治理逻辑进行了研究；最后研究了网络治理对产业集群和价值链的作用。Jorge Britto 分析了企业间合作的网络形式，介绍了与网络结构特征相关的因素，探讨了网络竞争的决定因素。Meyer Stameer（2002）分析了产业集群内企业合作的模式，研究企业合作的典型障碍，探讨了如何克服文化对合作的不利影响，最后提出了通过企业合作来营造创新的环境，从而提高产业集群的创新能力和竞争优势。

Mark Lorenzen（1998）探讨了基于信任的信息成本，认为在不同的环境下有不同的信息获取方式，不同类型的信任有不同的信息成本。所以，在不同环境下，不同类型的信任具有相应的主导地位。通过实证分析，他研究了产业集群企业的信息成本特点，解释了不同的信任在不同的产业集群的存在原因和地理接近与信息成本的关系。

（4）产业集群的实证分析与产业政策研究。Michael Peneder（1997）在对澳大利亚产业集群政策进行了研究以后，认为群的分析方法有助于确定最优的政策工具，对微观层次的系统反馈机制所反映的需求非常敏感，强调了消除制度障碍和制度扭曲的重要性。迈克波特（1998）认为，集群有利于区域和国家获得竞争优势，强调了集群在获取雇员和供应商、专业化信息、互补性、获取公共品方面的优势，探讨了区位选择、就地参与、集群升级和集体协作对提高集群竞争力的作用，回顾了传统产业政策的不足，提出了新的基于产业集群的产业政策设计思路。Shohei Kaibori 介绍了日本产业集群的现状和未来的发展方向。Khalid Nadvi 和 Gerhard Halder（2002）对巴基斯坦的锡亚尔科特和德国的 Tuttlingen 的外科器械集群进行了实证分析。两个产业集群分别处于发展中国家和发达国家，从技术的角度分别处于高端和低端，但在生产和技术方面有相当多的联系，它们同样面临质量升级、低成本竞争和医疗技术发展的挑战。他们用集群和价值链作为分析方法对地方产业集群和全球价值链的关系进行了实证分析，同时研究了发展中国家与发达国家产业集群之间的关系。

（5）产业集群的研究层次和方法。Jarobelandt 和 Pdlmdenhertog 把集群的分析层次分为宏观、中观和微观三个层次（见表 3－1）。

综上所述，国外集群研究主要集中在产业集群的机理、技术创新、组织创新、社会资本以及经济增长与产业集群的关系研

表 3-1 不同的集群分析方法

分析水平	集群概念	分析重点
宏观层次（国家）	经济结构中产业关联度	国家、地区的专业化模式；大量的产品和工艺升级和创新
中观层次（产业）	有相似最终产品的产品链上不同阶段的产业内和产业间关联度	产业的 SWOT 分析和基准分析；探索创新的需求
微观层（企业）	企业间关联；专业供应商集中在一个或几个核心企业周围	战略性业务发展链的分析与管理；合作创新项目开发
国外常用的产业群研究方法	1. 投入产出分析法；2. 图分析；3. 一致性分析；4. 案例研究法	

究、基于产业集群的产业政策和实证研究方面。产业集群的研究结论已经成为许多国家制定产业政策的依据，并取得了非常好的经济绩效。国外学者从不同方面研究产业集群，但研究偏重于实证分析，在此基础上的归纳并没有形成系统的理论体系。集群的研究大多以研究论文的形式出现，缺乏系统研究的专著，集群理论仍落后于实践。

3.1.1.2 国内研究现状

20 世纪 90 年代，产业聚集理论引入中国，2000 年后对我国产业集聚理论的研究成为学术界的热点。中国学者对产业集聚的研究没有形成完整的理论体系，主要借鉴国外的理论对我国的产业集聚形成机理、意义、效果及与竞争力、经济增长之间的关系等方面研究。

对产业集聚形成原因的研究。一是从历史偶然性及“路径锁定”作用角度：梁琦基于空间经济理论，研究集聚的一般均衡性与稳定性。认为历史和偶然事件是产业区位的源头，而循环累积过程有滚雪球般的效果导致产业长时期地锁定在某个地区。但是，预期和自我实现机制可以使得产业集聚中心转移或产生新的中心，并提出只依靠政府的行政干预难以形成持续的产业集聚。二是从知识溢出角度分析：叶建亮认为知识溢出是导致集群的重要原因，它不仅决定了集群的规模，也影响集群组织内企业的生产函数。他认为知识溢出还导致集群内部产品的类同和恶性竞争的发生，知识产权的保护并不是制止恶性竞争的有效手段。三是从社会关系网络理论解释集聚的形成与发展。台湾学者的探讨概括起来大致有两大途径：其一是从社会学的观点出发所作的探讨。认为企业家的协作网络关系是建立在网络成员之间彼此的承诺与信任关系之上的，而这种承诺与信任关系则是需要依靠企业主之间的社会关系的建立，因此企业主之间的社会关系是维持网络安定的主要力量；其二则是依据经济学的观点进行研究。认为企业因降低交易费用、依赖稀缺资源、降低不确定性等原因形成网络关系。内地学者盖文启也较为系统地研究了区域创新网络，他系统地构建了区域创新网络的一般理论。他运用规模经济和范围，经济、交易成本、竞争优势、创新等理论建立了区域创新网络理论体系，并利用这些理论体系来解释了产业集聚和新产业区创新网络的发展。另外，一些学者强调政府的作用：胡星和刘文俭从企业角度出发，认为企业战略的正确选择是关键，政府的作用也不可忽略；徐康宁则认为对于欠发达地区，单纯地依靠市场和企业自发力量无法形成足够的产业集聚，政府宏观政策的引导作用不可或缺。

对产业集聚意义研究。王缉慈、童听和王红斌分别指出地方产业集聚是提高国家竞争力以应对全球化挑战的重要战略选择，产业集聚可以促进区域竞争优势；仇保兴则认为：小企业集聚的形成使企业会专注最具竞争力的价值活动，达到规模经济和专业化利益；唐敏和张廷海从产业集聚创新优势理论的探讨出发，在建立我国中小企业集聚成长的宏观、中观和微观三个维度构架的基础上。着重分析了我国目前产业集聚创新优势的缺失及其对我国中小企业集聚效率的制约与影响，并从政府、集聚和企业的角度，提出了我国中小企业集聚效率改进的措施。

对区域竞争力与产业集聚关系的研究。王缉慈结合区域发展和区域研究的现实比较分析国内外典型案例，认为培育区域特色产业、发展专业化产业区是提高区域产业竞争力的关键。樊圣君、张旭亮、张振宇认为由社会资本而来的“独立性机制”会带给区域乃至国家持续竞争优势。

从产业集聚研究的方法角度考虑。梁琦在《产业集聚论》一书中，以空间经济学的基本理论和方法为指导，借鉴国外有关产业集聚理论，对产业集聚的产生和持续机制、影响因素及产业集聚与公司定位和专业化分工的内在联系全面论证，她创造性地在传统的公司选址模型中加入了成本因素，从而体现了影响产业集聚的市场因素对公司选址的决定作用，同时她对我国东部沿海等产业集聚地带进行实证分析。

对产业集聚产生的效应或影响的研究。唐杰认为集聚效应可以进一步分解为内部集聚经济、布局集聚经济和城市集聚经济；李君华和彭玉兰把产业集聚和供应链治理两种优势结合在一起，寻求一种地区发展的新模式；曾煌和陈方亮认为我国目前城镇化水平低，主要原因在于产业集聚力不强，提出构建和培育有竞争力的产业集聚，提高我国城镇化水平的政策思路。徐康宁认为，中国的产业集聚和市场供给范围的扩大有关系，一般直接表现为有很强的出口能力。在开放经济的条件下，发挥产业集聚效应，提高产业效率，这对中国产业提高其国际竞争力很有意义。

对产业集聚的实证分析研究。路江涌、陶志刚利用 Ellison and Glaser（1997）衡量行业区域集聚和共同集聚的指标体系，考察中国制造业的区域集聚程度在 1998—2003 年间的发展趋势，并进行了国际比较。认为我国的行业集聚程度仍处在一个上升阶段。范剑勇在新经济地理学分析框架下研究长三角一体化问题认为一体化会带来制造业的空间转移和地区结构差异性增强。吴玉鸣、徐建华运用面板数据（Panel Data）模型分析了中国 31 个省级区域经济增长集聚及其影响因素。认为中国省域经济增长具有明显的空间依赖性，在地理空间上存在集聚现象，省域区际经济增长的空间不均衡，经济增长因素在地理空间上的非均衡集聚导致了迥然不同的区域经济增长格局。刘传江、吕力则通过实证分析发现长江三角洲地区产业结构存在趋同现象。金煌、陈钊、陆铭利用 1987—2001 年省级面板数据研究了导致中国地区工业集聚的因素，认为经济地理、新经济地理和经济政策因素共同作用于工业集聚。

3.1.2 产业集群相关理论

3.1.2.1 产业集群一般理论

（1）产业集群定义。到目前为止，对产业集群的定义还没有形成一致的看法，国内外有关学者对产业集群有代表性的定义如表 3-2 所示：

表 3-2 产业集群的定义

学 者	定 义
迈克 E·波特（1998）	产业集群（Industrial Cluster）是在某一特定领域内互相联系的、在地理位置上集中的公司和机构集合。产业集群包括一批对竞争起重要作用的、相互联系的产业和其他实体。产业集群经常向下延伸至销售渠道和客户，并侧面扩展到辅助性产品的制造商，以及与技能技术或投入相关的产业公司。产业集群包括提供专业化培训、教育、信息研究和技术支持的政府和其他机构
J. A. Theo，Rolelandt & Pim den Hmtog（1998）	为了获取新的互补技术，从互补资产和知识联盟中获得收益，加快学习过程，降低交易成本，克服或构筑市场壁垒，取得协作经济效益，分散创新风险和相互依赖性很强的企业（包括专业供应商）、知识生产机构（大学、研究机构和工程设计公司）、中介机构（经纪人和咨询顾问）和客户通过增值链相互联系形成的网络，这种网络就是群

（续）

学　者	定　　义
Rosenfeld (1997)	产业集群是地理接近和相互依赖的具有协同效应的企业在地理位置集中
Enright（1996）	区域集群就是产业集群，产业集群中企业相互接近
Scott（1998）	产业集群为基于合理劳动分工的生产商在地域上结成的网络（生产商和客商、供应商以及竞争对手等的合作与链接）。这些网络与本地的劳动力市场密切相关
王缉慈（1998）	认为集群揭示了一些地方的相关企业集结成群，从而获得竞争优势的现象和机制，之所以认作“产业群”，有其特定的产业内涵，之所以认作“企业群”，有其企业“扎堆”的特征。无论是企业集群还是产业群其实都是指具有专业化特征的企业和有关机构在地理空间集结成群的现象
仇保兴（1999）	①由一群彼此独立自主但相互之间又有着特定关系的小企业组成；②在这种特定关系中隐含着专业化分工和协作现象，即企业集群中企业间的互为行为；③互为行为包括小企业间的交换与适应；④集群中存在企业间的互补与竞争关系；⑤信任与承诺等人文因素来维持集群的运行并使其在面对外来竞争时，拥有其独特的竞争优势
曾忠禄（1997）	产业集群指同一产业的企业以及该产业的相关产业和支持产业的企业在地理位置上集中

基于以上学者的定义，本文把产业集群定义为以专业化分工和协作为基础的同一产业或相关产业的企业以及相关机构，通过地理位置上的集中或靠近而产生的相互联系、密切相关的企业网络。为了研究的方便，这里我们对于产业集群的概念不再进一步细分，我们把产业群、企业集群等相关概念都归于产业集群的概念之下，并特别强调集群内企业和各相关机构之间相互联系的网络关系。

（2）产业集群类型。关于产业集群的分类，目前没有统一的观点。根据不同的划分标准，可以作不同的类型划分。根据产业集群的形成方式可分为诱致型、强制培育型与引导培育型产业集群；根据产业集群的深度分为简单型与复杂型产业集群；根据产业归属可分为农、林等产业集群，制造业产业集群与服务业产业集群；根据产业集群中同类企业之间的合作程度分为松散型与紧密型产业集群；根据产品的属性分为传统产业集群与高技术产业集群；根据产业集群中企业的市场结构分为马歇尔式产业集群、中心和辐射型产业集群、卫星型产业集群、高级中心型和辐射型产业集群、高级卫星型产业集群和探索型高技术产业集群等几种类型。

（3）产业集群特征。产业集群的组织形式是源于众多企业为谋求改变自身的生存环境所形成的一种“结盟”，并随着分工与专业化的发展而发展。它能为企业带来外部规模经济，增加知识交流与传播，降低交易费用和成本。产业集群具备以下几个基本特征：

产业性。即围绕某一产业而形成的。它可是三大产业中的任一产业，但一般以第二产业中的制造业为多。它至少表现在两个方面：一是某产业集群主要集中于某产业，该产业由诸多相同企业共同构成了佩鲁所界定的增长极或推动型单位（推动性单位是一种起支配作用的经济单位，当它增长或创新时，能诱导其他经济单位增长）；二是相关、相近或互补的厂商集中于该产业的产业链或“迂回生产链”上，它们使得该产业链高度专业化与精致化，充分获得因专业化而产生的高效率，而且迂回生产方式呈现复杂化。这样产业集群具有明显的特色化、低成本化或者兼而有之的竞争优势；另外，集群中的企业利用相同或类似的技术，生产同类产品，面对共同的机会与威胁，因此，竞争异常激烈，这在一定程度上刺激了集群中的企业勇于创新，不断提出新产品。

区域性。即在某一区域内相对集中。该区域可大可小，但不是以行政区域来划分，而是以地理的邻近性为界限。产业集群的地域化实际上是全球经济一体化的本地化体现。在全球经济一体化的时代，一些可移动经济要素能在全球范围流动，但一些地方特有的经济要素是不可移动经济要素，它们只能在某地存在并有效地发挥作用。产业集群中业主之间天然的亲情、乡情与友情就是这种不可移动经济要素之一，它们构成了本地的社会资本，是集群中厂商之间共同行动的基础，是厂商之间交易费用减少的重要条件，也是产业集群中新企业不断诞生的“催化剂”。

自组织性。这也是产业集群的一个最根本特点，产业集群中的企业并不是一开始就都想联在一起，形成你中有我，我中有你的局面。产业集群的形成是一种自组织的扩展，而此中的关键是现实利益的驱动，当集群内企业合作的收益大于合作的成本时，企业就会进行有效地分工。而且产业集群中的产业选择和龙头企业的出现，也是一种自组织的过程。因为产业和产品的选择只有取决于企业家对市场的嗅觉，市场是千变万化的，市场中的机会也是稍纵即逝的，龙头企业的产生亦只能是市场竞争的结果，抑或已经有了一个相对较大的企业从而解决了甄别的麻烦，但问题仍然存在，政府官员也难以知道这个企业是否能壮大。而且，对个别产业和个别企业的扶持和优惠，实际上是以损害了其他产业和其他企业的发展机会为代价的。

专业化。产业集群具有跨产业性质，但最终产品还是以一两个产业为主，相关产业为主导产业提供配套服务，产业集群的生产经营具有很强的专业化特征。这也正是产为集群能够不断成长的重要原因。正是产业集群的专业化特征，才使产业集群内的企业之间、企业与支撑机构之间产生紧密的联系。因为单纯的空间距离靠近并不必然导致经济主体之间产生密切联系，这一点在众多人为规划的产业区中已经得到证实。大量专业化企业聚焦在一定区域，加之长期所形成的相互信任的产业文化，降低了集群内企业之间交易的不确定性，减少了交易费用，使区域实现了规模生产。世界是现存的产业集群无不具有专业化的特征，如果不具备专业化的特征，即不具备产业内涵，只能称其为空间聚集，而不能称为产业集群。

技术聚集性。技术是由众多技术因子组成的，各技术因子并不是同步发展的，它们之间必然存在着技术势差。由于产业集群技术的内在关联性和技术势差的存在，各创新因子在流动中造成连锁、协同效应，并与技术相关的社会各种要素反馈互动，形成以集群为特征的技术集合。由于技术内部各因子的关联性和群体技术的关联性，当某一创新因子发生变化时，必然相应地使另一创新因为发生变化，从而产生连锁效应。众多因子逐渐汇集形成创新链条，最终将打破原有群体技术的内在平衡。随着这些技术的扩散和模仿，会围绕原创新展开一系列的二次创新，这些二次创新将完善原创新，并与之共同作用形成新的技术聚集。

网络化。网络是各种行为主体之间在交换资源、传递资源活动过程中发生联系时而建立的各种关系的总和。这里的网络化特征是指产业集群内部各个经济体之间由于专业化分开而产生的密切的交互作用，它包括正式的合作网络和非正式的合作网络。前者表现为各行为主体之间通过各种合同形成的正式关系，而后者一般为非合同、在长期交往过程中所形成的相对稳定关系。

产业集群的网络化特征可以形成知识的“溢出效应”。企业比邻密集，正式往来和非正式往来共存，产生知识综合积聚效应，相互之间得以交流、沟通、碰撞，激发新的火花和创意。新观念、新技术、新知识相互扩散，从而形成知识的“溢出效应”。

空间聚集性。因为产业相对集中的地方，自然会形成地域优势，根据地域优势进行科学分工是工业化发展的规律。产业集群作为众多企业和机构的一种空间聚集现象，不是指毫无联系的企业单纯的距离靠近，而是通过众多具有水平联系、垂直联系和互补性的大量同类产业的企业聚集，形成特色产业区，使企业的活动深深地扎根于一定区域的“土壤”之中，形成产业区域化。

此外，这种空间聚集性还表现为：产业关联及其支撑企业、相应支撑机构，如地方政府、行业协会、金融部门与教育培训机构在空间上聚集，是一种柔性生产综合体，代表着区域核心竞争力。这种空间聚集一般都包含五大类相互作用的机构。一个典型的产业集群一般都有下列五类机构构成，如图 3－1 所示。

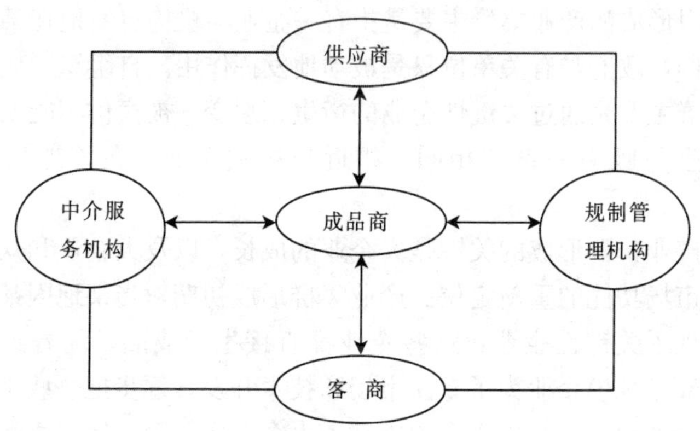

图 3－1 产业集群的五大基本构成单位

开放性。开放性是指产业集群的内部整合与外部链合特征。集群的形成演进，集群竞争优势的获得，不仅有赖于区域内各行为主体之间通过频繁有序的互动、生产要素的交流、组织学习与知识创新及柔性制度的渗透来达到内部的有机整合，而且要求集群网络的各节点不断与区域外的网络节点发生多方位、多层次的联结，寻找新的合作伙伴，开辟新的市场，拓展区域创新空间，以获取远距离的知识和互补性资源，完成集群外部的合理链合。这样，集群在对“两种资源、两个市场”的优化配置过程中，呈现出开放性的特点。

3.1.2.2 产业集群的生成机理

产业集群的形成包括多方面因素，其中最主要的是市场因素，制度因素和历史文化因素。

（1）市场因素。主要是指产业集群的自组织形成，即因某些因素诱导而自组织形成。市场因素归结起来不外乎两类：一是特定供给因素的存在，如马歇尔所说的存在适合某种产品生产的、独特的自然因素或人为因素而形成产业集群，或是波特所说的特定历史背景、良好的相关产业状态、一两个创新性的企业；二是由于某种特定的本地需求导致生产要素的集聚而形成产业集群。自组织形成的产业集群主要是指有关企业与机构自发地在某地聚集成群，政府与有关单位只是被动地发挥作用。自组织形成的产业集群主要是通过关键性企业的衍生、裂变、被模仿与凝聚，逐渐产生与吸引一系列相同、相近与相关企业，在该地聚集而成群。

产业集群形成的关键是大企业的成长，以及大企业和众多小企业市场功能的重新定位。产业集群形成初期，当某地因某种原因出现了关键性企业，这些企业都直接生产成品。随着经济发展，部分规模企业为了专注市场和技术开发，逐步把一些生产工序实行外包，一些中小企业主动为大企业作配套，转向生产中间产品。随着分工的深化，一些龙头企业通过并购、参股等手段将一些质量和资信较好的生产型、经销型中小企业纳入旗下，并把生产产品各种可分割的功能不断从企业内部剥离出去，一些如包装、印刷、运输、中介等服务企业就开始兴起，集群内形成成品生产、中间品生产（含外包户）和服务企业三个层次的分工协作体系。这样“大而全”的国有特大型企业通过分拆形成一系列“专而精”企业群，一旦一个区域内形成以少数龙头企业为主导，以产业链为基础，大量中小企业协作配套的分工协作体系，一个具有较强竞争力的产业集群便基本形成。

（2）制度因素。指“自上而下”的方式形成的，即政府与有关单位根据自身的目标，制定出清晰的产业集群发展战略规划，并加以有效地实施，从而培育出产业集群。也包括“自下而上”地培育与发展形成的，即政府与有关单位在产业集群的雏形出现后，即能够主动积极地运用产业集群发展方式加以培育，从而发展成为高效的产业集群。

虽然产业集群一般都是自组织形成的，但地方政府在产业集群的形成中依然可以发挥较大作用。政府通过提出发展规划，培育地方优势产业，建立中小企业服务体系，鼓励企业家创业，引导专业化分工等非直接干预措施，培育产业集群形成的环境与利益机制，则产业集群有可能形成。

（3）历史文化因素。指历史传统工业及社会文化环境氛围对产业集群形成的作用。产业集群的产生，尤其是传统产业集群的产生具有很大的历史因素，中国在广东、浙江、江苏一带的传统产业集群的萌芽，就是在历史上传统手工业基础上发展起来的。

产业集群的地域文化传统，对产业集群的形成、发展和竞争力的提高，也产生了很大的影响。运行良好的产业集群往往存在共同的文化传统、行为规则和价值观。这种社会文化环境氛围促使集群内部形成一种相互依赖关系，大大减少了交易费用，使企业家之间的协调与沟通容易进行，企业之间的深度劳动分工得以执行。另外，良好的文化传统，也塑造了优秀的人力资源，从而促成了产业集群的形成。

3.1.2.3 产业集群的诱因理论

（1）外部规模经济理论。关于产业集群的研究最早可以追溯到经济学家阿尔弗雷德·马歇尔。他认为，地方性工业之所以能够在工业区域内集聚，最初的原因是因为自然条件和宫廷的奖励，到了工业化时期，获取外部规模经济的好处则成为根本的原因。马歇尔将外部规模经济提供的好处归结为提供协同创新的环境：“行业的秘密不再成为秘密，而似乎是公开的了，孩子们不知不觉地学到许多秘密：优良的工作受到正确的赏识，机械上以及制造方面和企业的一般组织上的发明和改良之成绩，得到迅速的研究；如果一个人有了一种新思想，就为别人所采纳，并与别人的意见结合起来，因此它就成为更新的思想源泉”。马歇尔还认为，企业内部的规模经济一般比较容易被人们认识到，厂商也会尽可能使生产规模进一步扩大；而企业外部的规模经济同样也是十分重要的，产业持续增长，尤其是集中在特定的地区时，就会出现熟练的劳动力市场和先进的附属产业，或者是产生专门化的服务性行业，以及刺激铁路交通和其他基础设施的改进。马歇尔还用随产业的规模扩大而引起知识量的增加和技术信息的传播来说明产业集群这种现象。后来的经济学家克鲁格曼就把劳动力市场共享、专业性附属行业的创造和技术外溢解释为马歇尔关于产业集群理论的 3 个关键因素。

（2）工业区位经济理论。阿尔弗雷德·韦伯是工业区位理论的创立者，他从微观企业的区位选择角度，论述了企业是否靠近取决于集聚的好处与成本的对比。韦伯认为，产业集聚分为两个阶段。第一阶段是创业自身的简单规模扩张，从而引起产业集中化，这是产业集聚的低级阶段；第二阶段主要是靠大企业以完善的组织方式集中于某一地方，并引发更多同类企业的出现。此时，大规模生产的显著经济优势就是有效的地方性集聚效应。他把产业集群归结为四个方面的因素：第一个因素是技术设备的发展。随着技术设备专业化的整体功能加强，技术设备相互依存会促使地方集中化。第二个因素是劳动力组织的发展。韦伯把一个充分发展的、新颖的、综合的劳动力组织看作是一定意义上的设备，由于其专业化，因而促进了产业集群化。第三个因素是市场化因素。他认为这是最重要的因素。产业集群可以最大限度地提高批量购买和出售的规模，得到成本更为低廉的信用，甚至“消灭中间人”。第四个因素是经常性开支成本。产业集群会引发煤气、自来水等基础设施的建设，从而减少经常性开支成本。

（3）增长极理论。法国经济学家佩鲁在 1950 年首次提出了增长极概念，指出各种企业的建立，“在地理上是分散”的，并且形成各自的一定的势力边界。他认为空间是一种“受力场”，只要在某种客体之间存在抽象的联系结构，就存在空间，在经济活动中各活动单元都创造它们自己的决策和操作的抽象空间，并且产生一种推进效应，这种推进效应是某种确定的多种效应的集合。佩鲁认为，经济空间是“存在于经济要素之间的关系”其着眼点是经济联系，与一般意义上的地理空间完全不同。法国经济学家布代维尔后来把经济空间区分为计戈IJ空间、极化空间、均匀空间三种类型。其中极化空间是“由中心与力的通道”组成的集合体，也就是由引力和斥力的中心与其作用范围组成的空间。佩鲁的增长极是从极化空间的概念伸展出来的。佩鲁增长极理论的核心是二个问题，即占支配地位的企业的支配效应，支配型企业与其他企业（或周围地区）之间存在的连锁效应，这种连锁效应产生乘数效应，占支配地位的企业通过这种乘数效应带动其他企业（或周围地区）的发展，最终实现分配的均衡，即分配效应。增长极理论侧重于推动产业—集聚—经济增长的研究，这种研究是与部门经济的研究交织在一起的，推动性产业能够导致两种类型的增长效应，一个是乘数效应，它通过现有部门之间的相互关系来发生；另一个是极化效应，当推动性产业生产的增加导致区域外的其他活动产生时，就发生这种效应。极化效应所导致的区域外的其他活动可能是推动性产业的投入品供给活动，也可能是推动性产业的产出品需求活动。当政府将某种推动性产业植入一地区后，将产生围绕推动性产业的集聚，再通过乘数效应以及极化效应，导致地区的增长。政府可以根据地区特殊的比较优势、供给和需求结构、文化氛围，制定相应的产业政策强制性培育产业集群。政府可以创造和提供企业集聚的环境，吸引企业在一定空间地域内的聚集和扎堆。增长极理论认为，一个地区要想取得经济增长，关键是在本地区内建立起一系列的推动性产业，而推动性产业的建立，则完全依赖于政府的力量。

3.1.2.4 产业集群发展理论

（1）地域生产综合体理论。该理论是前苏联著名学者在总结实践的基础上提出来的。地域生产综合体理论认为，地域生产综合体的组成结构表明，它是一种典型的产业集群，集群的核心是专门化企业，围绕着这一核心的是关联类企业、依附类企业，企业之间具有生产投入产出联系，所有企业共享各类基础设施。地域生产综合体理论强调企业之间稳固和正式的投入产出关系。地域生产综合体理论早期传统来自韦伯的古典工业区位论，强调企业区位优化、交通成本和本地生产要素价格之间的关系。与企业区位决策有关的空间交易成本，不仅包括运输费用，还增加了通讯以及协调管理的成本，在产业区规划中有大量应用。此类方法的特点是，假定每个企业生产消费的产品以及生产过程特点都是已知的，根据有关空间交易成本和地理距离，以及相关企业间的投入产出关系，按照目标规划的条件，进行区位分析和决策。所有后来发展的新古典区位理论都是在这个总框架中进行，讨论原则是可观测的空间交易成本最小化。企业会根据自己在现有产业结构中的位置和投入产出企业的关系去选择集聚区位，这种结果可能自我强化，并且促使相互依赖的相邻企业在决策中互相协调，各种协调可以由规划者实行，也可能是企业之间自发的。地域生产综合体模型本质上是静态和可预测的，主要考虑成本节约和可见的生产联系。这种产业集群不一定依赖城市，因为它不强调城市化经济的重要性，也不考虑潜在的新型交易，仅仅考虑形成综合体的关键产业联系，以及相关的距离费用最小化。这种类型的产业群相对来说是封闭的，综合体内的企业依赖垄断地位获取超额利润，研发经费和成果往往由大企业内部控制。炼油、化工和医药综合体是典型的地域生产综合体模型。产业综合体模型并不排斥灵活专业化生产，不过这种规划的结果往往与预期相差很大。

（2）新产业区理论。关于新产业区的研究始于70年代初对意大利东北部和中部地区中小型企业分布区的研究。该研究揭示了这些产业区发展的内在动力以及作为动力源的区域社会经济特性。这些产业区的中小型企业之间既竞争又合作的特征与马歇尔所描述的产业区特征有许多类似的地方。新产业区是基于一定的区域劳动力市场，由社会劳动分工紧密联系在一起的地方企业网络。新产业区竞争优势的来源，取决于区域企业网络和劳动力市场网络的性质，和由此产生的学习和创新能力。新产业区内的企业网络是高度柔性化的，具有弹性专精的生产性质和企业间的高协作性。在新产业区，企业总是面临如何在竞争与合作之间寻找平衡点的问题。为了处理好企业既竞争又协作的矛盾，企业之间必须建立起高度的信任机制，这就要求区内的企业行为嵌入社会关系之中，也就是要求企业具有社会根植性。除了专业化企业间的竞争、分工与协作以外，区域劳动力市场网络被认为是新产业区竞争优势的最为关键的因素。新产业区是依靠内源力量发展起来的经济区域。在区域内，各行为主体通过中介机构建立长期稳定的关系，结成一种合作网络，共同造成一种独特的区域创新网络。这种区域创新网络，不但会促使企业不断创新，而且能使区域的社会、经济、技术得到协调发展。新产业区的创新网络一旦形成发展起来，区域内通常会出现一个自我强化的循环系统，在系统内进行大量的知识、信息和技术的良性循环流动，这样就可以使系统不断保持生命力、创造力和竞争力，促使区域经济不断发展。但是新产业区自我强化发展路径的形成是有条件的，它必须具有很强的区域一致性、集体企业家、柔性专业化、竞争与合作的共存、信息的迅速扩散、经济和社会的融合、很强的集团一致性等区域经济特性。这些区域经济特性的形成和维持必须在市场驱使下，由区内大量企业“联合行动”，形成特定的区域制度文化，构筑独特的社会资本优势。

（3）产业集群的生命周期理论。产业集群作为一个有机的具有生命力的产业群落，它的出现、增长和发展，也是一个逐步演进的渐进过程。Ahokangas 和 Rasane 曾提出一个演化模型，将区域集群的发展过程分为起源和出现、增长和趋同、成熟和调整三个阶段。在产业集群演进的起始阶段，由于地区的优势或其他原因，一批快速增长的新企业在某一地点相互集聚，具有创新精神的创业者最初利用其独特的私人关系和接触，来建立并加强企业间的联系。随着各种新企业不断进入集群，大量企业的群集可以获得集聚经济效益。随后集群将进入实质增长阶段。在这一阶段，集群的成功需要有一个广泛的、高质量的、松散连结的网络，以及差别化的企业经营战略。大量企业在空间上相互接近，将导致各种思想、技术和信息传播的加快，由此促使企业经营活动出现模仿和同构化（homogeneity）。随着这种相互模仿和同构化的持续，集群将进入趋同阶段，新进入集群的企业数量和企业增长率都将出现下降。在成熟的集群环境中，迅速增加的资源竞争将导致成本增加，出现集聚不经济，由此带来集聚经济的丧失。同时，在现有集群中，各种创业活动变得更加保守，也更带有模仿性。如果这种集聚不经济持续下去，随着模仿和同构化的增加，集群内企业的数量将出现下降，创业和创新开始出现在现有集群以外的地区。这时整个集群将出现衰败，严重时甚至会走向毁灭。Ahokangas 等的这一演化模型分析了集群演化的东北林业大学博士学位论文机制，在很大程度上完善了对集群发展过程的研究。

（4）产业集群的作用机理。

学习与创新。产业集群内部集结了大量从事相同业务的企业或机构，经常遇到相同或相类似的问题，在相互学习交流中大家共享着行业内的知识和技艺，新的创意就在这种情形下萌生和发展。通过群体学习和知识外溢，降低创新风险。竞争优势来自于产业集群内的学习与创新。在集群环境下，相关企业、机构在地理上的集聚及内部分工，使企业专注于各自具有核心竞争力的业务，由于彼此了解和熟悉，这样有助于企业与当地供应商、客户之间结成稳定的合作关系，形成利益共同体，一起解决遇到的困难和问题，分享共同努力的结果。因此学习与创新活动提高了产业集群的竞争力。

对“柠檬市场”的规避与行业自律。当产品的产销处于比较分散情况下，以及卖方比买方的信息多时，就有可能出现“以次充好”、冒用名牌产品等市场现象，这时就产生了“柠檬市场”

问题，某一产业中一旦发生柠檬问题，低质量产品对高质量产品的驱逐是十分迅速的，即使是以反应快、弹性大为特点的中小企业也很难及时转产或从该产品市场中成功地退出来。柠檬问题会影响到整个产业集群的信誉和发展，因此集群内部有规避“柠檬市场”的动力和压力。例如，20 世纪 90 年代中期，温州的鞋业就曾发生过“柠檬市场”问题，在相当一段时期影响了温州鞋业集群及相关企业的发展。产业集群在规避“柠檬市场”问题，制定和实施“盟约”方面，能够起到行业自律的作用。无论是集群内部的企业还是集群外部的企业只要利用本地区的名义进行以次充好的市场欺诈行为，那么损害的将是整个地方特定产业集群的利益，任何集群内的相关行为主体都会对此做出相应的规范措施。例如，近年来哈尔滨的温州商会，就自觉的承担起规避“柠檬市场”和行业自律的责任；而对集群以外企业的“规避和自律”作用就弱化多了。

集群内组织的竞争与合作。集群内的组织可以在竞争的基础上，自主选择合作的模式、合作的项目和合作伙伴进行品牌等资源整合，协调运作，从而达到提高产业和企业集团竞争力的目的。以黑龙江省米业为例（到 2003 年底），对原有的 40 余个品牌进行整合后，形成了“北大荒”、“五常”等 8 大优势品牌，11 家省级水稻加工龙头企业加工能力 475 万吨，占全省总加工能力的 59%，2003 年绿色品牌大米销往国内外市场达 400 多万吨，占商品总量的 60%以上。通过竞争与合作，大大地提高了黑龙江大米和北大荒米业集团在国内外市场上的竞争力。

产业集群效应的评价与反馈。集群内的机构通过评价组织的绩效、合作竞争的效果，对集群的整体作用及组织的受益情况进行评价和反馈。通过评价，感受到在集群内可获得一种放大的集群的效应，使集群内的组织获得大于本身努力的集群效应，加强了集群内部组织的凝聚力和企业的集群观念，巩固了企业集群的自主行为。在集群发展的同时，集群成员得到更好的发展和竞争

力提高

（5）产业集群分类。按照产业集群产生的内在动力，可以将产业集群划分为：

资源依托型。这种产业集群依赖当地的自然资源和产品的市场优势，形成有地方特色的产业集群，例如英国的斯塔福德郡形成陶瓷产业集群，就是得益于当地特有的优良粘土；黑龙江依靠优良的资源条件和生态环境，形成以北大荒米业、“九三”油脂股份有限公司、黑森集团系列产品为代表的大米、大豆和山特产品绿色食品产业集群；山东的大枣、吉林的山特产品形成的产业集群；内蒙古依靠草原优势大力发展乳制品产业，形成了以蒙牛、伊利集团为代表的乳制品产业集群；山东省依靠水资源优势，成为中国最大的水产品出口集聚地，以上这些产业集群的发展都是依托当地资源优势发展起来的。

政府推动型。这种产业集群是在市场基础上，加上产业政策的导向和扶植，形成和发展起来的。目前很多国家和地方政府越来越重视政府在产业集群的形成和发展中的推动作用。例如：中关村是在 1988 年中央肯定中关村“电子一条街”发展道路，成立海淀高新技术产业实验区的基础上发展起来的。到 2000 年，新的中关村科技园（海淀园）企业数量已经超过 6 000 家，其中 IT 企业占大约 70％的份额，围绕 IT 技术的硬件销售、系统集成和应用开发，形成了一个完备的地方产业群落；温州的制锁业和打火机产业集群，也是在市场基础上加上产业政策扶植民营经济的发展而形成的；再如黑龙江省、山东省，大部分市县在 90 年代中后期，都有政府官员亲自领导和参与绿色食品产业的发展，并通过政府设立的绿色食品专项基金支持这一产业的发展。

龙头企业牵动型。当某种产业集群进入成长期后，政府推动的作用就让位于龙头企业的牵动，产业发展进入了以龙头企业牵动为主、产业政策为辅的阶段。2003 年以来，中国绿色食品产业集群的发展就属于这种情况。如山东省的寿光蔬菜集团、黑龙江“九三”油脂股份有限公司、北大荒米业和麦业集团、完达山乳业股份有限公司、内蒙古的蒙牛和伊利股份有限公司等，都是这一类型的代表。黑龙江“九三”油脂股份有限公司通过与农户签订大豆收购合同，蒙牛、伊利和完达山等龙头企业通过和奶牛户签订收购合同，有力促进了大豆和乳业绿色食品产业集群的发展。

3.2 国外经济圈（经济带）的建设特点

目前，世界上形成了巴黎、伦敦、东京、纽约以及北美五大湖等大都市圈（见表3-2）。

表3-2 世界主要发达国家的经济带（圈）

国家	经济带	代表城市
美国	波—华城市带	波士顿、纽约、费城、巴尔的摩、华盛顿
	中部东北地区城市带	芝加哥、匹兹堡、底特律、克里夫兰
	西海岸城市带	圣克来门托、旧金山、奥克兰、洛杉矶、圣地亚哥
英国	伦敦城市圈	伦敦、伯明翰、利物浦、曼彻斯特
法国	塞纳河下游城市带	巴黎、里昂、勒阿弗尔
德国	莱因—鲁尔城市带	波恩、科隆、杜塞尔多夫、埃森
荷兰	兰斯塔德城市圈	阿姆斯特丹、鹿特丹、海牙
日本	东海道太平洋沿岸城市带	东京、横滨、川崎、名古屋、大阪、神户、京都

3.2.1 自然条件与基础设施水平

因为平原地区建设城市成本较低，易于大规模发展工业生产和进行产业布局，而水源与港口促进了城市发展，所以国外主要都市圈大多以港口城市为依托形成。另一方面，国外都市圈的经济建立在内部严密的组织和分工协作基础之上，产业发展多样化，完善的城市基础设施、便捷的交通联系、良好的生态环境、得力的空间管制和通畅的信息技术传递渠道等都使得整个区域的综合性功能远大于单个城市功能的简单相加之和。

3.2.2 经济体制特点

国外都市圈是在长期实行市场经济体制下形成的，是一个自然历史过程。城市化伴随着工业化顺利进行，人口和经济资源按内在规律自由运转，城市之间的经济联系也很少受到人为因素的影响。

3.2.3 政府角色

西方国家政府对都市圈的形成起到的引导作用，主要体现在宏观区域发展规划，提供促进都市圈内部一体化和均衡发展的基础设施，解决城市化过程中形成的大城市病，进行城市之间的利益协调等。企业的选址完全受市场经济规律的支配，遵循利益最大化原则，公民择业和迁移也受自身理性支配。它们通常成立一个由各组成城市政府参加的委员会或者直接由中央政府派出一个机构，这个机构具有凌驾于各个城市政府之上，具体管理都市圈公共事务的职能。例如：美国尤其重视跨行政区的协调组织或者都市区政府的作用；而日本为了强化规划的权威性，往往把规划上升为地方法律，极大地强化了规划实施的力度；英国则创建了“大伦敦议会”，专门负责大伦敦都市圈的管理和发展问题等。

3.2.4 城市化水平

国外主要都市圈大多形成于城市化高级阶段，大城市由于工业和人口的过度集中带来一系列城市病，例如交通拥堵、环境污染、资源紧张、工业布局不合理等。政府为解决这些负面问题，在离大城市不远的郊区建立新城，分解中心城市的功能。各种等级城市在地域空间范围内形成城市功能区域相连的复合体，中心城市功能实行有机分散，人口和产业向郊区或周边中小城市转移，形成区域中心城市、次区域中心城市及各卫星城市组成的城市立体网络。国外都市圈城镇体系的构成大多为“多核心”城市圈结构。例如，日本东京都市圈是由核心城市东京和次一级城市横滨组成的“二元结构”，同时将核心城市的诸多功能转移到包括千叶、琦玉和茨城等在内的更大范围。国外都市圈的形成不仅注重核心城市经济实力的提升以发挥带动和辐射作用，还注重周边城市的特点和功能作用的发挥，使都市圈内规模不同、类型不一、功能各异的各等级城市构成分工与协作发展体系。

3.3 我国区域经济建设的特点

3.3.1 我国区域经济圈发展的态势

3.3.1.1 市场机制整合城市群发展

在日益完善的经济体制下，加大力度发展布局合理的城市群，是我国区域经济发展的基本需要。目前，珠三角城市群在扩展升级，一个包括香港、澳门在内的“泛珠三角”经济圈正在形成。长三角城市群也开始新一轮的合纵连横，正在建设以上海为轴心、通过高速公路整合的大长三角城市圈。目前全国已形成多个以“都市圈”、“城市群”、“城市经济圈”命名的经济协作区域。

3.3.1.2 经济、城市化快速发展提供支撑

改革开放以来，我国一些省份已经开始把城市化和城镇体系规划提升为构建“城市群”的思路，制定和实施都市圈发展规划。例如，20 世纪 90 年代浦东开发以来，长三角成为全国经济发展水平最高/综合经济实力最强的地区之一，长三角也成为我国都市经济圈发展最典型的地区。长三角都市圈的形成与发展就得益于工商业的发展。

3.3.1.3 高度重视区域合作

近几年来，我国各省市高度重视区域合作。如江苏省提出以“协调发展、合作共赢”为原则，积极推进长三角经济一体化。

在珠三角，粤港双方一致认为要进一步促进优势互补，推进两地资源的更充分整合，提升粤港“前店后厂”的合作水平；重视区域合作规划，例如，长三角的江浙沪两省一市政府部门间建立了区域合作工作制度和定期协商机制，明确交通体系、市场体系、环境保护、信息资源开发利用、金融协调体系等五方面的合作重点；建立健全区域内城市间的协调沟通机制；把一体化发展作为区域协作的重点。

3.3.2 我国区域经济圈的特点

（1）圈层结构。城市经济圈的经济发展以核心城市为中心以圈层状结构向外发展，其周围地域根据其影响的强弱及功能组织的不同而往往被划分为若干圈层：核心城市区、都市区（由核心建成区和近郊区环组成）、都市圈、大都市圈。

（2）等级性。城市经济圈根据经济影响力，划分为不同等级的城市经济圈，如国际性、国家性、区域性，高一层次的城市经济圈包含低一层次的城市经济圈，如上海城市经济圈包含南京、苏、锡、常城市经济圈。

（3）集聚性。城市经济圈人口、自然资源等基本生产要素密集。同时也是是现代工业、现代服务业、现代通信业等现代通信业集中地，经济总量巨大，单位面积产出量高，具有较强区域竞争力的国家经济的重心区和增长极。

（4）一体化。城市经济圈是区域类型中的节点区。城市经济圈的充分发挥市场对资源配置的基础性作用，打破地区、城乡分割，促进区域产业合理布局，实现城市、地区之间比较优势和竞争优势的发挥，区域经济依托联系紧密的城市网络（城市间的交通网、通信网、商品流通网、金融网）搭建发展平台，形成功能一体化的经济区。

（5）规划性。对区域性的基础设施建设、国土资源开发、生态环境保护、城镇体系建设等重大项目，市场经常是失灵的，所以应该由政府和非政府组织进行长远性、战略性的规划。规划主要是有政府间的协调实现的，通过政府间的协调可以消除不同行政区的政策和制度之间的矛盾，打破行政壁垒，降低市场交易成本、行政成本、制度成本，统一区域市场实现生产要素和商品、人员的自由流动，有利于发挥市场机制作用。

3.3.3 我国区域经济圈发展中存在的问题

（1）产业结构趋同。长三角地区普遍存在第二产业比重偏大、第三产业比重过小的问题。制造业方面，上海、苏南、浙北三地也是自成体系，缺乏有效分工与整合，重复建设现象较为严重。珠三角城市间产业结构趋同问题也很突出。广州、深圳、珠海、惠州、东莞、中山、江门、佛山、肇庆等市的工业产值47％以上集中在食品、纺织、机械工业、电气机械、电子及通信设备5个行业。京津唐都市圈多年来，北京、天津及其他城市各自为政，发展目标相似，产业结构趋同，生态环境系统缺乏引导控制，导致整个区域资源浪费和发展水平落后。辽宁中部城市群，沈阳发展重工业与邻近的传统工业城市抚顺、鞍山、铁岭、本溪也存在产业结构趋同发展问题。

（2）基础设施建设重复。长三角机场的密度是每万平方千米0.8个，超过美国0.6的水平，但区域内仍在上演新一轮“机场建设大战”，一些城市还在建新机场。此外，很多地区在交通、通信、信息等基础产业发展上也缺乏有效协调和统筹规划，在环保、旅游等方面缺乏通盘考虑。由于结构趋同、重复建设，不能形成区域经济的优势互补，没有发挥区域经济的规模效应及区域内不同地区和部门间的比较优势。由于缺乏规模经营，在一定程度上影响了区域内增长极的培育和发展，进而影响到“极化”与“扩散”效应的发挥。

（3）缺乏明晰定位。城市经济圈发展的核心问题在于推进一体化，关键在于分工合作。而城市经济圈最难协调的问题就是产业分工，尤其是制造业分工问题。以长三角为例，区域内各城市发展对外合作的同时，忽略了区域内城市间的分工合作和协调发展，各城市间在发展战略上缺乏协调，在职能分工上也没有通盘规划。各城市间在发展规划上缺乏整体观念，没有进行战略上协调与分工，有的城市没有明确自己的定位，城市发展缺乏特色。

（4）中心城市之间的竞争威胁。都市圈中一般有一个或几个核心城市。从全国来看，除上海可以没有疑问地充当“领头羊”外，其他中心城市的地位和作用都有限。中心城市自身实力有限，对周边城市的辐射、集聚功能不能充分发挥，区域内部凝聚力很有限。

3.4 “哈大齐”工业走廊建设的比较优势

黑龙江省“哈大齐”工业走廊是以哈尔滨为龙头，以大庆和齐齐哈尔为区域骨干，包括沿线肇东、安达等市在内的经济区域。2004 年，人口 802.99 万人，总面积 2.118 万平方公里，分别占全省的 21.04 %和 4.67 %；地区生产总值 2 600 亿元，占全省的 49%，人均地区生产总值 32 379 元，为全省平均水平的 2.32 倍，是黑龙江省经济实力最强、工业化水平最高、经济辐射力最大、科技人才优势最明显、可供开发利用土地资源丰富的地区。

（1）区位优势。首先，产业基础雄厚。在 280 余公里的距离内，有 3 座大中城市，两个国家级高新技术产业开发区，已经形成了以装备、石化、食品和医药等四大产业为重点的工业基础。其次，科技人才优势突出。3 市集中了全省众多的科研力量和人才资源，现有普通高校 40 所，占全省的 72.7%。位居全省前列的科技人才实力，为“哈大齐”工业走廊建设提供了人才保障。再次，土地资源丰富。3 市之间有大量的重度盐碱地等未利用土地可供开发建设。最后，交通便利。滨州铁路、绥满公路贯穿全境，与同三、明沈、京加公路和京哈、通让、平齐铁路及哈尔滨、齐齐哈尔机场共同构成了完善的综合交通运输网络。

（2）国内环境优势。东北地区等老工业基地振兴战略的深入实施和国家对粮食主产区扶持政策力度加大，为“哈大齐”工业走廊的建设提供了一个难得的历史性机遇；我国产业结构进入快速调整期，重化工业产品市场空间巨大，“哈大齐”工业走廊内适应国内消费结构和产业结构升级的具有比较优势的装备、石化、食品和医药等产业面临难得的市场机遇；我国经济增长受土地、资源、环境等瓶颈制约日益明显，使“哈大齐”工业走廊这样一个产业基础雄厚、资源丰富、能源充足的地区，吸引外来投资和产业集聚的优势更加突出。

（3）国际环境优势。经济全球化趋势日益增强，区域一体化和产业转移速度进一步加快，俄罗斯经济走上增长轨道，与我国经贸科技合作力度日益加大，将有利于“哈大齐”工业走廊更大范围地利用国际资本、资源、技术和市场，承接国际产业转移；以信息技术、生命科学、新材料为先导的新技术革命加速发展，从而为“哈大齐”工业走廊以高新技术为引领，改造提升传统产业，发展高技术产业，实现跨越式发展提供了重要机遇。

3.5 “哈大齐”工业走廊建设和发展前景展望

3.5.1 发展目标

（1）远期目标。到 2020 年，用 15 年的时间，开发利用重度盐碱地等未利用地和农用地达到 862 平方公里，建成产业集群优势明显、生产力布局合理、科技支撑有力、生态环境优良的工业走廊，使之成为黑龙江省六大基地的核心区，参与国际国内竞争的主力军。

（2）中期目标。到 2015 年，用 10 年的时间，开发利用重度盐碱地等未利用地和农用地达到 571 平方公里，培育起装备制造、石化、食品、医药和高新技术等特色产业集群。

（3）近期目标。到2010年，用5年多的时间开发利用重度盐碱地等未利用地和少部分农用地274平方公里，为国内外战略投资者参与黑龙江省老工业基地振兴、发展民营经济、建立产业协作配套体系、实现产业集聚提供一个优良的投资平台。规划投资1 657亿元，其中基础设施投资417亿元，产业项目投资规模1 240亿元，预期新增地区生产总值500亿元。在近期目标中再划定112.3平方公里作为启动区，今明两年完成基础设施建设，并有一定数量的企业开工建设或建成，达到有投入、有面貌、有企业、有增量，规划投资576亿元，其中基础设施投资162亿元，产业项目投资414亿元，预期新增地区生产总值150亿元。

3.5.2 “哈大齐”工业走廊建设和发展前景展望

3.5.2.1 非公有制经济将成为“哈大齐”工业走廊发展的主导力量

“哈大齐”工业走廊建设要新体制、高科技、外向型、生态化，积极吸引民营资本和海外资本参与到走廊的建设中来；通过招商引资、开放开发，非公有制经济将在工业走廊建设的过程中迎来巨大发展机遇。例如，齐齐哈尔市专门规划了富拉尔基民营科技示范区，主要发展机械制造、新型节能环保建材、煤、化工精深加工等产业。大庆市对非公企业参与“哈大齐”工业走廊建设实行绿色通道。黑龙江省委、省政府专门出台了支持“哈大齐”工业走廊建设的若干政策，在用地、财税、人才、投资等方面予以支持。

3.5.2.2 主导产业前景广阔

新材料、生物制药、电子信息、航空技术、装备制造等代表未来产业方向的朝阳产业和优势产业，将在工业走廊里集群放大，逐步建成全国有影响的高新技术产业带，一批主导产业将呈现出良好的发展态势。装备制造业实现规模化、专业化、特色化生产，最终形成以哈尔滨、齐齐哈尔为重点的装备制造产业集聚。石化工业力争规模经济化、技术高新化、加工精细化，建设石化产业集群。农副产品深加工业，将解决长久困扰农民的“卖难”问题，深加工后的产品市场前景光明。医药工业、物流业也都有美好的发展前景。

“哈大齐”工业走廊还将带动沿线城市规模的扩张和城镇化的进一步发展。“哈大齐”工业走廊的建设不仅使原有的城市规模扩大，而且还将建立一些新的卫星城。走廊沿线的国有企业将借此发挥更重要的作用，迎来新一轮发展的黄金期。

在“哈大齐”工业走廊建设中，工业文明将与生态文明并行。发展“哈大齐”工业走廊重度盐碱地较多，生态脆弱，在发展建设中，要加强生态建设和环境保护，构建循环经济模式，使“哈大齐”工业走廊成为新时期生态文明的衍生地。

3.5.2.3 进一步支持老工业基地发展

《哈大齐工业走廊产业布局总体规划》为国内外战略投资者参与黑龙江省老工业基地振兴、发展民营经济、建立产业协作配套体系、实现产业集聚提供了重要参考。随着振兴战略的实施和规划的推进落实，“哈大齐”工业走廊将发展为一个强大的产业集群，成为东北老工业基地经济发展的战略高地。

4 “哈大齐”工业走廊建设税收政策支持研究

税收作为国家宏观调控的政策性工具，不仅是改善投资环境、引导资金流向的重要杠杆，也是促进区域经济协调发展的主要手段。国家为振兴东北老工业基地制定了相关政策，黑龙江省地方政府在财政与税收方面，对“哈大齐”工业走廊建设制定了相关优惠政策。这为“哈大齐”工业走廊的建设与发展提供了良好的政策环境。本章在阐述区域经济发展与相关税收理论基础上，从国家和地方政府的宏观经济背景出发，借鉴国内外区域经济发展的相关税收政策，提出如何运用税收手段来促进“哈大齐”工业走廊经济发展的政策建议。

4.1 区域经济发展与税收理论

区域经济发展理论研究的是区域间如何协调发展的问题；而税收理论研究的是如何优化产业结构、协调经济发展、实现收入公平分配、控制通货膨胀、促进经济增长等问题。本节从区域经济发展理论及税收理论两部分展开论述，试图为“哈大齐”工业走廊建设税收政策支持提供理论依据。

4.1.1 区域经济发展理论

区域经济发展理论研究对于全球不同国家和地区经济的协调发展，以及同一个国家不同地区经济的协调发展具有重大现实意义。关于它的理论主要有区域经济均衡发展理论、区域经济增长阶段理论、经济非均衡发展理论、可持续发展理论和区域协调发展理论。现就均衡发展理论、非均衡发展理论做一下介绍。

4.1.1.1 均衡发展理论

均衡发展理论的主要代表人物有拉格纳·纳克斯、罗森斯坦·罗丹等。该理论主要是针对经济发展相对落后的国家要摆脱落后局面而提出的建议，指出要扩大投资规模和增大经济发展路径来实现均衡增长。纳克斯分析指出发展中国家由于资本积累水平和市场购买力水平低，造成供给不足及对资本的有效需求不足，进而导致经济的“恶性循环”。主要体现在储蓄不足，资本稀缺，生产率较低，市场需求不足、规模小等方面。罗丹分析指出发展中国家由于经济基础较弱，工业化水平低，基础设施不健全，劳动生产率水平低，市场容量小进而导致落后现状。针对于此，罗丹提出了“大推进”理论，要促进经济中的许多部门同时进行协作性投资的政策。这一政策建议提出了促进区域经济发展的思想。该理论对落后地区的经济发展有一定的进步意义，但是由于其过分强调计划均衡增长的重要性，理论已不为大多数区域经济学者所接受。

4.1.1.2 非均衡增长理论

非均衡增长理论以缪尔达尔、弗朗索瓦·佩鲁、艾伯特·赫希曼等人为代表。1958 年，经济学家赫希曼（A. Hirschman）出版《经济发展战略》一书，从现有资源的稀缺性和企业家的缺乏等方面，论述了平衡增长战略的不可行性，并提出了“非均衡增长”理论。该理论强调经济发展初期如何把有限的资源分配于最有生产潜力即联系效应最大的产业中，通过这些产业优先发展来带动其他产业的发展。待经济发展进入高级阶段时，再实施国民经济部门协调发展政策。赫希曼指出：“在经济发展的高级阶段，引起平衡增长可能性的正是过去不平衡增长经历。”非均衡增长理论主要阐述了区域经济发展的非均衡性，主要包括增长极理论、中心-边缘理论、循环累积论和非均衡增长理论。增长极理论由法国经济学家佩鲁（F. Perroux）于 1955 年提出。佩鲁将“增长极”定义为由主导部门和有创新能力的企业在某些地区或大城市聚集而形成的经济活动中心，它能够产生吸引或辐射作用，促进自身并推动其他部门和地区的经济增长。“增长极”的产生，使人口、资本、生产、技术、贸易等高度聚集，产生“城市化趋向”或形成“经济区域”。

4.1.2 区域税收理论

税收政策对经济的刺激作用是显而易见的。关于税收政策的相关理论主要介绍凯恩斯学派、供应学派、福利经济学派、货币主义的税收理论。

4.1.2.1 凯恩斯学派理论

凯恩斯学派以凯恩斯为主要代表人物，认为经济能否均衡发展完全取决于有效需求与有效供给是否平衡。因而，政府的宏观调控政策应包括政府支出和税收两方面。他们认为税收对国民收入有收缩作用。因此在经济不景气时，政府应该增加支出减少税收，以增加社会消费刺激投资，使总需求增加；反之，在经济繁荣时，政府应该减少支出增加税收，以减少消费和投资，使总需求有所下降。凯恩斯学派提出以下三大税收政策，第一是通过税收改变收入分配；第二是运用税收调节和稳定经济波动；第三是通过调节税率来消除经济波动。

4.1.2.2 供应学派的税收理论

供应学派的主要代表人物有孟德尔、拉弗和费尔德斯坦。该学派产生于 20 世纪 70 年代，研究致力于解决西方国家普遍出现的经济滞胀问题。供应学派通过分析市场机制调节供给与需求平衡的作用，认为刺激经济主体进行经济活动的因素主要有政府征税、法规、政府支出、货币措施等，其中最重要的是征税因素。供应学派在这里强调了税收的作用，主张大规模减税，通过减税提高私人部门的经济效率，刺激经济增长。具体来说，就是主张降低边际所得税税率，刺激储蓄、投资和劳动供给，提高产出效率，扩大税基，增加财政收入，削减政府开支。

4.1.2.3 福利经济学税收理论

福利经济学的主要代表人物是庇古，研究的是在一定的社会价值判断标准下，整个经济资源配置和社会福利之间的关系。福利经济学的特点是研究社会福利的最大化，衡量各种社会运行机制。庇古的税收思想，一方面是利用税收来进行国民收入的再分配，促使社会财富分配趋于公平；另一方面是运用税收使生产资源配置达到最优。他主张政府应当采取适当措施，矫正因市场缺陷而造成的资源配置失调。提出运用税收手段调节资源配置的具体设想，即当边际私人纯产值超过边际社会纯产值时，政府应对其课以高税，以达到减少资源在这一部门使用的目的。他还主张政府运用税收手段调节社会分配，如利用累进的所得税和财产税，扩大失业补助和社会救助。总之，福利经济学派的税收理论关注的是效率与公平的均衡。

4.1.2.4 货币主义的税收理论

货币主义学派主要代表人物是米尔顿·弗里德曼，是在凯恩斯学派政策失灵的时期出现的，他们强调货币政策的重要性，认为货币供应量的变化是影响物价水平变动和经济波动的根本原因，因此主张实行单一规则的货币政策。在税收政策方面，货币主义学派反对减税和高临界税率的政策。他们认为减税的一般目的是为了增加社会的有效需求，而经济滞胀问题并不是因为缺少购买力，所以减税只会加剧通货膨胀。同时，较高的临界税率会使公众设法逃税，不愿从事生产性投资，因此要实现高速经济增长，最重要的因素就是降低临界税率，即降低高额累进税率。

4.1.3 税收政策与区域经济增长的关系

区域经济发展理论，尤其是非均衡增长理论，为重点发展黑龙江省“哈大齐”工业走廊这一国家级高新技术产业开发带提供了理论支撑，而税收理论的不同流派阐述了区域经济发展中税收的重要作用。同样，税收优惠政策在促进“哈大齐”工业走廊经济增长方面具有不可忽视的积极作用。

4.1.3.1 税收政策促进增长极理论发挥作用

佩鲁提出的增长极（Devlopment polse）是指“经济空间”中起支配和推进作用的经济部门。这里的“经济空间”是指各经济单位部门之间关系的集合。从产业角度看，指产业关联的结构关系。在经济空间各个经济部门的相互作用中，一个或一组经济部门对其他经济部门起支配和推动作用，其优先增长和创新会推动其他经济单位的增长，增长极对周围广大地区有一种集聚扩散效应，这种效应使增长极起到了生产中心和市场枢纽的作用。向心力的作用使得主导部门和有创新能力的行业四周聚集着日益增长的其他相关行业，提供社会服务的第三产业更是围绕着增长极迅速成长；辐射的作用使增长极把增长的势头通过技术、组织、要素、信息等渠道向周围地区扩散。

一个区域要形成增长极必须有足够创新能力的企业和企业家群体，必须具有一定的规模经济效益，必须有适当的有利于经济发展的环境。“哈大齐”工业走廊发展模式正是运用了增长极理念，强调区域经济的差异化发展，把有限的资源集中投入到发展潜力大、规模经济和投资效益明显的少数部门和区域，使增长点的经济实力强化，通过少数部门（即主导产业）的优先发展带动和辐射其他部门（产业）和地区发展最终实现整个区域的快速发展，并形成区域经济中心。

发展区域经济并发挥区域经济中心以带动作用，就要求有一定的经济发展环境。“哈大齐”工业走廊实行优惠的税收政策，有利于吸引更多的企业参与到地方经济建设中来，按照黑龙江省政府的规划，利用“哈大齐”工业走廊丰富的资源、雄厚的产业基础优势，在国家和地方强有力的政策支持下，抓住国际国内产业转移的良好机遇，经过一定时期的建设，“哈大齐”工业走廊必将成为黑龙江省乃至东北地区的一个区域经济中心。

4.1.3.2 税收优惠政策有利于充分发挥产业的集群效应

关于产业集群理论已在第二章系统地阐述。通过税收手段可以使产业集群理论充分发挥现实作用，具体反映在以产业集群为载体，提高区域产业竞争优势。在“哈大齐”工业走廊的建设中，要发展壮大优势产业，发展配套产业，延长产业链；通过税收手段培育区域内部的分工协作机制，使各区域从自然、社会、经济条件出发，合理选择和培育自身的主导产业，加强彼此间分工与协作；通过财税政策支持区域内创新体系的建设，鼓励和支持在区域内发展高新技术产业，建立研发机构和发展职业技术培训；改善产业发展环境，包括市场环境、生产要素环境、经营服务环境和人文环境的改善等；提供公共服务，包括基础设施的建设、公共信息网络建设、社区生活空间建设等。

4.1.3.3 税收政策促进工业园区的建设理论

工业园区的发展催发了周边地区产业链的形成和发展，作为一种新的经济组织形式，园区在世界各国迅速发展起来。工业园区对区域经济的发展起着重要的作用。工业园区是区域经济结构调整的助推器，是推动城市化的重要动力，是实现可持续发展的重要支撑。工业园区是由企业及企业群、政府及管理机构、大学及研究机构、中介及服务机构等四大行为主体构成网络组织。企业及企业群是工业园区产业集群创新网络中最基本、最重要的创新主体。这些企业由于产业关联而结成紧密的联系，形成企业集群，通过要素集聚效应、分工协作效应、公共物品与园区品牌共享效应实现整体创新。

政府及管理机构是工业园区内部网络的构建者，通过运用税收手段能够营造工业园区的创新环境，对“哈大齐”工业走廊来说，这将有利于充分发挥各工业园区的优势作用，带动整个地区经济的发展。这一环境的创造包括营造良好的竞争环境、制定合理的科技免税政策、吸引外商投资的税收优惠政策；培育主导产业链条中的各种中间网络组织的税收支持，如搭建信息交流平台、风险资本筹措平台、生产要素交易平台、服务平台、多样化的专业中介服务平台的免税政策等。可以将大学及科研机构的研究成果在企业转化为生产力的初期阶段实行免税，对一些中间信息服务部分根据提供服务领域的不同给予不同的税收优惠。

4.1.3.4 凯恩斯乘数原理对经济增长的作用机制

按照凯恩斯的乘数原理，增加税收对产出的影响是显而易见的，那就是会减少产出水平，而减少税收的作用会使产出数倍地增加，可见税收在促进经济增加方面起着非常重要的作用。因此如何更好的利用税收政策促进区域经济的发展意义深远。在税收征收方法方面，是采取比例税还是定额税，对经济增长的影响也是不一样的，在定额税制下，减税可以使税收乘数发挥较大的效果，而在比例税制情况下，减税的效果会被弱化。这一现象可以从以下模型中推导出来。

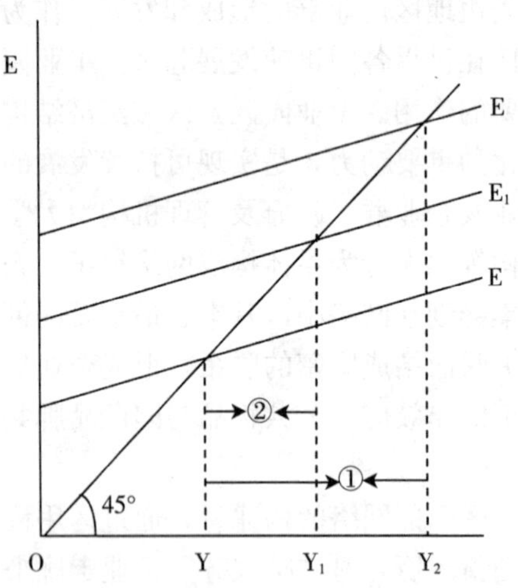

E 轴代表计划总支出；Y 轴代表总产出；直线的交点代表均衡产出。

①$\Delta Y=\Delta T\cdot K=\Delta T/(1-B)$

②$\Delta Y=\Delta T\cdot K=\Delta T/[1-B\ (1-t)]$

①是采取定额税率减免对产出增加的促进作用；②是采取比例税率减免对产出增加的促进作用。模型中可以看出①的作用大。

图 4－1 乘数原理对经济增长的作用机制

分析以上模型可以看出，地方政府在促进“哈大齐”工业走廊建设税收政策上，采取定额税的减免要优于比例税的减免。

4.2 “哈大齐”工业走廊建设税收政策现状

高新技术产业带经济的发展与税收优惠政策是密切相关的。“哈大齐”工业走廊建设需要税收政策支持。本节重点分析“哈大齐”工业走廊建设中的相关税收政策。

4.2.1 “哈大齐”工业走廊税收政策现状

4.2.1.1 中央对振兴东北老工业基地的政策

早在1978年，邓小平同志就提出要“允许一部分地区、一部分企业、一部分工人农民”可以先富起来。在会见美国时代公司组织的美国高级企业代表时再一次提到“一部分地区、一部分人可以先富起来，带动和帮助其他地区、其他的人，逐步达到共同富裕。”这一思想被写进《中共中央关于经济体制改革的决定》（1984年10月20日）中。邓小平同志的这一思想与非均衡发展理论是一致的。在我国实行改革开放政策的经济发展过程中，采取了一系列经济政策，选择东部沿海地区作为引领经济发展的火车头，为东部沿海地区的发展创造了有利的财税环境，迅速取得了令人瞩目的成效。这种效应使我国区域经济间的不协调及差距越拉越大。为此，中央将促进区域经济协调作为“五个统筹”的重要部分之一，陆续实施西部大开发和振兴东北老工业基地战略，调整区域经济政策。温家宝总理在辽宁考察后所作的报告中将振兴东北老工业基地这一战略称为“与西部大开发战略，是东西互动的两个轮子，这两个地区情况有所不同，但是都是全国经济战略的重大问题。”有必要把振兴东北“摆在更加突出的位置”，是中国“新世纪新的发展阶段中重大而紧迫的任务”。

在国办［2003］28号文件《国务院关于成立国务院振兴东北地区等老工业基地领导小组的决定》中指出：为实施东北地区等老工业基地振兴战略，加快东北地区等老工业基地发展，决定成立国务院振兴东北地区等老工业基地领导小组。其主要职责是：研究提出东北地区等老工业基地振兴战略、专项规划、重大问题和有关政策、法规的建议；对东北地区等老工业基地振兴规划进行指导、论证、综合平衡和衔接；研究提出东北地区等老工业基地优势产业发展、资源枯竭城市转型以及重大项目布局的建议并协调实施；研究提出东北地区等老工业基地深化改革、扩大开放和引进国内外资金、技术、人才的政策建议，协调重点基础设施建设、生态环境保护和建设、工业与其他相关产业的协调发展；承办领导小组交办的其他事项。

4.2.1.2 中央对东北老工业基地的税收政策

为了贯彻落实《中共中央、国务院关于实施东北地区等老工业基地振兴战略的若干意见》(中发［2003］11)，支持东北地区老工业基地振兴。2004 年国家先后在东北地区实行了一系列促进振兴的优惠政策，2004 年 4 月 14 日，财政部、农业部、国家税务总局联合下发了《关于 2004 年降低农业税税率和在部分粮食生产区进行免征农业税改革试点有关问题的通知》，通知指出，今年（2004 年）在吉林、黑龙江两个粮食生产区先行免征农业税改革试点。同年，经国务院批准，财政部、国家税务总局制定了《东北地区扩大增值税抵扣范围若干问题的规定》和《关于落实振兴东北老工业基地企业所得税优惠政策的通知》。

在增值税抵扣方面，针对黑龙江省、吉林省、辽宁省和大连市从事装备制造业、石油化工业、冶金业、船舶制造业、汽车制造业、农产品加工业产品生产为主的增值税一般纳税人，在购进固定资产方面，率先进行增值税改革试点。其中用于自制固定资产的购进货物或应税劳务，通过融资租赁方式取得的固定资产等，为购进固定资产所支付的相关费用并取得合法扣税凭证的可进行进项税额抵扣。

明确东北老工业基地有关企业所得税优惠政策，并自 2004

年7月1日起执行。在固定资产折旧率、无形资产摊销年限方面、提高计税工资税前扣除标准方面都做了具体的安排和部署，如东北地区工业企业的固定资产（房屋、建筑物除外），可在现行规定折旧年限的基础上，按不高于40%的比例缩短折旧年限；东北地区工业企业受让或投资的无形资产，可在现行规定摊销年限的基础上，按不高于40%的比例缩短摊销年限。但协议或合同约定有使用年限的无形资产，应按协议或合同约定的使用年限进行摊销；东北地区企业的计税工资税前扣除标准提高到每月人均1 200元，具体扣除标准由省级人民政府根据当地平均工资水平，在不超过上述限额确定，企业在省级人民政府确定的标准以内实际发放的工资可以在税前扣除。

4.2.1.3 “哈大齐”工业走廊经济发展的地方税收政策

为了支持和推动“哈大齐”工业走廊建设的快速启动和健康发展，有关政策（黑政发（2005）30号文件）规定的适用范围为处在政府批准的“哈大齐”工业走廊建设规划的哈尔滨市、大庆市、齐齐哈尔市、肇东市、安达市各规划区和进入规划区的建设项目。文件在用地政策、科技与人才政策、投资政策方面对“哈大齐”工业走廊建设规定了若干优惠政策。其中在财税政策上规定，处在工业走廊内的企业除享受国家和省制定的有关税收优惠政策外，中央石油、石化、电力、有色金属四部门企业在工业走廊内投资建项目实现的增值税，省留成部分与市（含县级市）5∶5分成；开发利用工业走廊内的土地，需缴纳新增建设用地有偿使用费的，除上缴中央30%部分外，省级所得70%部分全部返还当地财政；对从省外、国外引进并建成投产的固定资产投资1亿元以下的项目，由省级财政按引进固定资产投资总额的5‰对引进项目的地方政府给予一次性奖励；省有关部门掌握使用的高新技术产业专项资金、大项目前期费用、技术改造专项资金、外贸发展资金、绿色食品专项资金、农业产业化资金、农业综合开发资金等优先支持工业走廊项目。

在招商引资方面，鼓励支持地处工业走廊外其他地市县的招商引资项目在工业走廊内注册登记，实现的税收可由原引进项目的地市县与税收缴库所在地双方进行分成。省级财政依据双方政府签署的协议和税收实际入库数进行结算。对工业走廊外省内其他地市县引进在规划区内落户的中央石油、石化、电力、有色金属四部门招商引资项目，增值税留成的全部，由引进项目的地市县与税收缴库所在地政府进行分成，分成比例由双方协商确定；鼓励省外各级地方政府和有实力的企业（包括省内企业）到工业走廊成片开发土地并进行招商，成片开发土地区内企业投产后，上缴税收地方留成部分通过财政支出的方式，对省外政府，前3年全部返还，后2年5∶5分成；对企业，前3年全部投入企业，后2年50%投入企业；省政策性担保机构对哈尔滨市、齐齐哈尔市、大庆市担保机构实施再担保，增强其信贷担保能力及对工业走廊规划区内符合信贷担保条件人企业优先给予担保支持，不受年度担保规模限制；对工业走廊内新建、扩建项目属于行政审批和政府的行政事业性收费实行“零收费”。免收部分政府性基金。经营服务性收费项目实行企业自愿原则，按最低收费标准执行。免收企业各类学会、协会会费。

4.2.1.4 经国务院批准的其他相关财税政策

2009年1月15日，国务院办公厅批准大庆、哈尔滨等全国20个城市为中国服务外包示范城市。同时，对这20个城市实行有关的政策措施。其中财税方面的政策有：“在苏州工业园区技术先进型服务企业有关税收试点政策继续执行的基础上，自2009年1月1日起至2013年12月31日止，对符合条件的技术先进型服务企业，减按15%的税率征收企业所得税；技术先进型服务企业职工教育经费按不超过企业工资总额8%的比例据实在企业所得税税前扣除；对技术先进型服务企业离岸服务外包业务收入免征营业税。技术先进型服务企业具体标准，由财政部牵头同有关部门另行公布”等。

4.2.2 “哈大齐”工业走廊建设现行税收政策的不足

税收在促进区域经济发展方面起着越来越重要的作用，而针对“哈大齐”工业走廊建设在税收优惠政策方面却存在着不足。下面从两方面来进行分析。

4.2.2.1 从国家宏观财税政策层面分析

首先，现行财政体制按“基数法”进行税收返还和体制补助，因东部发达地区基数高，西部落后地区基数低，不仅未能解决由于历史原因造成的地区财力分配不均和公共服务水平差距大的问题，而且现行体制无法促进落后地区经济的快速发展，也不利于提高落后地区财力水平，在一定程度上影响着地区间差距的缩小，而使发达地区和落后地区的差距越拉越大。其次，各级财政转移支付受财力限制，实施力度很小，扶持落后地区经济发展及公共服务均等化财税能力十分有限。而且这种转移支付制度也缺乏必要的法律依据，资金管理不规范，执行的随意性大，使转移支付在协调区域经济发展中的作用没有显现出来。三是财政投入的资金来源于政府的财政资金和国债资金，投融资渠道单一，资金规模较小，资金使用的政策性不强，投资结构不合理，投资效益较低。

偏向东南沿海的税收优惠政策加剧了区域经济发展失衡的程度。改革开放以来，优惠政策过多地向东部经济特区、经济技术开发区、沿海开放地区倾斜，为东南沿海地区发展创造了极为优越的外部环境。但同时这些区别对待的税收政策也干扰了投资的正常流向，从而出现了东南沿海地区投资过热而东北地区过冷的不正常现象，使得本来就在地理区位和发展条件等方面具有得天独厚优势的东南沿海地区的经济实力更为强大，基础设施更为完善，人才、技术、产品质量等优势更为明显，使内地与沿海地区差距进一步拉大。

从宏观层面上来看，地方政府没有地方税收立法权，也没有税收减免权，不利于调动地方积极性，制约了地方资源配置效率；现行税制中作为以第三产业为主要税源的营业税是地方政府的固定收入，而经济发达地区的第三产业发达，营业税的征收数量大，地方财政的收入也多。落后地区第三产业发展普遍滞后，营业税税源极为有限，造成在税收收入中，中央税占比重高，地方税占比重少，加剧了地方财政的困难；税收政策的调整并没有使东北地区获得更多的税收优惠，相对而言东北部地区的税负仍然重于东、中部地区。

4.2.2.2 “哈大齐”工业走廊建设现行税收政策存在的不足

在“哈大齐”工业走廊建设中，税收优惠政策发挥了一定的积极作用，但从税收优惠政策的时效性上看，于 2004 年对东北老工业基地振兴规划中的农业税减免试点、计税工资税前扣除标准的让渡以及购进固定资产增值税进项税额的抵扣等优惠政策，已经随着在全国范围内实行的免征农业税，计税工资税前扣除标准的全面调整，生产型增值税向消费型增值税的全面转型而消失。从国家振兴东北老工业基地的战略发展高度看，目前“哈大齐”工业走廊建设仍然十分落后，经济发展速度还很迟缓，要想建成高新技术产业开发带，发挥其经济园区的示范作用，现行税收政策还有很多不足，尚需要国家和地方财政在税收政策上予以倾斜。现行税收政策的不足主要体现在：

产业税收优惠政策滞后。“哈大齐”现行的税收优惠政策以区域优惠为主，产业优惠为辅，虽然也体现了对基础设施、先进技术的扶持，但优惠的目标、重点及手段都不够清晰，未能充分体现国家产业政策的导向功能。由于采取了普惠政策，从根本上影响了农业、能源、交通等基础产业及技术密集型、资本密集型等先导产业的引资效果，形成了不合理的投资结构，与产业结构调整的初衷相悖。产业税收优惠政策滞后有碍于产业结构优化。

地方税制不健全。1994 年税制改革时提出“合理分权”的指导思想，以后又多次提出要加快地方税制的改革步伐，但这项改革明显滞后，现在还没有形成真正意义上的地方税制。现行地方税制存在的主要问题是地方税管理权限过于集中在中央；地方政府管理权限太小，几乎所有的地方税种的条例及大多数税种的实施细则，都是由中央制定、颁布，省一级政府只有制定一些具体征税办法的补充措施权限。因此，“哈大齐”工业走廊建设很难将政策的统一性与因时、因事、因地制宜的灵活性紧密地结合起来，淡化了税收在地方经济发展中的作用，地方税制稳定性差，地方税收入规模不足，加剧了地方财政的困难，从而阻碍了整个税制与分税制财政体制的完善。

税收优惠偏重于税收减免。以直接减免为主的税收优惠方式不利于“哈大齐”工业走廊的建设。税收优惠有直接优惠和间接优惠两种。直接优惠包括减税、免税、降低税率等，主要适用于建设周期短、利润高、风险低的盈利企业。间接优惠包括加速折旧、投资抵免、再投资退税、提取准备金等，主要适用于投资规模大、经营周期长、获利小、见效慢的基础设施、基础产业等项目投资。目前，“哈大齐”工业走廊建设中虽然强调了对加速折旧、投资抵免、再投资退税等间接优惠形式的运用，但以减免税等直接优惠为主的状况并没有得到根本的改变。

缺乏分项的税收支持体系。“哈大齐”工业走廊在长期发展过程中，存在石化产业、机器制造、食品、医药等支柱性的传统产业，这些产业都为地方经济的发展做出了重要贡献。但在税收优惠方面没有对不同的产业制定具体的优惠措施，这对传统产业的升级具有一定的阻碍作用，不利于完成地方经济的结构性调整。此外，对税收优惠没有做进一步深入细致的划分，比如对节能减排企业的优惠，对高科技企业的优惠，对绿色食品企业的优惠等税收优惠政策还缺乏一定的针对性。

4.3 国外区域经济发展的税收政策分析

在区域经济发展历史中，税收政策的调节作用意义重大。在经济信息化、全球化的基本趋势作用下，美、日、欧等世界主要经济体国家的区域经济都得到了高速发展，这与国家税收政策的支持是分不开的。本节主要介绍国外典型区域经济发展的税收政策。

4.3.1 国际上运用财税政策促进区域经济发展的税收政策

4.3.1.1 运用财税措施优化投资环境

优化投资环境在发展区域经济中占有重要地位，这一举措主要是在既定区域政策目标作用下，由中央政府直接拨款在欠发达地区兴建基础设施、改善交通运输条件、提高教育水平、进行技术培训等。阿巴拉契亚公路网络的财税政策在美国区域经济发展中就是一个很好的例子。《阿巴拉契亚区域开发法》明确规定，财政拨款应集中投放于增长潜力较大、投资收益率较高的地区，并且绝大部分用于公路建设，其余用于公共设施、能源和企业发展等。位于增长中心周围的地区，财政拨款则主要用于就业培训、教育、医疗设施建设等项目，以提高当地居民素质为目的，为欠发达地区发展奠定基础。当地政府从根本上改变了本地区交通落后的状况，吸引了大批工商企业沿路建厂，经济获得快速发展。1969—1991 年，该地区人均收入比其他相同条件地区增长快 17%，1991 年相当于美国平均水平的 83%。同时该地区通过规范的转移支付制度，对欠发达地区提供财政补贴，用于增强其提供公共服务的能力，平衡各地区的公共场所服务水平。美国给予欠发达地区的联邦财政补贴有专项补助、分类补助和一般目的补助三种形式，主要用于医疗卫生、收入保障、交通培训、就业和社会服务、交通等几个方面；英国规定在划定的发展区内，对每一就业人员提供一定数量的补贴；意大利对发展区实行社会保险补贴，新增雇佣工人由政府支付部分或全部社会保险金。

4.3.1.2 鼓励和支持投资的财税措施

对在发展区建立的企业，按其投资性质和地区等级，并根据新创造的就业人数给予地区开发、投资奖励。如法国按区域政策的目的和作用规定了三种奖励方式：开发补贴、服务补贴和研究补贴，用于奖励新建、扩建和结构调整企业，鼓励在服务和研究开发领域增加就业岗位；英国的《工业发展法》规定，对在援助区的投资，可得到相当于工厂设备投资40%的赠款；法国对受援区的企业，按投资的25%进行补贴，创造一个就业机会还可得到25 000法郎；原联邦德国规定，使原有劳动岗位增加15%以上，或是提供50个以上新的劳动岗位的投资，可得到约10%的投资补贴。

几乎所有国家都将税收减免作为刺激公司向欠发达地区投资的一项主要措施，主要方式是对投资免税，或在一定时期内对投资收入减征或免征所得税。如法国税收优惠政策最长可达5年，减让幅度最高达100%；巴西除实行减免税外，还使用了颇具特色的税收刺激手段，规定投资者投资东北部地区可免除所得税50%，免税部分必须作为追加投资，用于规定的发展项目，以政府放弃部分税收为代价诱导私人投资到落后地区；巴西政府免除自然人的部分所得税，按相应数额认购共管基金，这种基金存入私人金融部门，然后按中央银行确定的方向投资上市，增加中小企业资金来源；巴西政府免缴自然人50%的所得税，用于认购东北部银行和亚马逊银行发的新股票，以增加对这些地区的投资，这些政策的实施使东部地区1960—1980年工业生产增长速度超过全国平均速度。

此外还有加速折旧措施，加速折旧通常是与项目相联系的，适用于新建和扩建工程。法国在发展区实行的《特别折旧许可》规定，新建筑第一年的折旧率为25%；原联邦德国规定，最初的折旧金额，工厂和机器开支可达50%，建筑物可达30%；英国实行“任意折旧”，即对发展区内工业投资实行100%的折旧扣除。

4.3.2 典型国家区域经济发展的财税政策

以上分析主要是从优化投环境和鼓励到指定区域进行投资的

角度来研究国外的税收政策对区域经济发展的支持，下面对具体国家的情况进行分析。

4.3.2.1 美国区域经济发展的财税政策

不针对特定行业单独制定或颁布相关税收优惠措施，是美国产业税收优惠政策的最大特点之一。目前，美国产业税收优惠政策的两个基石分别是：科研机构作为非营利机构免征各项税收和对企业 R&D 费用实行税收优惠。科研机构作为非营利机构免征各项税收。美国税法上明确，非营利机构不用纳税；在税法上明确了科研机构属于非营利机构不用纳税。实际操作中，坚持两条原则：第一是实质重于形式原则，即研究机构只有真正从事科研活动，并且不以营利为目的的才能获得非营利机构的资格，享受免税待遇。第二是收入相关原则，即科研机构获得的收入只有严格用于科学研究，才能享受免税待遇。

在区域经济中，对企业研究开发费用实行税收优惠。为鼓励企业增加 R&D 投入，把 R&D 投入与一般性投资区分开，实行“费用扣除”和“减免所得税”的双重优惠。企业 R&D 费用可选择两种方法扣除：第一种是资本化，采取类似折旧的办法逐年扣除，扣除年限一般不少于 5 年，用于软件的费用可缩短到 3 年。第二种是在 R&D 费用发生当年做一次性扣除。作为鼓励性措施，企业 R&D 费用按规定办法计算新增部分，其 20%可直接冲减应纳所得税额。若企业当年没有盈利，或没有应纳所得税额，则允许的减免税额和 R&D 费用扣除可往前追溯 3 年，往后结转 7 年，其中费用扣除最长可顺延 15 年。为了鼓励对小型企业投资，美国政府提供了一些优惠，其中最重要的优惠是：允许投资者出售符合条件的小型企业股票所获利得收入的 50%免税，但是持有小型企业（总资产不超过 5 000 万美元的公司）股票的时间必须为 5 年以上。

4.3.2.2 日本区域经济发展的财税政策

日本主要是通过普惠性的税收制度安排来实现对区域经济的

激励政策。国内制造业法人于本年度进口的某些指定免税进口货物量超过自1989年4月1日以来各年中此类进口物品最大数量的至少5%时，可以要求从法人税额中扣除进口商品增加额的4%；对资本性投资的税收鼓励，中小企业于2002年3月31日之前购进并使用的指定机械和设备（包括电子计算机系统）购进成本的7%以及购进的指定节能型机械、设备调整后购进成本（25%～100%）的3.5%或者7%，可以从法人税额中扣除。最大限额为法人税额的20%。2002年税制改革将此项税额扣除适用期延长至2004年3月31日。1998年创立的中小企业促进投资税制进一步降低了机械设备的购进成本和租赁费用，由特定中小企业购进的机械、设备、家具、固定组装设备、货车和大型船只购进成本选择按7%进行特别税额扣除或者按30%提取特别折旧，适用期限从1998年6月1日截止到2004年3月31日。7%的税额扣除也可以适用于特定租赁资产。

在对R&D的鼓励上，所有R&D支出和开发专利权的成本，既可作为当期费用列支，也可以分几年摊销。对超过自1967年以来该公司发生的R&D支出最高金额的增长部分支出额，允许有25%的税收扣除。对经批准的新技术投资给予特别加速折旧津贴。某些产业成立的联合研究会购买新机器及设备或新设施的成本可以作为当期费用列支。对中小规模的企业也规定了特殊的税收激励措施。对于提交蓝色申报表的中小企业于1985年4月1日至2003年3月31日之间开业的各会计年度产生的试验研究费，允许其从法人税额中扣除，扣除率为中小企业支出的试验研究费的10%。扣除限额是法人税额的12%～14%。对于符合创新经营促进法规定的中小企业在设立后10年以内，实施新领域开拓计划以及上年度试验研究费和开发费总额占收入金额的比例超过3%时，企业内部留成不予征税。试验研究费超过过去5年中前3年的平均数，按增加部分的15%给予税额扣除。日本的许多政府机构还都为批准的科学研究项目提供直接的帮助支持。

4.3.2.3 韩国区域经济发展的财税政策

韩国通过《税收减免管理法》和《外国投资促进法》采取了一系列税收优惠措施以实现国家经济目标。1999年1月1日制定了《特别税收待遇管理法》，合并和替代了原两法中规定的税收优惠措施。制造业作为韩国的重要产业，同样适用这些税收优惠政策，主要内容涉及对中小企业的税收优惠。主要措施包括：①投资准备金。符合条件的中小企业在其年底资产价值的20%以内设立投资准备金，可以在税前扣除。但是税前扣除的准备金，应当从提取准备金以后第3年起，分36个月作为实现利得分摊计回应纳税所得额（实际上相当于政府对企业的投资行为提供了一笔期限大于3年的无息贷款，支持企业投资）。②投资抵免，中小企业购置机器设备等企业资产，或者在销售店安装信息管理系统的，可以按照购置额的3%抵免个人所得税或者公司税（直接减少公司或个人的应纳税额，直接减税优惠）。③新建中小企业的优惠。新建符合条件的中小企业，可以自新建企业首次实现盈利年度起享受6年减半征收个人所得税或者公司税（所得税六减半）；新建中小企业自设立以后5年内减半征收财产税（财产税五减半）。此外，财产取得税和注册税可以免税两年（财产取得税和注册税两免）。④对中小企业的特别优惠。在大城市内的中小企业，根据其行业不同，可以享受10%～30%的个人所得税或者公司所得税的减征优惠（中小企业的特别优惠减征）。

在促进技术和人力资源开发的税收优惠方面，所有符合规定目标条件的，都可以享受以下优惠：第一可以获得技术和人力资源开发准备金。除了从事不动产或者饮食和住宿服务的公司，在每一纳税年度可以按照其毛营业所得的3%（技术密集型行业和某些符合条件的资本品行业为5%）提取可以在税前扣除的准备金，但是同样需要在提取以后第3年起分36个月分摊计回应纳税所得。第二可以获得技术和人力资源开发抵免，除了从事不动产或者饮食和住宿服务的公司，可以按照下列两种计算方法中数额较大者享受税收抵免：纳税年度发生的技术和人力资源开发支出的15%；或者当年技术和人力资源开发支出比前4年的支出平均数超过部分的50%。第三可以获得投资于技术和人力资源开发设施的税收抵免。公司购买设施用于研究开发和职业培训的，最多可以按照其总价款的5%抵免。第四可以获得技术转让所得免税待遇。受让技术的公司，则最多可以按照总价款的3%（中小企业为10%）享受税收抵免。第五是在风险资本利得方面不征税。风险投资公司投资于新建中小企业的，其出售该中小企业的股票或者权益所实现的利得，免征公司税。

4.3.2.4 意大利区域经济发展的财税政策

意大利在二战以前，南北差别也十分悬殊。二战后，意大利政府为了促进落后的南方地区经济的发展，采取了包括贷款优惠和税收优惠在内的一系列措施。如在1957—1965年间，政府为了鼓励在南方发展工业，除国家投资建大型工厂外，还规定在南方建厂十年免征利润税。号称“金砖四国”之一的巴西，70年代以前颇似现在的中国，典型的二元经济结构，落后的“内地巴西”和“现代的沿海巴西”并存，为了吸引劳动力、资金和技术，1967年巴西政府颁布法令，正式成立了世界上不多见的位于内陆的自由贸易区。税收方面，巴西政府为了吸引发达地区的私人资本参与落后地区的经济开发，还规定在落后地区举办企业可以减征25%的所得税。

4.4 “哈大齐”工业走廊建设税收政策支持建议

在对“哈大齐”工业走廊建设税收方政策支持分析，以及对国外区域经济发展的税收政策支持的经验研究基础上，本节从国家和地方两个层面对“哈大齐”工业走廊经济发展的税收政策提出建议。

4.4.1 从国家层面上完善区域经济协调发展的财税政策

财税政策促进区域经济协调发展的基本思路是要在兼顾公平与效率的基础上，主要通过转移支付制度、政府投资、税收优惠等政府收入、支出机制，调节区域之间的资源配置，以获得整体效益最大化。同时还应注意，促进区域经济协调发展的财税政策应是一个覆盖全局的政策体系，不仅仅包括对中、西部政策的制定，还应包括对东北地区以及东部政策的调整。在协调区域政策方面要做好以下几方面的工作。

4.4.1.1 发挥转移支付在缩小区域经济差距中的作用

提高中央财政的汲取能力，这是建立有效的中央财政转移支付制度的前提。中央财政只有在财政初次分配中占有较大的比重，才能保证有足够的财力用于对地方的转移支付，才能通过转移支付逐步促进落后地区的经济发展，提高社会公共服务水平，逐步缩小地区差距。所以，中央政府应采取各种有力措施，适当调整国民收入分配格局，逐步提高中央财政收入所占比例。

在国家获得足够的财力的基础上，建立以抑制横向不平衡为主的转移支付制度。不同地区之间经济发展程度差异的直接表现就是发达地区财政收入充裕，而落后地区财政状况拮据，这是财政横向失衡的表现。同时，落后地区在基础设施方面的投资需求量要比发达地区更大。与落后地区相比，发达地区的财政资金的边际效用是递减的，这就需要中央政府从整体利益出发，采取转移支付的方法在地区之间实现预算调剂，间接的由发达地区上交的财政来扶持落后地区的发展，统筹全局，从而做到增加财政资金的边际效用，以实现横向均衡目标，实现国家的全局性发展。

4.4.1.2 放宽对地方税收的管理权限

在税收管理权限和税收分成比例方面，中央财政应给予“哈大齐”工业走廊地方财政更多的优惠，加大吸引外资优惠政策的力度。国家在建立和完善地方税收体系的前提下，应逐步扩大对地方政府的税收管理权限，对地方政府赋予一定的减免税权力及一定的税收立法权。这将有利于区域地方政府因地制宜，对意欲鼓励发展的对象和领域实行一定的税收优惠。同时中央政府应适度提高区域共享税中地方分成比例以促进地区自我积累和自我发展。可以适当允许发行地方政府债券，定向支持东北地区基础设施建设。财政应该在“哈大齐”工业走廊基础设施的建设中发挥主导作用。包括地方财政凡属于区域经济内的基础设施项目，原则上应该是“谁受惠、谁投资”，由地方财政提供支持。借鉴美国政府的做法，允许地方政府适度发行地方债券，定向支持区域经济基础设施建设。

4.4.1.3 完善地方税种

地方税的完善主要是建立以房地产税、营业税、遗产和赠与税、个人所得税为主体税种的地方税结构，以及把地方具有税收性质的收费改成税或附加税。第一，调整现有税种，如房产税和土地使用税，原有的计征方法比较落后，计税价格和实际价值相差很大，税负不公。可以改用评估的方法确定计税价格，实现平均的标准税率。第二，开征和停征一些税种。尽快开征典型的地方税种，使地方税自成体系。同时，取消已不合时宜的税种。第三，结合税费改革，将部分适合改为税收的地方收费项目改为地方税。为了减轻企业和农民负担，缩小城乡税制差距，遏制地方政府乱收费，要加快城市费改税和农村费改税步伐，逐步清费立税，规范政府收入行为，严格税收执法。

4.4.2 从地方层面上完善税收政策支持

地方税收政策的支持更能够直接作用于地方区域经济的发展，有利于完善地方经济制度。因此，对“哈大齐”地区的税收政策要做具体的细分，在此基础上不断完善企业发展的外部环境。为提高区域内的整体竞争力做好服务工作。具体政策建议如下。

4.4.2.1 增加吸引外资的优惠政策

为了更好地吸引外资，国家税务总局已经针对东北老工业基地设计出了所得税优惠政策，关键在于贯彻落实，用足用好。除此以外，对于其他地区企业参与到“哈大齐”工业走廊经济建设中来，应赋予其更多的优惠待遇，充分鼓励和正确引导发达地区效益好、有发展潜力的企业到“哈大齐”工业走廊投资办厂，开发当地资源，发展一些中高档次的加工业。另外，也要鼓励发达地区企业兼并和收购走廊内一些中小型国有企业尤其是亏损企业，可以通过递延税款等办法给予刺激和奖励。但对那些耗能高、档次低、污染重而转移到“哈大齐”工业走廊的企业，要通过加成征收等措施予以惩罚和限制。

4.4.2.2 注重产业优惠与区域优惠相结合

通过税收政策和产业政策的相互配合，引导资金和生产要素合理流动，最终推动区域经济协调发展。“哈大齐”工业走廊具有完整的重工业体系和配套能力，石油、石化、钢铁和有色金属冶炼、重型机械制造、汽车和船舶以及飞机制造等资本与技术密集型工业在全国都占有举足轻重的地位。从“哈大齐”工业走廊产业结构升级的客观趋势看，资本和技术密集型重工业仍具有广阔的市场需求。“哈大齐”工业走廊产业结构调整的方向不在于减少重工业，而在于优化重工业的产品结构，在于增强重工业的竞争力。同时税收政策应该体现对科技产业的支持。

正确处理产业优惠和区域优惠的关系，要以“产业优惠为主、地区优惠为辅”。将其作为税收优惠政策发展的目标，促进资源合理配置。以产业优惠为主应表现为对投资兴办的基础设施项目、农林牧项目、高新技术等资本和知识技术密集型产业以及国家鼓励的能源交通原材料等瓶颈产业、农林牧渔等落后产业等其他项目，经营期在一定年限以上的，给予较大限度的优惠。

5 发展“哈大齐”工业走廊高科技产业的策略研究

提升自主创新能力是党和国家在经济建设中的重大战略举措。中央经济工作会议（2004 年 12 月 6 日）把提高自主创新能力作为推进经济结构调整的中心环节。中央政治局第十八次集体学习会议（2004 年 12 月 27 日）把推动科技自主创新摆在全部科技工作的突出位置，进一步重申将提高科技自主创新能力作为推进结构调整和提高国家竞争力的中心环节。2006 年胡锦涛总书记在全国科技大会上发表了题为《坚持走中国特色自主创新道路，为建设创新型国家而努力奋斗》的重要讲话，把自主创新提升为调整产业结构，转变经济增长方式的中心环节，将其作为增强国家竞争力，迎接未来全球化挑战的核心。“十一五”规划明确提出了要健全和完善自主创新政策，坚持强化自主创新基础，提高科研和制造水平的战略方针。2007 年党在十七大报告中，进一步把提高自主创新能力，建设创新型国家定位为国家发展战略的核心和提高综合国力的关键。2009 年 3 月 5 日，国务院总理温家宝在十一届全国人大二次会议上作政府工作报告时指出，今年将大规模增加政府投资，实施总额 4 万亿元的两年投资计划，其中中央政府拟新增的 1.18 万亿元投资中，一部分将用于大力推进自主创新，加强科技支撑力度。

从国家政策导向可以看出，宏观经济已把自主创新与高科技产业发展紧密联系起来。那么，作为地方重点发展区域的“哈大齐”工业走廊，如何通过自主创新来实现发展高科技产业目标便成为一项重要课题。

5.1 自主创新与发展高科技产业的关系

对于“自主创新”的解释众说纷纭，相关的讨论一直都很激烈，目前还没有一个统一的答案。本节首先从分析“创新”一词的内涵入手，在理解了“创新”一词后，对于“自主创新”就会有一个全新的认识。“创新”之前加上“自主”二字，可以理解是实现“创新”的途径、方法，或者是手段。在诠释“自主创新”的基础上，进一步阐述分析“自主创新”与发展高科技产业的关系。

5.1.1 关于创新的相关理论

5.1.1.1 熊彼特的解释

创新（Innovation）一词来源于 15 世纪的拉丁文“Innovore”，意思是“更新，创造新的东西或改变”。而在经济学中，美籍奥地利经济学家熊彼特（J. A. schum — peter，1912）第一次对创新进行系统研究，并把它引入到经济学领域中，他把创新定义为，“建立一种新的生产函数”，也就是说，把一种从来没有过的关于生产要素和生产条件的“新组合”引入生产体系。熊彼特的“创新”观点包括以下五种情况：引入新产品，引用新技术，开辟新市场，控制原材料的新供应来源，实现企业的新组织。熊彼特认为，“创新”是一个“内在的因素”，“经济发展”也是“来自内部自身创造性的关于经济生活的一种变动”。①

熊彼特在其博士论文（1911 年）及 1912 年出版的《经济发展理论》中，最早认识到创新对经济增长的重要作用，提出了创新理论（包括创新的定义、创新的主体、创新对经济增长的影响和创新对社会发展的效应 4 个要点），在经济发展和经济周期领域内开辟了一条新的研究途径，创立了经济理论、经济史、经济

① 约瑟夫·熊彼特：《经济发展理论》，商务印书馆 1990 年版

统计三者结合的研究方法。由他开创及其追随者发展起来的以创新理论为核心内容的经济学说，在当代西方经济学中自成一体，是当代西方经济学中公认的重要学派之一——创新经济学派。

5.1.1.2 OECD的定义

OECD（Organization for Economic Cooperation and Development，经济合作与开发组织）在1992年的《技术创新统计手册》中指出，“技术创新包括新产品和新工艺，以及产品和工艺的显著的技术变化。如果在市场上实现了创新（产品创新），或者在生产工艺中应用了创新（工艺创新），那么就说创新完成了。因此创新包括了科学、技术、组织、金融和商业的一系列活动。”1997年，OECD又提出“创新是不同主体和机构间复杂的相互作用的结果。技术变革并不以一个完美的线性方式出现，而是系统内部各要素之间互相作用和反馈的结果。这一系统的核心是企业，是企业组织生产和创新、获取外部知识的方式。”

5.1.1.3 对以上“创新”涵义的分析评述

在熊彼特和OECD的定义中可以看到，创新包括技术创新，管理创新和制度创新，对于经济学研究来说，技术创新则是大家所关注的最为重要的一种创新。尽管没有统一的关于技术创新的定义，仍可以从熊彼特、OECD和诸多经济学家的诠释中对技术创新有所理解。首先，发明和创新之间是有区别的，只有科学上的发明成为了符合市场需求的产品或工艺，才能说技术创新产生了。第二，创新的产生是一种复杂的系统工程，它的主体是企业，但是却涉及到科研单位、中介组织和政府等多方面的利益，需要多方面的合作才能促使创新的产生。第三，创新使一国的生产函数发生改变，扩张了一国的生产可能性曲线，扩大了一国的生产能力，并促进了生产力的发展。

5.1.2 关于自主创新的内涵

自主创新是我国特有的一个概念，到目前为止，关于“自主创新”还没有统一的说法。在英文中，只有“创新”一词，而没有自主创新，那么自主创新的内在涵义是什么，为什么要在国际公认的“创新”前加上“自主”两字，我国实施自主创新战略的具体内容是什么，它是否与劳动密集型产业相冲突，与以前我国所实施的引进技术的政策是否冲突，这些疑问的产生，说明了正确理解自主创新的必要性。

国务院在《国家中长期科学和技术发展规划纲要（2006—2020年)》((国发［2005］44号))中把自主创新定义为从增强国家创新能力出发，加强原始创新、集成创新和引进消化吸收再创新。自主创新由我国政府提出来之后，科技部原副部长尚勇(2006）在接受《中国工业报》记者采访时指出，自主创新有三方面含义：一是原始性创新，在科学技术领域努力获得更多科学发现和技术发明；二是集成创新，使各种相关技术成果融合汇聚，形成具有市场竞争力的产品和产业；三是在广泛吸收全球科学成果、积极引进国外先进技术的基础上，充分进行消化吸收和再创新。周振华（2005)① 认为自主创新是“指通过本国自身的学习与研发活动，探索技术前沿，突破技术难关，研究开发具有自主知识产权的技术，并快速使之商品化”的行为。

上述定义存在的问题是没有明确区分普遍的创新与我国提出自主创新的区别，对自主创新的外延和内涵并没有超出熊彼特创新的范畴，不能全面理解我国政府提出的自主创新的重大现实意义，也没有对自主创新与技术引进，“赶超”与比较优势之间的关系做出阐述。

路风教授对“自主创新”这一概念的内涵和其所涉及的问题阐述最为全面。他通过对我国经济转轨过程中汽车、柴油发动机、飞机、电信和数字视频播放设备等产业技术创新问题的调

① 周振华：《自主创新与增长方式的根本转变》，［J］，《今日浙江》，2005年第8期

查，最终得出结论，中国实施“市场换技术”的政策是不能引进国外先进技术的，反而使中国的工业陷入了对外技术依赖的陷阱，如果要想转变经济增长方式，只有实施自主创新的战略，才能提升自身的技术能力，才能增强国家竞争力。在创新前面加上“自主”这两个字，在路风看来，是表明了要实现我国提高国际分工中的位置，提升我国在全球价值链中利润分配的份额，保持经济的可持续发展，保障国家战略安全，捍卫国家主权这一系列目标的政治“意志，勇气和信心”① 路风指出，创新是经济增长的动力，在我国处于经济落后的状态之下，“自主”创新则代表了赶超的战略目标和赶超的战略方针，所以自主创新这样的词一定是对于落后的国家来讲，要在技术上获得领先地位，一定要实施自主研发，掌握自主的知识产权和科技手段，自主创新是要强调通过主动地自为行动而不是依赖外界的技术扩散。此外路风又从五个角度对“自主创新”的内涵做了进一步的解释，其中包括自主创新不等于技术引进，自主创新不排斥技术引进，中国市场是“自主创新”的战略资源，自主创新可以培养企业的技术能力、从而增强一国的国家竞争力，自主创新体现了国家的政治远见、勇气和政治意志。

5.1.3 区域创新系统理论

5.1.3.1 区域创新系统的内涵

英国卡迪夫大学的库克（Philip Nicholas Cooke，1994）教授将区域创新系统定义为：“指企业及其他创新相关机构，在以根植性为特征的制度环境下，系统地进行交互学习所形成的一个系统”。从定义中，可以看出库克将区域创新看成是一个系统工程，这一系统构成内容之间是紧密配合的。Asheim 和 Isaksen（1997）对该定义进行了补充：“一个（区域）创新系统应该包括一个生产

① 路风：《走向自主创新，寻求中国力量的源泉》，广西师范大学出版社，2006 年。

结构（技术-经济结构）和一个制度结构（政治-制度结构）”。

国内关于区域创新系统的研究开始于20世纪90年代中期，冯之浚教授（1999）在《国家创新系统的理论与政策》一书中指出，区域创新系统的建设是国家创新系统建设的基础和重要内容，区域创新系统对地区经济发展起到重要作用。盖文启（2002）从网络系统方面指出企业、大学或研究机构、政府、中介机构以及区域金融机构等是区域创新网络中的结点，企业创新网络中活动的发生与完成是一个由各个结点协同创新的群体活动与分散决策过程。

5.1.3.2 区域创新系统的研究

一些学者针对区域或行业等宏观层面的R&D（Research and Development，研究与发展）资源配置进行了研究。WEIShouhua等（2007）利用空间积聚、变差系数、基尼系数等定量方法，对中国不同区域间R&D总经费、政府R&D经费和企业R&D经费等三个方面作了比较分析，认为从1998—2004年几年时间里，中国R&D经费空间集聚的趋势并未改变，政府R&D经费集聚效应比企业R&D经费集聚效应更加显著。吴林海等（2006）研究了我国R&D经费在三大研发主体——科研机构、高等院校和企业，三大研发活动——基础研究、应用研究和实验研究，以及各主体内部间进行合理配置，通过与美国、日本等发达国家比较发现，我国R&D经费配置效率较低，提出了相关政策建议。高燕（2006）、陈瑶瑶等（2005）分别就江西省与浙江省R&D资源配置特征作了研究，并给出一些政策建议。以上这些研究仅根据数据统计分析，得出若干建议，但并未在R&D资源配置对区域创新系统建设的影响以及具体的资源配置措施方面得出有效的结论。

5.1.4 自主创新与发展高科技产业的关系

对世界经济进行考察的时候，会发现这样的现象，有的国家处于政治、经济、科技的领先位置，而有的国家则处于相对落后的地位，同样，许多企业拥有较大的市场份额，获得较高的利润，而有的企业则在竞争中落后，最后被市场淘汰。这一现象的背后反映的是，一个国家或企业要立足于全球开放经济的市场大环境下、获得竞争优势，就必须具备“自主创新”的能力。

5.1.4.1 自主创新是发展高科技产业的前提

高科技产业要实现竞争优势就必须以自主创新为前提，只有在自主创新的基础上才能将创新的成果通过产业化实现它的社会价值，才能提升一个国家、一个地区或一个省份的竞争能力，因此在主张大力发展高科技产业的区域就必须高度重视自主创新。可以从自主创新与竞争优势及与经济增长的关系来说明其对于发展高科技产业的重大现实意义。

自主创新有利于提高高科技企业的竞争优势。最早反映竞争优势的思想应属李嘉图的比较优势学说理论，该理论是在自由市场的假设条件下，指出各国要按照自己的比较优势产品来与国外产品进行交易才能实现效率最高，反映的是与国内进行交易的机会成本较大，提倡自由贸易。李嘉图注重分析的是各国的资源的比较优势，阐述了国际分工和国际贸易的合理性，具有一定的科学价值。但是，这一理论的成立是以一系列极其严格的假定为基础的，它忽视了生产方式的发展、技术的进步和垄断力量等重要因素对国际贸易的影响，否认国际经济关系中存在的矛盾和冲突，因而存在着很大的局限性。尤其是在技术和科技迅速进步的今天，资源对于一国禀赋的影响已经大大的被技术进步所削弱了。

“竞争优势”这一概念由英国经济学家张伯伦（E1Chamberlin）于1939年率先提出，后来霍弗和申德尔（Hofer & Schendel）把它引入到战略管理领域，20世纪80年代中期开始，以波特为代表的战略管理学者们对这一概念予以广泛关注，并对竞争优势的概念、表现和来源进行了研究。现在，这一概念已经成为战略管理研究的中心课题之一。波特在他著名的三部曲之一《竞争优势》中指出“竞争优势归根到底来源于企业为客户所能创造的超过其成本的价值。价值是客户愿意支付的价钱，而超额价值产生于以低于对手的价格提供同等的效益，或者所提供的独特的效益补偿高价而有余。波特把竞争优势定义为企业为客户所创造的剩余价值，也就是消费者剩余。乔·L. 皮尔斯（Jon L. Picrce）等人在《管理宝典》中指出竞争优势是指“能使一个公司在行业中抓住机遇、克服困难，从而能长期获取超额利润的能力、资源、关系以及决策。”这一概念把竞争优势定义为企业本身所具有的能在市场中获胜的资质，如其拥有的能力、资源和关系，同时，竞争优势也是企业成功决策的结果。

从以上理论分析中可以看出，要想提高竞争优势，必须在自主创新方面充分挖掘“获取超额利润”的潜力，要素禀赋的作用已逐渐被高科技的自主创新能力所取代，也就是只有科技处于一个领先的地位，才能提升自主创新的能力，然后才能发挥竞争优势，再然后才能大力发展高科技的产业。因此，高度重视自主创新能力是发展高科技产业的前提条件。

高科技产业为提升自主创新能力提供了一个理论和实践的平台。开放的全球经济能够使一个国家或一个地区分享全球高科技研究的最新成果，能够缩短一个国家某项科学研究的过程和时间，使人类充分享受科技带来的喜悦，而一个科技产业集中的地区又为发展科技研究，提升自主创新能力提供了一个理论和实践的平台。其原因有两个，一个是高科技产业为自主创新提供一个已有实践证明的理论基础，在这个基础上会使自主创新的研究更上一个层次；另一方自主创新的成果又会在实践中得到证实。

5.2　提升“哈大齐”工业走廊高科技产业自主创新能力的条件

从自主创新与高科技产业关系的分析中可以看出，一个国家或地区发展高科技产业是离不开自主创新的，自主创新为发展高科技产业提供了动力源泉。同样，在“哈大齐”工业走廊高科技产业经济建设中，提升自主创新能力也具有重大的现实意义。本节在分析其现实意义的基础上，介绍提升“哈大齐”高科技产业自主创新能力的优势条件。

5.2.1 提升“哈大齐”工业走廊自主创新能力的意义

5.2.1.1 有利于提高生产效率

生产效率的提高离不开技术水平的进一步发展，“哈大齐”地区集中了高新技术产业群，当“哈大齐”工业走廊高新技术产业集群整体技术水平提高，形成上、中、下游结构完整，外围支持产业体系健全，充满自主创新能力的有机体系的时候，就会带动整个走廊的经济发展，进而带动整个黑龙江地区经济的发展，为全国的经济增长做出重大贡献。作为一个有机整体，目前，“哈大齐”工业走廊共有两个国家级开发区，并具有以装备、石化、食品和医药等四大产业为重点的工业基础。在此基础上，通过自主研究和开发，提高现有的技术水平，同时为区域内企业获取需求信息提供了极大便利，特别是能够获得本行业竞争所需要的信息，从而能够使区域内企业的生产效率提高，并以更高的生产率来生产产品或提供服务，也有利于其获得相对于集群区域以外的企业更多的竞争优势。这对于企业生产效率的提高是十分有效的。

5.2.1.2 有利于提高整体竞争力

集群区内企业间的分工合作，既提高了各自的专业化水平，使集群企业的生产效率得到极大提高，同时也加剧了同行业企业间的竞争。集群企业的竞争不仅仅表现在对市场份额的争夺，还表现在其他方面。可以说集群增强了竞争，而竞争的结果是，产业集群区内的企业比起那些散落在各个地方的企业，更具有竞争优势，更容易通过竞争进入这一行业的前沿地带。在“哈大齐”

工业走廊建设中，竞争对手的存在是有积极意义的，因为同行业的相互比较和竞争既可以评价企业的业绩，也可以促进更多的企业在激烈的市场竞争中脱颖而出，并使企业获得持续的发展动力。而科技发展正是各企业集团竞争的重要手段，谁在科技领域首先创新就会在竞争中战胜竞争对手，取得更大的市场份额。因此，个别企业在竞争中自主创新能力的加强，就会使整个经济区域的创新能力得到提升。

5.2.1.3 有利于降低企业的投资成本

“哈大齐”工业走廊汇集了黑龙江省供应商，也聚集了黑龙江省的客商，或者说一个集群本身就是一个规模很大的市场。在这一共同市场上，有关市场的、技术的以及其他与企业发展有关的各种信息在区域内的大量积累和迅速传递，不仅可以使集群企业获得集群区外分散企业难以分享的有关产业发展的信息，也可以极大地节约企业进入新产业所要花费的搜寻信息成本，从而降低企业的总体生产成本。另一方面，同一产业的企业在地域上的集中，也能够获得政府及其他公共机构的投资，可以在基础设施等公共物品上降低成本。因为必要的基础设施的建立能够有效分散和降低单个企业的投入资金。“哈大齐”工业走廊交通便利，已经形成包括滨洲铁路、绥满公路及哈尔滨、齐齐哈尔机场等完善的综合交通运输网络，仓储运输业也比较发达。更为重要的是，在“哈大齐”工业走廊，政府已进行了多项前期投资。此外，一些中介服务性机构、行会组织、教育培训机构和检验认证机构的纷纷设立也对集群企业降低生产成本起到了积极作用。这些集群的效应本身是创新能力提高的一个体现。

5.2.1.4 有利于实现整体品牌效应

一个崛起的产业集群本身就是一个品牌，能形成独有的声誉，并向人们展示一种影响力和不断吸引新的客户和生产者。目前，“哈大齐”工业走廊内具有比较优势的产业主要有装备制造、石化、食品和医药等，在黑龙江省经济增长受土地、资源、环境等瓶颈制约日益明显的情况下，如果“哈大齐”工业走廊统一包装，对外统一品牌，“哈大齐”工业走廊无疑可以通过自身雄厚的产业基础和富集的资源及能源吸引更多的外来投资，加大科技的投入，从而使“哈大齐”工业走廊产业集群的优势更加凸显。

5.2.1.5 有利于实现产业结构升级

“哈大齐”是东北地区能源和重工业比较发达的地区，但由于近年来，能源消耗多，资源枯竭及环境污染问题严重，面临经济结构转型的问题。在这种情况下，地方政府大力提倡，吸引高科技企业到“哈大齐”工业走廊投资设厂，带动地方经济从资源消耗型经济升级为科技发展型经济。

5.2.2 “哈大齐”工业走廊自主创新具备的条件

5.2.2.1 提升自主创新能力的产业环境

“哈大齐”工业走廊经过多年的改革和发展，较多产业已具备了提升自主创新能力的一些重要条件。创新成果产业化的能力进一步增强，主要表现在大规模制造能力的形成和配套产业水平的提升。大规模制造使巨额研发费用可以被有效分摊，从而使自主创新在成本上可行，具备市场竞争力。随着国有企业改革的不断深化和非国有企业的不断成长，“哈大齐”工业走廊已有不少企业形成了承担自身创新行为风险的体制机制，有内在动力去认真识别不同技术组合的市场前景和盈利前景。这是在增长冲动、技术冲动和审慎决策、财务约束之间保持制衡关系的主要制度条件。

5.2.2.2 企业集聚与科研队伍壮大

集群是实现区域创新的必要条件。一方面，相关企业集群可以促进知识、技术和信息的传授与扩散，尤其是隐含经验类知识的交流能激发新思想、新方法的应用。另一方面，企业集群能使人们更容易地发现产品或服务的缺口，从而根据市场需要开发新的产品和推出新的服务，特别是在拥有较为雄厚的科技和人才优势的情形下，更容易发现市场机会和建立新的企业。近年来，黑龙江省高新技术产学研队伍不断成长。据统计，截至2008年末黑龙江省有科学研究开发机构719个，从事科技活动人员11.5万人，其中科学家和工程师8万人。

从表5-1中数据可以看出，黑龙江省科技人员在不断增加，科技队伍的实力在不断地增强，这为"哈大齐"工业走廊发展高科技产业提供了人才储备。

表5-1　东北地区科技人员总数①（单位：万人）

地区	2003年	2004年	2005年	2006年	2007年	2008年
辽宁	15.9	16.6	18.6	18.6	18.8	18.8
吉林	6.5	6.8	7.8	8.2	8.2	8.2
黑龙江	9.3	9.5	10.8	10.9	10.9	11.5
东北地区	31.7	32.9	37.2	37.7	37.9	38.5

①资料来源：《中国科技统计年鉴2007》、《吉林省统计年鉴2007》、《辽宁省统计年鉴2006》《黑龙江统计年鉴2007》国家统计局网站

5.2.2.3　科技投入经费不断增加

从表5-2中可以看出，黑龙江省在对科技企业的投入方面，政府高度重视，投放资金逐年增加，企业的自身筹资能力也在增强，金融机构的扶持力度也在大不断加大。这为"哈大齐"工业走廊吸引高科技企业提供了一定程度的资金准备。

表5-2　黑龙江省科技财务投入情况①（单位：万元）

年	总计	政府资金	自筹资金	金融机构贷款
2003	595 080	204 934	304 073	31 660
2004	663 294	163 895	453 416	15 689
2005	728 297	215 472	452 062	12 385
2006	900 028	233 560	622 113	26 584
2007	1 324 608	465 250	707 222	89 399

①资料来源：《黑龙江统计年鉴2006》

2008年黑龙江省科技经费支出117.1亿元，比上年增长25.9%，其中研究与发展（R&D）经费支出72.6亿元，增长20%，R&D支出相当于地区生产总值的0.87%。全年共取得重大科技成果1 319项，其中基础理论成果206项；应用技术成果1 000项；软科学成果113项。受理专利申请8 351件，增长15.3%；授权专利4 574件，增长6.3%。全年共签订技术合同1 709份，成交金额41.7亿元，增长19.2%。

2009年，黑龙江省财政将新增1.4亿元投入，进一步提高对自主创新的支持力度。通过建立科技教育人才工作目标责任制度发挥企业的主体作用，大力推进创新型企业试点，对技术创新和产品创新项目予以优先立项和支持。加快科技企业孵化器和大学科技园建设，鼓励和支持大学科技园与市（地）合作，建立产业化基地。创新人才选用机制，建立鼓励创新创业的分配制度，为“哈大齐”高科技的发展提供资金、政策等方面的支持，为其发展高科技产业提供动力源泉。①

5.3 “哈大齐”工业走廊高科技产业自主创新的现状

近年来，“哈大齐”工业走廊的高新技术产业发展已取得明显成效，特别是一部分国家高新技术产业化项目的相继投产和高新技术产业发展宏观环境的逐步改善为黑龙江省调整经济结构、培育新的经济增长点奠定了坚实基础。如机械、石化、食品三大传统支柱产业不断壮大，电子信息、生物技术、新材料二大新兴产业发展加快。一大批大型企业集团在国内同行业居重要地位，部分产品技术达到国际先进水平，生产能力居亚洲或国内前列。本节以“哈大齐”工业走廊内重要的高科技产业开发区为研究对象，介绍“哈大齐”高科技产业自主创新的现状。

① 资料来源：国家统计局网站。

5.3.1 哈尔滨高新技术开发区自主创新之路

5.3.1.1 哈尔滨高新技术开发区基本建设情况

哈尔滨高新技术产业开发区（哈高新区）是哈尔滨开发区的组成部分①，区内设有各类高科技园区，包括哈农高新技术园区、哈东高新技术园区、群力园区、理工大学高科技园区、动力区科技园。

哈农高新技术园区（简称园区），由东北农业大学和哈尔滨市香坊区人民政府联合创办，是国家级哈尔滨高新技术产业开发区的重要组成部分，是黑龙江省唯一的一所国家级农业高新技术高校园区。园区位于哈尔滨香坊区城区，于1997年10月8日成立。园区充分运用和掌握国家给予的各项优惠政策，迅速发展起来，入驻园区的高科技企业正在逐步增加。

哈东高新技术园区（简称哈东园区）是由哈尔滨工程大学和太平区人民政府联合创办，经哈尔滨市人民政府批准于1995年6月正式成立的科技园区，作为哈尔滨高新技术产业开发区的重要组成部分，哈东园区自成立以来，积极贯彻国家、省、市科教兴国、科教兴省、科教兴市战略方针，依托高等学校的科技优势和高新技术产业开发区的优惠政策，以发展高新技术，推进科研成果转化，加速实现产业化为重点，带动其他各项工作的开展。

群力园区是经国家科委批准的，由哈高新区与道里区共同创办的高科技产业开发区。园区享受国家对高新技术产业的所有优

① 哈尔滨开发区由哈尔滨经济技术开发区和哈尔滨高新技术产业开发区两个国家级开发区构成。哈经开区是全国49个国家级经开区之一，于1991年6月经黑龙江省委、省政府批准辟建，1993年4月经国务院批准，晋升为国家级经开区。哈高新区是全国53个国家级高新区之一，于1988年经黑龙江省委、省政府批准辟建，1991年3月晋升为国家级高新区，2001年12月，两区管理机构正式合并。目前，哈尔滨开发区包括三个集中区，规划总面积30.7平方公里。其中哈平路集中区11.9平方公里，迎宾路集中区12.2平方公里，南岗集中区6.6平方公里。

惠政策。初步形成了机械、锅炉、化工建材、食品、饲料等支柱产业。

哈尔滨理工大学高新技术园区（原名哈尔滨科技大学高新技术园区）是1994年由哈尔滨市政府批准成立的。园区西起学府路，东至红旗锅炉厂南侧，北起延兴路，南至学府三道街，总面积114.5公顷。园区内高科技企业科技水平较高。其中八达电子系统工程开发公司的主导产品“全天候半导体温控外封箱”和“多媒体多功能安防监控系统”已达到国际水平，“光端机”、“智能型可燃气体报警器”都处于国内领先地位。

动力科技园2001年5月31日经哈高新区发展领导小组批复成立，科技园位于动力区城区中心地带，为国务院批准的高新区政策区，科技园以先进制造技术、生物制药技术、电子信息技术和环保节能技术为主要发展方向，园区内设有哈高新区动力科技创业中心（企业孵化器）。

5.3.1.2 哈尔滨高新技术开发区建设成效

哈高新区在建设过程中始终坚持改革、开放、发展的原则。深化改革使开发区开发建设模式、招商引资办法、管理体制和运行机制逐步得到完善。区域开放充分调动社会各方面力量，参与哈高新区开发建设；政策开放鼓励有条件的各种主体，充分利用开发区优惠政策；市场开放引入竞争机制。利用各方面优势，完善市场体系建设，形成全方位、多层次、宽领域的对外开放格局。哈高新区逐步发展起来，自主创新能力得到了提升。

哈高新区自1988年9月创办以来在高科技产业发展方面已取得了一定的成效。高新技术成果在商品化、产业化、国际化、规模化方面得了长足的进步。多种投资主体、多种所有制形式的高新技术企业突破千家。以机电一体化、电子信息等领域为重点的高新技术产业规模不断壮大。以重点高新技术企业为主要群体、以各具特色的孵化器和大学园区为支撑的技术创新网络系统框架逐步形成。

5.3.2 大庆高新区的自主创新

大庆高新技术产业开发区（以下简称“大庆高新区”）1992年4月10日动工兴建，同年11月9日被国务院正式批准为国家级高新技术产业开发区。1995年以后，适应主导产业发展的要求，在加快主体区开发建设的同时，又先后辟建了宏伟、兴化和林源园区，经过多年开发建设，大庆高新区形成了“一区三园”的总体发展格局。大庆高新区建区以来，在国家、省、市的关怀和支持下，大力发展高新技术产业，持续提升自主创新能力，不断完善城区功能，总体实力日益增强，现代化新城区建设已具规模。

5.3.2.1 大庆高新区的基本建设情况

大庆高新区是依托石油石化优势而辟建的国家级高新区。依据大庆自身优势，从大庆产业调整总体需要和高新区自身建设的实际出发，经过十年建设，逐步构筑起高新技术主导产业框架，在全国高新区中形成了独有的产业特色。依托优势，突出特色，逐步培育和形成了六大主导产业。大庆高新区重点发展了石油及天然气化工、新材料、电子信息、机械制造、农牧产品精深加工、医药六大主导产业，建设了一批科技含量较高，有一定规模和发展潜力的工业项目，规模以上骨干企业达到155家，年产值5亿元以上的企业17家。

大庆高新区主体区位于大庆市东城区，在哈大齐工业走廊的中部，南邻滨洲铁路，东接哈大高速公路。主体区按功能分为产业区、创新孵化区、科技教育区、金融商贸区、生活居住区、管理服务区。

产业区规划建设了各类专业园区。例如石油石化装备制造产业园主要围绕提高大庆装备制造业技术水平和配套能力，重点发展石油石化专用设备、环保设备和新能源设备；大豆高新工业园重点发展大豆深加工、乳品加工等农牧产品精深加工产业，带动包装业、印刷业和物流业发展；建材工业园重点发展新型墙体材料、化学建材、新型装饰装修材料、环保利废建材、新型乡村经济建筑材料、油气田地面工程及储运系统用新型材料等。服务外包产业园主要针对国外金融、保险、售后服务、商业、物流仓储、咨询等行业，重点发展软件开发、数据录入、呼叫中心、应收应付账款处理、设计制作等服务外包业务。此外，还有电子工业园区、出口加工区、软件园区等，专业园区都形成了一定的规模，并各具特色，为整个主体区建设做出了重要的贡献。

创新孵化区现有孵化场地面积 14.7 万平方米，拥有一支专业化、高素质的服务团队，形成了配套齐全的共享服务设施。建设了石油化工、电子信息两个共享实验室和生物医药技术、新材料技术、软件技术、石化技术等专业孵化器，先后辟建了科技创业园、归国留学人员创业园、博士后科研工作站、大学科技园等创新创业平台，成为区内企业技术创新、项目研发、科技成果产业化基地。完善创新政策支持体系，通过创新基金、风险投资基金重点扶持高新技术项目。优化经济发展环境，精心打造“中介服务机构联合体”，创新服务方式，为企业提供日益完备的服务。

在科研教育区引进建设了大庆石油学院、黑龙江八一农垦大学、哈尔滨医科大学大庆校区 3 所高等院校，东北林业大学大庆生物技术研究院、黑龙江农科院大庆分院、哈尔滨工程大学熔盐技术研究院等 9 家科研院所入驻高新区；金融商贸区有工商银行、光大银行、建设银行等 11 家金融保险机构，新玛特商场、正大方盛家具城东城店、农副产品批发市场等，是大庆市高品质的商业商务区。生活居住区由黎明居住小区、振富居住小区、湖滨花园小区、祥阁花园、学子嘉园、南湖景苑、创意空间、靓湖国际花园、滨洲湖居住区等组成，形成了大庆地区高档次的生活和居住空间。管理服务区是大庆高新区行政管理和运行中心，党工委、管委会统筹规划，组织和推进辖区内经济、科技和社会发展，协调工商、税务、土地和公、检、法等驻区单位，为企业发展提供有力的保障和优质的服务。

在城区及基础设施方面，大庆高新区按照和谐发展的新区标准进行规划建设，主体区实现了“七通一平”。高新区对外交通由原301国道、G015国道、世纪大道、安萨路、建设路、纬二路、环城路等主要道路与市内外相联系，筹建中的飞机场距高新区17公里，大庆火车站、铁路客货中心距高新区10公里，市级客运中心设在主体区内，交通四通八达。给水由东湖水厂向高新区24小时不间断供水，排水系统完善。高新区通讯系统设备先进，容量充足，数字化城区建设初具规模。供电设施安全可靠，采用双电源供电。高新区采用区域集中供热采暖，天然气作为燃料已引入高新区，在源头上解决了污染问题。

5.3.2.2 大庆高新区建设取得的成绩

高新区自从1992年建立以来，建设速度不断加快，已初步形成产业园区、大学城及各专业园区共同发展的局面，城市功能呈多方向发展。

主导产业框架已形成。大庆高新区依托资源优势重点发展了石油和天然气化工、新材料、电子信息、机械制造、农牧产品精深加工、医药六大主导产业，建设了一批科技含量较高、规模较大、有发展潜力的工业项目。在石油及天然气化工领域，依托大庆的石化原材料和石化技术、人才优势，强化科研开发，延伸产业链条，开发终端产品，建成了大庆油田化工有限公司、蓝星石油大庆分公司、华科股份公司、飞马集团公司等多家骨干企业；在新材料领域，重点发展了有机高分子材料及制品、高性能复合材料、新型化工建筑材料、无机非金属材料、金属材料等，建设了长垣管业公司、汉维长垣公司、恒致电缆料公司等骨干企业；在电子信息领域，以大庆国家火炬计划软件产业基地为载体，聚集周边的大学、科研院所的科研实力，通过自主开发与引进、消化、吸收相结合，培育了三维集团、华创公司、金桥公司等一批骨干企业；在机械制造领域，整合科研院所和大企业研发力量，面向全国市场，开发生产石油、石化大企业和城市建设需要的石油石化机械、环保设备、电力装备等，培育了力神泵业公司、大丰油科集团、宏启抽油杆公司等一批骨干企业；在农牧产品精深加工领域，培育了以大庆日月星、银螺乳业、华人健康食品等为代表的一批骨干企业；在医药领域，以麦迪森制药、北兴制药、康麦斯药业等为代表的现代医药产业已初具规模。

城区功能较为完善。作为集中新建区，大庆高新区按照和谐发展的新区标准进行规划建设，共开发建设了31.04平方公里，建筑面积达913万平方米。新城区集产业功能与城市功能于一体，辟建了软件园、日月星大豆高新工业园、出口加工区、石油装备工业园、服务外包产业园等一批专业园区。大庆高新区主体区与大庆市东城区连接在一起，成为大庆市中心城的重要部分，全市最大的金融商贸中心和农产品批发市场、家具市场、医院、建筑装饰材料市场等生产要素市场建在高新区内，辖区实现了净化、绿化、亮化、美化，道路畅通。一个融产业发展、创新孵化、商业贸易、科研教育、医疗卫生、居住生活、休闲娱乐等多功能为一体的科技产业新区已具有一定规模，大庆高新区是黑龙江省乃至东北地区投资硬环境最好的地区之一。

自主创新体系逐步完善。

自主创新体系的建立是一个社会系统工程，它要求国家、企业、科研机构相互作用，形成合力。大庆高新区通过整体规划科技创业园，为高科技企业的发展创造了科技环境，同时也为科研成果提供了产业化条件，这些都是形成大庆高新区自主创新体系的必要条件。

在大庆高新区规划建立了大学园，其中包括大庆石油学院、黑龙江八一农垦大学、哈尔滨医科大学大庆校区。引进建设了东北林业大学大庆生物技术研究院、黑龙江省农科院大庆分院、哈尔滨工程大学熔盐技术研究院、黑龙江省化工研究院大庆分院等9个科研院所、29个省级以上研发中心和实验室，辟建了科技创业园、归国留学人员创业园、博士后科研工作站等创新创业平台，拥有科技孵化场地面积 34 万平方米。目前，经认定的高新技术企业 414 家，拥有高新技术产品 630 种，拥有专利技术 622 项，列入省级以上计划项目 414 项。

经济增长速度较快。从表 5－3 中的经济数据看，大庆高新技术开发区自 1992 年成立以来，经济增长迅猛，主要经济指标以年均 30％以上的速度递增，上缴利税数额不断增加。

表 5－3 大庆高新技术开发区 1992—2003 年主要经济指标（亿元）①

年度	技工贸总收入	总产值	利税
1992	0.47	0.116	0.09
1993	3.5	0.99	0.65
1994	8.51	4.52	1.46
1995	17.01	10.05	3
1996	27.82	20.32	3.53
1997	40	36.1	4.7
1998	55	38.1	5
1999	65	38.5	5.5
2000	76	50.18	6.5
2001	120	81	11
2002	162	106.8	15.2
2003	253	188	22.5
2004	356	266	29.8

①资料来源：大庆高新技术开发区经济科技局计划统计科。

2006 年，大庆高新区实现高新区生产总值 132 亿元，同比增长 20％；技工贸总收入 516 亿元，同比增长 20％；工业增加值 107.8 亿元，同比增长 25％，占全市地方工业增加值的

46.4%；利税47.3亿元，同比增长21.6%；财政收入6.1亿元，同比增长16.5%。“十五”以来，高新区生产总值、技工贸总收入、工业总产值、工业增加值4项主要指标年均增长分别达到了33.3%、30.4%、31.7%和34%。2007年上述4项主要经济指标分别达到了125亿元、488亿元、346亿元和87.5亿元，其中工业增加值占大庆地方工业增加值的47.3%，拉动地方经济发展的作用日益凸显。

今后几年，大庆高新区将以高新技术为先导，以提升自主创新能力为支撑，扩大经济总量，提高运行质量，着力打造大庆东部高新技术产业的集聚区和大庆可持续发展的重要增长极，全力推进高新区实现跨越式发展。

5.3.3 齐齐哈尔高新技术产业开发区自主创新之路

5.3.3.1 齐齐哈尔高新区基本状况

齐齐哈尔高新区是1992年1月经省政府批准建立的省级开发区。2001年由省政府批准更名为齐齐哈尔高新技术产业开发区。该区域位于齐齐哈尔市中心南缘。北起民航路，南至红星砖厂，西接齐富便道，东邻齐水公路，距中心商业区2公里，总面积3.31平方公里。齐齐哈尔高新技术产业开发区坚持以高科技、高附加值为目标的产业发展方向，高科技企业现有齐齐哈尔亚麻纺织厂、黑龙江德龙集团有限公司、北疆集团、黑龙江雄鹰股份有限公司、东超纳米股份有限公司、齐齐哈尔田雨农业工程有限公司、齐齐哈尔金马防水土料有限公司等。

5.3.3.2 齐齐哈尔高新区自主创新成效

齐齐哈尔高新区在建设过程中，以提高企业自主创新能力为出发点，力争开发具有自主知识产权的核心技术，逐步健全技术研究和开发体系。坚持引进消化、吸收和创新相结合的先进技术，着力培育富有创新能力的各类人才。充分发挥科研机构、高等院校、企业等各类科技力量的积极性，进一步深化科技体制改革，形成有利于科技进步和技术创新的体制机制，加快建设以企业为主体、产学研相结合的技术创新体系。建立健全知识产权激励和知识产权保护交易制度，促进企业与大学和科研机构之间的知识流动和技术转移。

经过十多年的努力，齐齐哈尔高新区在多方面取得了成效。截止2008年底，齐齐哈尔市共有10户国家级高新技术企业，34户省级高新技术企业，高新技术企业中，除几户骨干高新技术企业属高新技术改造传统产业领域外，其余企业主要分布在生物与新医药技术、新材料技术和新能源及节能技术领域，2008年44户高新技术企业实现产值287亿元，利税达到34亿元。①

5.4 “哈大齐”工业走廊高科技产业自主创新的不足及成因

上一节分析中可以看出，“哈大齐”工业走廊在高科技产业自主创新方面取得了一定的成效，但是也存在着一些不容忽视的问题。本节主要研究“哈大齐”工业走廊高科技产业自创新方面存在的不足。

5.4.1 政府管理体制、机制尚不健全

在科技的宏观管理上，缺乏有效的管理体制。部门、行业和地区条块分割现象还存在。有关部门、各地方之间在创新组织活动中彼此分割、相互脱节，缺乏相互支持的整体意识。重复浪费现象比较突出，不能使科技资源得到合理有效的配置，使科技投入难以有效发挥作用。这种科技宏观管理体制的低效不利于自主创新系统的建立。例如，在改革开放的初期，由于政策取向是发挥我国劳动力密集的比较优势，大力发展劳动密集型产业，“市场换技术”。因此，在对待技术研发和创新的导向上，表现在政

① 资料来源：齐齐哈尔市科学技术局网站。

府出台的政策措施主要放在技术创新活动的中下游，而对技术创新的上游，即自主开发与创新上力度明显不足。

5.4.2 研究与开发投入长期不足

“哈大齐”工业走廊对于高科技企业发展的资金投入正在逐年增加，但是与其他省份及先进地区相比，“哈大齐”工业走廊在高新技术产业研究与开发经费的投入相对较低，这必然会影响到企业的积极性。同时，没有建立高科技风险机制，社会风险资本严重短缺，发展高新技术产业的资金比较单一，没有做到多元化。尤其是大多数中小科技企业融资困难。而高新技术产业具有高风险、高投入的特点，据统计，高新技术项目成功率仅在20％～30％之间，而在高新技术项目走向成熟的初期，需要投入较多的资金对其进行培育，这样高新技术产业的高风险性和银行的谨慎作风就互为矛盾。风险投资尚处于起步阶段，对高新技术企业的扶持面和扶持力度均远远不够。虽然“哈大齐”可形成规模的高新技术项目很多，但由于投入较少，很多项目难以形成产业化。

5.4.3 自主创新的投资主体不够明确

由于在高科技产业投资方面存在着高风险因素，尤其是中小型企业在融资方面存在困难。很多高科技企业缺乏投资动力，影响到提升企业的自主创新能力，进而影响到整个“哈大齐”工业走廊的自主创新能力和高科技水平。同时，在引进高科技企业方面，对外开放的力度还不够大，缺乏进一步确立向市场要资金的新观念和新机制，缺乏资本市场化运作的机制，没有建立起以政府投资为引导、企业投资为主体、银行金融信贷为支撑的机制，缺乏跨地区、跨国家合作等多元化高新技术投入体系。

5.4.4 科技人才的培养和激励机制有待进一步完善

“哈大齐”工业走廊在科技人才培养方面做了很多努力，但是在高科技人才方面的培养还有待进一步加强。从东北三省的比较可以看出，与兄弟省份相比，黑龙江省从事科技活动的人员数，科学家和工程师的数量相对较少。而“哈大齐”工业走廊正是黑龙江省人才聚集地。因此，建立起一套切实可行的人才培养与激励机制，更加有效地培养高科技人才，吸引和留住高科技人才，对“哈大齐”工业走廊高科技产业自主创新能力的提升来说，时间紧迫，意义重大。

除以上几点分析之外，“哈大齐”工业走廊高科技产业在自主创新方面还存在着一些问题，如高新技术产业规模小，企业创新能力不强；与区域经济结构调整结合不紧密；全省高新技术产业发展不均衡等。据统计，近3/4的高新技术企业聚集在哈尔滨和大庆两个高新区内，高新技术产业市场要素尚不健全，有关科技投入保障、技术创新和成果转化、成果鉴定、知识产权保护等方面的配套措施还不成熟。

5.5 发展“哈大齐”工业走廊高科技产业的政策建议

发挥“哈大齐”工业走廊高新技术产业的集群效应，培育高新技术产业的竞争优势，带动黑龙江省高科技产业自主创新能力提高需要在政策措施上予以扶持。本节从自主创新主体与发展领域、政府采购支持、金融支持、税收支持等方面提出建议。

5.5.1 明确自主创新的主体和重点领域

根据《国家中长期科学和技术发展规划纲要》以及国家“十一五”发展规划纲要的要求，对“哈大齐”地区进行全面深入的技术、经济等可行性论证，并根据国家发展需要和实施条件的成熟度，从政府的角度统筹落实专项经费，支持自主创新重点领域。比如要加大对基础和应用基础研究领域的科技投入，支持科研院所和高等院校的科技创新研究，提高其原始创新能力。在支持科技条件基础平台建设方面，应着力支持重点实验室、工程技术研究中心、企业技术开发中心建设，完善科技网络体系，构建科技共享平台。以高新技术创业服务中心、生产力促进中心、大学科技园区为主体构建创新服务平台。支持战略性带头产业的自主创新，如电子技术、新能源，新材料、超导、基因、纳米等领域的自主创新。

高校和科研院所具有人才智力密集、创新平台完备、科研实力雄厚的优势，是提高自主创新能力的中坚力量。因此在完善自主创新体系方面要重视高校和科研院所在科技创新方面的主体地位。同时，要明确企业是使创新形成产业化的桥梁和纽带，是使高科技实践于应用领域的关键力量。支持企业完成科技成果的转化，加快科技成果扩散速度。进一步确立向市场要资金的新观念和新机制，通过资本市场化运作，形成以政府投资为引导、企业投资为主体、银行金融信贷为支撑，跨地区、跨国家合作等多元化高新技术投入体系，增加各级政府对“哈大齐”工业走廊高新技术产业引导资金和风险资金的投入，并吸引全社会的资金投入高新技术产业。同时，可以通过提高科技开放层次，拓展科技合作渠道，注重引进国际上实力强、信誉好的大公司、大财团来“哈大齐”工业走廊投资办厂，以引进专利技术、软件、关键设备和相关技术为重点，尽快形成高新技术产业优势。

5.5.2 构建支持科技自主创新的政府采购制度

在政府采购方面可以采取由财政部门会同有关部门在获得认定的自主创新产品范围内，确定政府采购自主创新产品目录（以下简称目录），实行动态管理，按照技术水平的发展状况，对目录进行定期调整。各级政府机关、事业单位和团体组织（以下统称采购人）用财政性资金进行采购的，必须优先购买列入目录的产品。采购人在编制年度部门预算时，应当标明自主创新产品。财政部门在预算审批过程中，在采购支出项目已确定的情况下，优先安排采购自主创新产品的预算。在这一过程中要发挥财政、审计与监察部门的监督作用，以督促采购人自觉采购自主创新产品。一些重大建设项目以及其他使用财政性资金采购重大装备和产品的项目，有关部门应将承诺采购自主创新产品作为申报立项的条件，并明确采购自主创新产品的具体要求。在国家和地方政府投资的重点工程中，规定一定比例的国产设备采购价值。不按要求采购自主创新产品，财政部门不予支付资金。

为鼓励“哈大齐”高科技企业发展，使高科技成果产业化，可以采取政府采购制度。先组织权威专家对高科技成果进行认定，然后鼓励企业规模生产，以政府作为购买团体带动其他企业和消费者购买，进而促进企业规模化经营，促进高科技产业化，提高“哈大齐”工业走廊的自主创新能力。

5.5.3 建立以企业为主体，产学研结合的技术创新体系

技术创新是一个从研究开发到产业化和商业化的过程。企业最贴近市场，在规模化和产业化方面具有优势，应成为技术创新的主体。企业的技术创新能力是国家技术创新能力的基础，资源配置的优化和产业升级也都要依靠企业的技术进步和市场竞争力的提高去实现。目前，我国还缺少像发达国家那样能够集应用性基础研究与技术开发于一体的大型企业。为此，应充分发挥现有研究机构的作用，要把建立以企业为核心的产学研紧密结合的机制作为重点，支持企业大力开发具有自主知识产权的关键技术，通过政策引导，建立产学研结合机制，完善和发展技术市场，促进科研机构、大学与产业的结合，使大学、科研院所的科技力量集中围绕企业的需求进行研究开发。加快以企业为主体的技术创新体系建设，增强企业的研究开发能力。作为企业，应加大技术开发中心建设，加大对研究开发活动的投入，形成自己的核心技术和专有技术，打造知名品牌，增强核心竞争力。企业具有大规模产业化的优势，因此，引导企业提高运用、管理和保护知识产权的能力，使自主创新应用产业化。

在这一方面，要做到充分发挥“哈大齐”工业走廊和国内外的科研及技术优势，打破条块分割体系，有效整合科技资源，加快科技要素跨地区、跨行业流动，促进技术按市场经济规律有效集成。逐步形成以企业为主体，企业与大专院校、科研院所及高新技术服务机构共同推进的技术创新体制及有效运行机制。坚持以产权制度改革为突破口，完善高新技术企业的公司法人治理结构，启动高新技术企业股权激励机制，实现股权多元化，并重点支持“哈大齐”工业走廊内的企业发展高新技术产业。

5.5.4 建立金融支持体系

为了解决在提升“哈大齐”工业走廊自主创新能力过程中研发经费缺少的问题，可以充分利用金融支持来推动区域经济提升自主创新能力。金融支持体系的建立是一项系统工程，需要社会各方面共同努力。建立区域金融合作机制，加强政策传导和协调。可以通过建立区域性专业银行来支持科技创新，使一些无序流动的资金纳入到正规金融体系中来。可以同企业建立合作机制，共同制定区域发展规划，促进金融政策与区域产业政策的协调配合。可以成立相应的协调组织机构，建立起旨在谋划区域金融支持和经济增长的合作机制。还应加强信息资源开发利用、地区金融组织体系和区域经济服务体系的交流与合作，打破经济金融资源利用壁垒，推动经济金融一体化发展。提高区域金融运行效率，防范金融风险。在金融推动经济发展的过程中，金融效率起着关键的作用。金融效率的高低决定着金融发挥作用的成本和作用力的强弱，从而在很大程度上决定着整个经济效率的高低。但同时，区域政府部门应该意识到，金融业也是具有较高风险的行业，在某种意义上说还是相对脆弱的行业，一旦区域性金融风险形成，或者该地区被认为是金融高风险地区，则对该地区经济的发展将产生致命性的、长期的影响。

5.5.5 构建税收支持体系

税收优惠政策应当与国家产业政策密切配合，提高我国的税收优惠政策的法律地位，并进行系统化，增强法制性和稳定性，减少盲目性。根据自主创新产业发展的特点，尽量发挥有限税收政策资源的最大效能，实现税收政策资源的优化配置。在进行系统设计时可以从以下四个方面去考虑。①根据自主创新企业发展的不同阶段，设立不同的税收优惠政策。②对自主创新产业进程的不同阶段所涉及的不同税种在设计税收优惠时要相互联系照应。③税收优惠要根据经济发展情况动态调整税收优惠政策的扶持范围，实现动态鼓励与静态鼓励的统一。④由于税收优惠具有特殊的政策导向性，必须紧扣整个国家经济发展战略和经济政策目标。各地自主创新产业化进程中的税收政策应在国家产业结构布局的背景下，根据产业重点发展领域，进行政策扶持范围和重心的动态调整。

5.5.6 推进“走出去”发展战略的实施

为了进一步拓展经济发展空间，提高自主创新能力，“哈大齐”工业走廊可以采取走出去的发展战略并推进其实施，完善对外投资服务体系，赋予企业境外投资经营管理自主权，健全对境外投资企业的管理机制。鼓励优势企业对外投资形成有竞争实力的跨国集团和著名品牌，将走廊内具有优势的产品、技术送出去，建立海外生产体系、销售网络和融资渠道，开展跨国经营。利用现有的海外能源、原材料和生产制造基地，带动技术、设备、材料出口和劳务输出。支持大庆油田开展国际化经营，拓展海外业务，从事境外油气勘探开发，形成一定规模的境外油气生产基地。扩大外派劳务规模，推进对外承包工程和境外投资，提高参与国际分工的水平。

6 “哈大齐”工业走廊节能减排策略研究

随着全球经济的迅速发展，能源消耗速度在不断加快，环境污染也在不断加剧。如何节约能源，减少污染物排放量，创造良好的人类生存环境已成为世界各国普遍关注并着力解决的问题。“哈大齐”工业走廊作为黑龙江省重要的经济发展区域，其重工业在整个经济中占主导地位。因此，节能减排任务更加艰巨。本章从节能减排的基本理论出发，对“哈大齐”工业走廊建设面临的节能减排形势和任务进行分析，并在借鉴国外节能减排经验的基础上，提出“哈大齐”工业走廊建设中做好节能减排工作的建议。

6.1 能源、环境与节能减排

6.1.1 关于能源问题

6.1.1.1 能源的定义

能源是人类活动的物质基础，是自然界中能为人类提供某种形式能量的物质资源。在当今世界，能源的发展，能源和环境，是全世界、全人类共同关心的问题，也是我国经济社会发展中的重要问题。

关于能源的定义，目前有近20种，其中有代表性的包括以下几种：《科学技术百科全书》中的定义：“能源是可从其获得热、光和动力之类能量的资源”；《大英百科全书》把能源定义为：“能源是一个包括着所有燃料、流水、阳光和风的术语，人类用适当的转换手段便可让它为自己提供所需的能量”；《日本大百科全书》说：“在各种生产活动中，我们利用热能、机械能、光能、电能等做功，可利用作为这些能量源泉的自然界中的各种载体，称为能源”；我国的《能源百科全书》把能源定义为：“能源是可以直接或经转换提供人类所需的光、热、动力等任何一种形式能量的载能体资源。”可见，能源是一种呈多种形式的，且可以相互转换的能量的源泉。

6.1.1.2 中国的能源状况及形势

中国是当今世界上最大的发展中国家，能源资源总量比较丰富。其中，煤炭占主导地位。2006 年，煤炭保有资源量 10 345 亿吨，剩余探明可采储量约占世界的 13%，列世界第三位。已探明的石油、天然气资源储量相对不足，油页岩、煤层气等非常规化石能源储量潜力较大。拥有较为丰富的可再生能源资源。水力资源理论蕴藏量折合年发电量为 6.19 万亿千瓦时，经济可开发年发电量约 1.76 万亿千瓦时，相当于世界水力资源量的 12%，列世界首位。中国人口众多，人均能源资源拥有量在世界上处于较低水平。煤炭和水力资源人均拥有量相当于世界平均水平的 50%，石油、天然气人均资源量仅为世界平均水平的 1/15 左右。耕地资源不足世界人均水平的 30%，制约了生物质能源的开发。能源资源分布广泛但不均衡。煤炭资源主要储存在华北、西北地区，水力资源主要分布在西南地区，石油、天然气资源主要储存在东、中、西部地区和海域。中国主要的能源消费地区集中在东南沿海经济发达地区，资源储存与能源消费地域存在明显差别。大规模、长距离的北煤南运、北油南运、西气东输、西电东送，是中国能源流向的显著特征和能源运输的基本格局，能源资源开发难度较大。

中国是一个能源生产和消费大国。能源生产量仅次于美国和俄罗斯，居世界第三位。基本能源消费占世界总消费量的 1/10，仅次于美国，居世界第二位。中国是一个以煤炭为主要能源的国家，发展经济与环境污染的矛盾比较突出。近年来能源安全问题日益成为国家乃至全社会关注的焦点，也日益成为中国战略安全的隐患和制约经济社会可持续发展的瓶颈。20 世纪 90 年代以来，中国经济的持续高速发展带动了能源消费量的急剧上升。从 1993 年起，中国由能源净出口国变成净进口国，能源总消费已大于总供给，能源需求的对外依存度迅速增大。煤炭、电力、石油和天然气等能源在中国都存在缺口，其中，石油需求量的大增以及由其引起的结构性矛盾日益成为中国能源安全所面临的最大难题。

中国政府以科学发展观为指导，正在加快发展现代能源产业，坚持节约资源和保护环境的基本国策，把建设资源节约型、环境友好型社会放在工业化、现代化发展战略的突出位置，努力增强可持续发展能力，建设创新型国家，继续为世界经济发展和繁荣做出更大贡献。

6.1.1.3 世界能源消费预测

据 IEA 发布的《世界能源展望 2008》预测，2006—2030 年世界一次能源需求将从 117.3 亿吨油当量增长到 170.1 亿吨油当量，增长 45%，平均每年增长 1.6%。其中，化石燃料占世界一次能源构成的 80%，石油、煤炭仍是最主要的燃料。据估计，2006 年城市的能源消耗达 79 亿吨油当量，占全球能源总消耗量的 2/3，这一比例将会在 2030 年上升至 3/4。由于中国和印度的经济持续强劲增长，2006—2030 年期间，其一次能源需求的增长将占世界一次能源总需求增长量的一半以上，中东国家占全球增长量的 11%。

6.1.2 关于环境污染问题

6.1.2.1 环境污染的定义

环境污染是指人类向环境中排放废弃物的数量超过了环境的自净能力而引发的环境问题。按照环境科学的定义，凡是能够影响人的身体健康或造成经济损失的物理、化学和生物因素进入环境，便称为环境污染。广义地说，当自然环境受到外界因素影响而改变原有状态时，就是受到了“污染”。一般来说，由自然因素引起的污染，可以通过环境自身的净化作用得以恢复。由人为因素造成的污染危害最大，一旦造成环境污染，则要付出巨大的代价。

6.1.2.2　中国环境污染问题

在我国经济高速发展的条件下，环境越来越受到关注，发达国家上百年工业化过程中分阶段出现的环境问题，在我国近20多年来集中出现，并呈现结构型、复合型、压缩型的特点。环境污染和生态破坏造成了巨大经济损失，危害群众健康，影响社会稳定和环境安全。1983年，我国政府宣布把环境保护列为一项基本国策，提出在经济发展过程中经济效益、社会效益和环境效益相统一的战略方针。1994年，我国政府制定了今后中国环境保护工作的行动指南《中国21世纪议程》，指出“通过高消耗追求经济数量增长和‘先污染后治理’的传统发展模式已不再适应当今和未来发展的要求，而必须努力寻求一条人口、经济、社会、环境和资源相互协调的、既能满足当代人的需要而又不对满足后代人需求的能力构成危害的可持续发展的路”。

改革开放以来，我国政府为了有效地防治环境污染，先后出台了《中华人民共和国环境保护法》、《中华人民共和国水污染防治法》、《中华人民共和国环境噪声污染防治法》、《中华人民共和国固体废物污染环境防治法》等一系列法律，对环境进行立法保护。成立环境保护部，制定科技标准等，有效地控制环境污染。但是重GDP增长、轻环境保护问题仍然比较严重。环境保护法制不够健全，环境保护立法未能完全适应形势需要，有法不依、执法不严现象较为突出。环境保护机制不完善，需要提高环境保护工作的管理效率，加大国家有关部门的监管力度，提高国家环境监测、信息、科技、宣教和综合评估能力，环境保护意识和公众参与水平有待增强。

6.1.3 关于节能减排

减少能源浪费，降低废弃物排放是能源可持续发展的必然要求，是应对能源问题和环境污染问题的重要措施。我国能源需求结构不合理突出表现在能源利用上的高消耗以及浪费污染严重。我国“十一五”规划纲要（2005 年）提出，“十一五”期间单位国内生产总值能耗降低 20%左右，主要污染物排放总量减少 10%。这是贯彻落实科学发展观、构建社会主义和谐社会的重大举措；是建设资源节约型、环境友好型社会的必然选择；是推进经济结构调整，转变增长方式的必由之路；是维护中华民族长远利益的必然要求。要缓解能源供需矛盾问题，就要从根本上大力节约和合理使用资源，提高资源利用效率，严格控制钢铁、有色、化工、电力等高耗能产业发展，进一步淘汰落后的生产能力。同时，还要大力发展循环经济、积极开展清洁生产，全面推进管理节能，大力推广节能市场机制，广泛开展全民节能活动。中国政府高度重视环境保护，加强环境保护已经成为基本国策，社会各界的环保意识普遍有所提高，但节能减排的形势依然十分严峻。

6.2 相关理论综述

当前，世界各国已越来越多的意识到，评价一国生产能力及经济发展水平，要结合该国的能源利用和环境保护情况。任何一个国家要增强本国的综合国力，都无法回避科技、经济、资源、生态环境同社会的协调与整合。因而详细考察这些要素在综合国力系统中的功能及相互适应机制，进而为国家或区域制订和实施可持续发展战略决策提供理论支撑，就显得尤为重要。本节从如何利用能源、保护环境、建立人与自然和谐关系出发，概述可持续发展理论、循环经济理论和资源节约型与环境友好型社会理论，为政策建议提供理论依据。

6.2.1 可持续发展理论

可持续发展理论最早由美国世界观察研究所在 20 世纪 70 年代提出，随着该研究所所长莱斯特·布朗的《建设一个可持续发展的社会》一文而传播到全世界。1987 年，在挪威首相布伦特兰夫人任主席的联合国世界环境与发展委员会的报告《我们共同的未来》中，把可持续发展定义为“既满足当代人的需要，又不对后代人满足其需要的能力构成危害的发展”，这一定义得到广泛的接受，并在 1992 年联合国环境与发展大会上达成共识。

可持续发展的概念从提出到现在，已经有多家机构、多名学者对其定义。在 1992 年联合国环境与发展大会上，就可持续发展问题在全球范围内展开了讨论，主要从自然属性、社会属性、经济属性的不同角度展开分析。1991 年 INTECOL（国际生态学联合会）和 IUBS（国际生物科学联合会）把可持续发展定义为“保护和加强环境系统的生产和更新能力”，是不超越环境系统再生能力的发展。这是从自然属性出发加以定义。1991 年 IUCN（国际自然保护同盟）、UNEP（联合国环境规划署）、WWF（世界野生生物基金会）共同发表的《保护地球：可持续生存战略》将可持续发展定义为“在生存与不超出维持生态系统承载能力的情况下，改善人类的生活品质。”这是从社会属性的角度做出的定义。Barber 在 1989 年将可持续发展概括为“在保护自然资源质量的前提下，使经济发展的利益增加到最大限度”，这是从经济属性的角度定义的。

可持续发展理论要求保护自然资源和环境，提高和维持生态系统的持续生产能力，为国民经济发展提供重要的能源原材料和环境条件，确保经济和社会的可持续发展。具体理论观点可包括发展的观点、协调的观点和公平的观点。

发展的观点认为传统经济增长是以过度消耗能源、破坏人类生存环境为代价，是不能维系人类社会长远发展的。而能源可持续发展倡导一种以保护环境为核心的可持续经济理论，并把合理利用资源、保护环境作为人类生存和发展的基础。“发展”是可持续发展理论的核心，人类在自身生存发展和改造自然的过程中，不可避免地会对周围的生存环境造成一定的破坏，造成生态失衡，但是人类应该寻求一种可持续的发展道路，在打破旧的平衡的同时应该寻求新的平衡点，因此这种发展不应该局限于经济系统的运动，而应该扩展到经济系统、社会系统和环境系统三者共同的和谐状态。

协调的观点认为传统的发展观没有很好地处理社会经济的快速发展、能源的有序开发和合理利用、环境保护三者之间的关系，从而在社会经济发展过程中造成了能源的过度开采，而其利用的效率又不高，进而导致环境的不断恶化，然后人类再进行治理。可持续发展要求经济发展、能源利用、环境保护三者必须协调统一，经济高度增长的同时必须注重能源的合理开采和新能源的探索，经济增长速度不能超过自然环境的承载能力，必须以自然资源与环境为基础，同环境承载能力相协调。

公平的观点认为传统的发展观只重视人类社会的短期利益和局部利益，在追求片面经济利益的同时，并没有很好地兼顾其他地区和子孙后代的利益。能源可持续发展则要求既要体现当代人在能源利用和分配上的公平，同时也要体现当代人和后代人代际间的公平。

1992 年联合国环境与发展大会之后，随着社会知识化、科技信息化和经济全球化的不断推进，人类世界将进入可持续发展综合国力激烈竞争的时代。谁在可持续发展综合国力上占据优势，谁便能为自身的生存与发展奠定更为牢固的基础，提供更加有力的与保障，创造更大的时空与机遇。可持续发展综合国力将成为争取未来国际地位的重要基础和为人类发展做出重要贡献的主要标志之一。在这样的重要历史时刻，我们需要把握决定可持续发展综合国力竞争的关键，需要清楚自身的地位和处境、优势和不足，需要在检验已有国力的同时制定新的竞争和发展战略，以实现可持续发展综合国力迅速提升的总体战略目标。

6.2.2 循环经济理论

循环经济的思想的起源可以追溯到20世纪60年代美国生态学家蕾切尔·卡逊发表的《寂静的春天》，其中谈及生物界以及人类所面临的危险时渗透了循环经济的思想，这是循环经济思想的萌芽。“循环经济”一词，首先由美国经济学家K. 波尔丁提出，主要指在人、自然资源和科学技术的大系统内，在资源投入、企业生产、产品消费及其废弃的全过程中，把传统的依赖资源消耗的线形增长经济，转变为依靠生态型资源循环来发展的经济。

关于循环经济的概念到目前为止主要从系统论意义、生态学意义、经济学意义等几方面来定义。系统论意义的循环经济认为循环经济是指资源被合理开采之后，以较低的能耗和较高的能源利用效率投入到经济活动中，在产品生产过程中注重资源的反复利用以及污染的低排放，从而使资源在一个闭环系统中得到最高效率的使用。生态学意义的循环经济，认为循环经济是以自然界生态系统的物质能量循环过程为指导，把清洁生产和废弃物的综合利用融为一体的经济。这种类型的循环经济认为自然界没有真正的废弃物，任何资源以及资源生产、使用过程中产生的副产品都可以得到有效的利用。而经济学意义的循环经济认为循环经济就是把上一生产过程产生的废料变为下一生产过程的原料，使一系列相互联系的生产过程实现环状式的有机组合，变成几乎无废料的生产。

发展循环经济理论可以从宏观和微观两个层次去分析。在宏观层面上，要求对产业结构布局进行调整，将循环经济的发展理念贯穿于经济社会发展各领域、各环节，建立全社会的资源循环利用体系，循环经济思想与经济和社会的可持续发展紧密结合。

循环经济将经济、技术和社会集于一体，运用生态学规律指导社会经济活动，从而带来整个社会经济运行系统的物质循环。在生产、流通和消费的各个环节中，应该通过技术的不断提高和管理制度的不断完善，将循环经济的思想融入到经济活动的安排中，尽可能用少的能源消耗和环境代价支持社会发展的需要。在微观层面上，发展循环经济，要求企业降低能耗、提高资源利用效率；对生产过程产生的废物进行综合利用；根据资源条件和产业布局，合理延长产业链，促进产业间的共生组合。这是循环经济的本质和要求。很多地区建立的生态工业园区非常符合循环经济的思想。生态工业园区是继经济技术开发区、高新技术产业开发区发展的第三代产业园区，包括自然、工业和社会的地域综合体，是依据循环经济理论和工业生态学原理设计而成的一种新型工业组织形态。

我国从 20 世纪 90 年代起引入了关于循环经济的思想。此后对于循环经济的理论研究和实践探索不断深入。1998 年引入德国循环经济概念，确立“3R”原理［指“减量化”（Reduce）、“再利用”（Reuse）、“再循环”（Recycle）］的中心地位；1999 年从可持续生产的角度对循环经济发展模式进行整合；2002 年从新兴工业化的角度认识循环经济的发展意义；2003 将循环经济纳入科学发展观，确立物质减量化的发展战略；2004 年提出从不同的空间规模、城市、区域、国家层面大力发展循环经济。

6.2.3 资源节约型和环境友好型社会理论

2005 年《中共中央关于制定国民经济和社会发展第十一个五年规划的建议》提出要“加快建设资源节约型、环境友好型社会”，首次把建设资源节约型和环境友好型社会确定为国民经济与社会发展中长期规划的一项战略任务。

资源节约型社会是指在生产、流通、消费等领域，通过采取法律、经济和行政等综合性措施，提高资源利用效率，以尽可能小的资源消耗获得尽可能大的经济和社会收益，保障经济社会可持续发展，是资源有效配置、高效利用、经济社会快速发展、人与自然和谐相处的社会。建设资源节约型社会，其目的在于追求更少资源消耗、更低环境污染、更大经济和社会效益，实现可持续发展。环境友好型社会就是以人与自然和谐为目的，以环境承载能力为基础，以遵循自然规律为核心，倡导环境文化和生态文明，追求经济社会环境协调发展的社会体系。

环境友好型社会更为强调生产和消费活动对于自然生态环境的影响，强调人类必须将其生产和生活强度规范在生态环境的承载能力范围之内，强调综合运用技术、经济、管理等多种措施降低经济社会的环境影响。环境友好型社会的核心目标是将生产和消费活动控制在生态承载力、环境容量限度之内，通过生态环境要素的质态变化形成对生产和消费活动进行有效调控的关键性反馈机制，特别是通过分析代谢废物流的产生和排放机理与途径，对生产和消费全过程进行有效监控，并采取多种措施降低污染产生量、实现污染无害化，最终降低社会经济系统对生态环境系统的不利影响。

资源节约和环境友好是社会可持续发展两个重要的途径和体现。资源节约型社会主要关注能源利用方面的问题，强调在社会经济活动中做到资源的有效节约；而环境友好型社会主要关注人与自然的和谐关系，强调了资源使用过程中带来的环境污染应该控制在生态环境容量之内。资源节约型和环境友好型社会强调了经济社会的发展应该建立在资源、经济和环境和谐发展的基础上，充分发挥节约资源和保护环境的导向作用，建立可持续的资源生产和消费方式，通过资源的高效利用和有效的环境保护，逐渐把经济增长方式由粗放型转变为集约型，建立可持续发展的、和谐的社会主义社会。

我国以往的经济发展模式是一种传统的高投入、高消耗、高排放、低效率的增长方式。在经济发展过程中，面临一个如何转变经济增长方式的问题，资源问题将会成为摆在我国经济发展面前最大的障碍。发展循环经济、建设资源节约型和环境友好型社会，是实现经济增长方式根本性转变、走新型工业化道路，从根本上缓解资源约束矛盾，减轻环境压力，增强国民经济整体素质和竞争力，实现全面建设小康社会目标的必然选择。

6.3 “哈大齐”工业走廊节能减排现状分析

能源利用问题是区域经济发展中十分重要的问题。长期以来，巨大的能源消耗使黑龙江省尤其是“哈大齐”工业走廊因工业生产造成的污染比较严重，需要通过节能减排改变目前的状况，实现经济从资源型经济向以现代科技为基础、高科技产业迅速发展、第三产业比重增加的集约化经济转型。现就“哈大齐”工业走廊节能减排工作面临的外部环境加以分析。

6.3.1 国家节能减排工作的整体部署

2005 年国家在“十一五”规划纲要中提出的节能减排工作总体目标是：实现我国单位 GDP 能耗在 5 年内，到 2010 年降低 20%，主要污染物排放总量减少 10%的战略目标。这两大战略目标是我国贯彻科学发展观的目标体现，也是衡量我们建设资源节约型社会和环境友好型社会的重要指标。该目标的实现与否也是检验我国经济结构调整和经济增长方式转变是否取得实效的关键所在。

2008 年 4 月 1 日，新修订的《中华人民共和国节约能源法》开始施行。该法在能源管理方面，合理使用与节约能源方面，节能技术进步与激励措施方面以及法律责任方面都做了具体的规定。温家宝总理在 2009 年《政府工作报告》中指出：2009 年政府依然毫不松懈地加强节能减排和生态环保工作；大力发展循环经济和清洁能源；健全节能环保各项政策，按照节能减排指标体系、考核体系和监测体系狠抓落实；开展全国节能减排行动，国家机关、公共企事业单位要发挥表率作用。

6.3.2 黑龙江省节能减排工作情况

为了贯彻国家节能减排工作的总体规划，黑龙江省在节能减排工作方面做了总体部署。在黑龙江省"十一五"规划纲要中指出："节约利用资源，保护生态环境，加快生态省建设，是经济社会发展的长远大计。要尊重自然规律发展经济，逐步形成资源节约和环境保护的增长方式和消费模式。要坚持节约发展、清洁发展、安全发展，实现可持续发展。建设低投入、高产出，低消耗、少排放，能循环、可持续的国民经济体系和资源节约型、环境友好型社会。"按照黑龙江省"十一五"规划的要求，到2010年全省单位生产总值能耗比2005年降低20%左右，年均降低4%左右。从该项指标实际完成情况看，2006年仅降3.04%、2007年降低4.093%，2008年一季度全省单位GDP能耗比上年同期下降4.15%、上半年同比下降4.3%，这与全年计划降低4.5%以上的要求还有一定的差距。(数据来源：黑龙江统计信息网）因此，黑龙江省节能减排工作的形势十分严峻，不容乐观。

为全面实施老工业基地调整改造，推进工业企业搬迁改造，实现国有企业改革和生态型园林城市建设目标，继"清水河"工程改造（治理马家沟河，1995年始）以及"新社区"建设(2000—2003年）之后，2004年5月13日，哈尔滨市人民政府办公厅出台了《哈尔滨市国有工业企业搬迁改造暂行办法》，对中心城区内造成城市严重污染的国有工业企业，以及因城市规划建设致使土地功能发生变化、改组改制、合资合作、结构调整需要易地搬迁的企业施行搬迁办法。提出了要符合城市总体规划、土地利用规划及环境保护规划；坚持走科技含量高、经济效益好、资源消耗低、环境污染少的新兴工业化道路；坚持优化布局，协同配合，确保资产保值增值；坚持有利于企业技术进步和产业升级，提高工业经济整体水平。要求污染严重、土地资源效益差等5类企业"退城进郊"，迁出三环以外。此时哈重型机械厂、拖拉机配件厂、制氧机厂等纷纷迁出市区，在哈市周边形成了哈平房集中区、道里迎宾路集中区、利民开发区、松浦工业区、胡兰铁东工业区等一系列新的工业园区。目前，仍有几百家能耗大、污染严重的工业企业需要进一步调整改造。

6.3.3 “哈大齐”工业走廊节能减排工作形势

据统计，在2007年，全国主要污染物排放存在着地区分布不平衡。在全国各省（直辖市、自治区）中，北京、天津、河北、山西、内蒙古、浙江、湖北、湖南、广东、重庆、甘肃、宁夏12省、市、区的二氧化硫和化学需氧量排放量均较2006年同期下降，其中二氧化硫和化学需氧排放量均较2006年同期下降，其中二氧化硫下降幅度最大的是北京市，约为14%，化学需氧量下降幅度最大的是浙江省，约为3%，但黑龙江、吉林、福建、广西、海南、云南、陕西、青海、新疆9省（自治区）二氧化硫和化学需氧排放量均较2006年同期增加①。“哈大齐”工业走廊内仅哈尔滨、大庆、齐齐哈尔三市经济就占黑龙江省经济总量的65%以上，是黑龙江省最具经济活力的地带，污染问题更为严重。因此，做好“哈大齐”工业走廊建设中的节能减排工作是迫在眉睫的。

重工业比重大，能源消耗大。在黑龙江省尤其是“哈大齐”工业走廊内，在能源生产方面始终领先能源消费量，但是这种领先优势随着时间的推移却不断缩小。由于受到可探明能源储量的限制，能源生产量的提高速度将越来越慢；在工业结构没有得到有效调整的情况下，工业生产仍然以重工业为主，而重工业恰好是高能耗行业，这必然造成黑龙江省能源消耗量不断提高。在整个经济构成中，经济发展越迅速、重工业在工业中所占的比重越高，能耗总量的提高速度也越快。由经济发展带来的能源需求增长速度

① 《国家统计局统计报告（1-3条）》，北京人民出版社，2007年

将超过能源生产增长速度，如果不改变目前以重工业为主的经济结构，控制能耗、进行能源的综合利用，节能减排将成为空谈。

生活水平提高，能源需求增加。随着人们生活水平的提高，消费升级，能源型产品在人们的消费结构中所占的比重逐渐增大。在新的消费结构升级过程中，城乡居民收入水平稳步提高，吃、穿、用等传统生活必需品销售保持稳步增长势头，代表第三次消费结构升级的汽车消费逐步成为城镇居民新的消费热点。按照供求均衡理论这一经济学基本原理，在其他条件不变的情况下，当需求增加时，需求曲线会向右移动（见图6－1，需求曲线由 D_1 到 D_2），其结果是刺激供给量增加。从能源的供求角度分析，随着能源型产品需求的增加，能源型产品的供给量也会随之增加。因此，在现有运用能源的技术水平不变的情况下，节能减排工作的难度就会加大。如何合理规划本地能源，整合常规能源和新能源，充分挖掘新能源和可再生能源，提高能源开发利用程度，优化能源结构，降低能耗，减小能源使用带来的环境污染，成为黑龙江省尤其是“哈大齐”工业走廊经济建设与发展中亟待解决的问题。

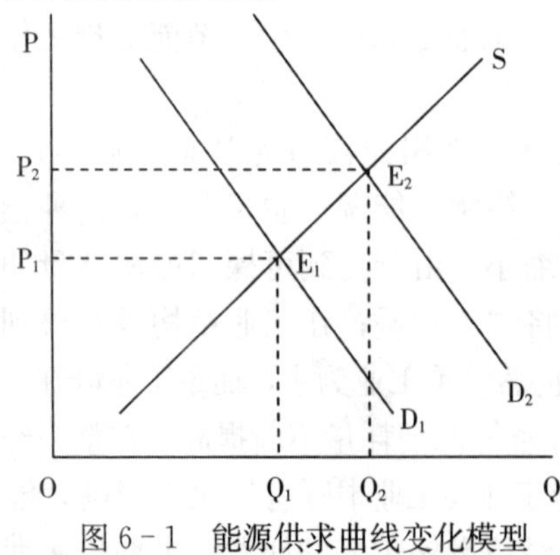

图6－1　能源供求曲线变化模型

左图横轴Q指能源供给量（需求量）；纵轴P表示能源的供求价格；S指能源供给曲线；D_1 指在能源需求结构没发生变化前的能源需求曲线；D_2 指能源结构发生变化后的能源需求曲线；E_1、E_2 是指能源需求结构变化前后的均衡点；P_1、P_2 是指能源需求结构变化前后的价格；Q_1、Q_2 是指能源需求结构变化前后的供给、需求量。

对环境污染的惩罚力度不够。由于缺乏相应的环境污染惩罚制度和完善的环境治理配套措施，“哈大齐”工业走廊内的排污企业在排污治理上并未投入很高的成本。企业领导者对环境污染问题从思想上重视不够，缺少节能减排意识。如果没有强制性措施，则企业在追逐利润最大化思想的支配下，不会主动付出较高的成本投入到环境治理之中，因此，生态环境必将遭到严重的破坏。这种破坏是以牺牲几代人利益为代价的，单纯依靠市场的力量无法从根本上加以解决。这就要求政府出面对公共资源以及生存环境加以管理和保护，制度上要完善，措施上要得力。

6.4 其他国家有关节能减排工作的政策借鉴

“哈大齐”工业走廊节能减排工作仍处于起步阶段，经验相对较少，而形势却十分急迫，为此，需要借鉴多方面的意见，本节主要介绍一些国家在节能减排方面的经验做法。

6.4.1 建立与能源相关的税种

很多国家建立了与能源使用直接相关的税种，如燃油税、水污染税、环保税等。德国以燃油税附加的方式征收生态税，将治理费用纳入消费者购买石化燃料产品的价格中，这一办法实施以来，二氧化碳排放量明显减少，单位油耗有所下降，随之而来的公交车客流量有所上升。德国联邦政府在“能源高峰会议”上表示，2020 年之前，德国的能源效率将每年提高 3%。从德国的经验不难看出，实行燃油税对车辆节能减排起到了一定的促进作用。我国目前在部分地区开始实行燃油税征收试点，还没有实现全面征收。

荷兰根据污水排放数量和污染程度的不同实行定额征收水污染税，确定一个废水排放的“标准单位”，纳税人的废水排放量依其污染浓度折算成标准单位后纳税。这一措施有效地控制了污水排放量，在节能减排方面效果比较明显。英国从 2008 年开始，对"购房出租族"征收交纳环保税，叫做"绿色税"。要求出租方支付200英镑，办理出租许可证，交纳环保税，有效期3年。这些措施有效地保护了人们的生存环境。通过设立与能源相关的税种，各国的节能减排工作成效显著。

6.4.2 大力发展循环经济

德国在发展循环经济，有效地实施节能减排方面具有比较先进的做法，值得借鉴。这些方法主要包括：

健全的循环经济法律体系。从法律层次来看，德国循环经济法律法规可以分为两个组成部分，第一部分是符合欧盟的循环经济法律标准。例如，原来的德国废物编目是按照废物的特征和性质罗列的，而在欧盟框架下，废物编号是根据废物不同的产生过程而编定，用1～6位数字的废物编号来描述的。第二部分是德国政府开始采用欧盟统一标准部分来制定本国国内法规，规定了生产者和经销商的责任。目的是从产生源头来控制废物，以实现减排的政策效果。并且在废物的再循环和消除等方面确保达到国家要求的标准。

良好的循环经济意识的培养。德国国民对循环经济的意识是和国民教育分不开的，在德国的教育体系中，从基础教育阶段开始，就非常重视培养学生的节约、环保、循环再利用的意识。德国宪法将整个教育体系置于国家的监控之下。在企业的循环经济意识方面，首先，德国设立了专门机构监督企业处理垃圾和发展循环经济的情况，生产企业只有向监督机构证明其有足够能回收的废旧产品，才会被允许进行生产和销售。每年排放一定数量以上具有较大危害性垃圾的生产企业，有义务事先提交处理垃圾的方案，以便政府对其进行管理与监督。企业自身也会把发展循环经济作为与其休戚相关的一部分，他们都努力做到在发展循环经济方面做出突出成绩，以此提高企业的声誉。同时在德国各地政府鼓励提供垃圾再利用的服务公司，它们可以向企业提供相关的技术咨询，使企业明确自身在垃圾处理和循环利用方面的责任和义务，帮助企业建立自己的垃圾处理系统。

鼓励循环经济方面的科技研发。德国循环经济资金主要来源于政府拨款和企业投资两个方面。政府拨款来源于联邦政府向国民所征收的税收，然后通过财政预算进行资金投放，主要是鼓励企业大力发展有利于循环再利用的科技研究。而企业投资主要是由于企业自身的循环经济意识、节约和再利用的意识强，不少大型跨国公司愿意为环保事业和新能源的技术开发投入大量的资金。

6.4.3 激励政策的执行

在大力开展节能减排工作，搞好绿色环保企业的发展方面，激励的经济政策会起到非常关键的作用。如美国通过现金补贴来鼓励家庭使用节能减排产品，联邦政府除了向消费者提供补贴用于推广节能产品外，还特别向低收入家庭发放补贴，用于节能投资和支付能源费用。现金补贴执行简便，涉及范围广，影响力度大，对于积极推进公众通过改变行为习惯实现节能发挥了巨大的作用。对节能产品减免部分税收，是美国联邦政府和各级州政府提高能源利用效率和普及公众节能意识的重要措施之一，涉及减免税的项目包括新建节能住宅，家庭太阳能发电等。

在政府采购方面，美国政府高度集中的政府采购管理体制，涉及预算管理、采购标准制定、采购执行等。规定了政府采购绿色产品清单，包括采购再生产品计划、能源之星计划等，要求行政机关必须将环境管理制度融入日常决策和长期发展计划中。此外，为推进“能源之星”项目的开展与实施，美国的贷款机构会采取抵押贷款的办法帮助和鼓励用户购买经“能源之星”认证的住宅，这不仅有效地促进了节能建筑的建设和开发，降低了建筑物的能耗和维护运行管理费用，更重要的是还带动了墙体、屋面保温隔热技术的发展，刺激了建材市场，增加了就业机会，促进了美国社会经济发展。

6.4.4 大力发展节能项目

节能项目是政府在每年的资金预算中，将一部分资金安排在有利于发展节能减排，发展绿色环保产业的项目上来。如绿色照明计划，在该计划中，主要目的是淘汰陈旧、低效的照明产品。自 90 年代初期，美国环保局与 2 300 多家企业、电力公司、非盈利组织等建立联系，共投资 10 多亿美元用于推广高效照明产品，各州的公用事业委员会为保证节能效果的实现，也对商业建筑照明和节能设计措施提供了税收优惠和补贴等经济激励办法。到 20 世纪 90 年代末期，照明设备生产商所生产的照明产品，在所有的建筑物照明中均达到了设备节能 20%的要求。此外美国政府还对洗衣机、电冰箱节能项目，家庭节能项目提供了大量的资金支持和相关鼓励政策。

6.4.5 采取能耗识别制度

配合“领先产品”能效基准制度，日本多年来在电器和设备上一直采用强制性的能效标识制度。按照 1998 年修订的《合理用能法》，空调、冰箱、冷藏箱、电视和荧光灯装置器的标识有两种颜色：红色表示产品尚未达到“领先产品”能效标准，绿色表示已经达到能效标准。此外，为了和国际节能标准接轨，对于个人电脑、显示器、打印机、传真机和复印机同时使用国际能源之星的标识。但在居民住宅方面则采用自愿性的能效标识。有效能耗标识制度有力地促进了企业主动采取节能减排工作，大力发展绿色环保产业，进而提高企业的信誉和市场竞争力。

美国 1978 年颁布《国家节能政策法规》后，开始制定并实施家用电器及建筑物的能效标准，且以立法形式强制执行。最低能效标准主要针对即将进入市场的新产品，其必须达到政府规定的能效水平才能销售和使用，可见，通过最低能效标准的实施可以强制性地有效淘汰高能耗产品，把好节能第一关。到80年代初期，美国已对家用电冰箱、房间空气调节器、洗衣机、荧光灯、水龙头、采暖炉、日光灯镇流器等14种产品制定实施了强制性能效标准，并且每3年要重新调整一次，这既是技术进步的要求，也能更好地适应市场需求的变化。

除了以上强制执行的能效标准，自愿性能效标识是厂家自行标出产品的相关能耗信息，给消费者以消费明示。自愿性能效标识主要包括两种类型，一是为消费者提供具体的产品能耗性能、大约的能耗费用以及该产品的能耗水平在同类产品中的档次等信息的“能源指南标识项目”；二是达到节能产品标准从而获得节能产品标签的“能源之星”项目。与强制性的标准相比，自愿性能效标识是对符合最低能效标准已经获准进入市场的产品再按能耗水平分类的一种手段，通过分类比较，可以进一步促进产品能耗水平的提高，进而实现能效标准的动态更新。自愿性能效标识产品的性能检测工作是由生产企业或第三方机构来完成，为确保标识信息的准确性和真实性，美国政府建立了“市场抽查机制”和“符合性监督机制（CMS）”，包括用户监督和企业之间的互相监督，通过这些方法限制厂商的投机和欺瞒行为。目前“能源之星”项目已经成为用户购买产品的重要参考依据之一，市场上已有近一半的能耗产品得到了能源之星的认证，极大地提高了美国的能源效率。

6.5 “哈大齐”工业走廊建设节能减排工作的政策建议

从以上国家节能减排方面的政策措施可以看出，在一些经济发展水平较高的国家，主要采取设立税种的政策措施，对能耗高的企业或消费能源型产品的企业（或个人）征收有关能源税。一方面在供给上控制企业减少能耗产品的供给，另一方面在需求上增加污染严重产品的消费成本，双管齐下，收到了很好的效果。同时，发展循环经济，采取奖励政策，发展节能项目以及采取能耗识别制度也是可借鉴之举。在“哈大齐”工业走廊经济建设中，如何做好“哈大齐”工业走廊的节能减排工作是一项系统而复杂的工作。本节从以下几方面提出做好“哈大齐”工业走廊节能减排工作的政策建议。

6.5.1 高度重视循环经济的发展

“哈大齐”工业走廊正处于工业化的中期阶段，还需要经历一个资源消耗阶段，投资率高，原材料工业增长速度快，特别是粗放型经济增长方式没有根本改变，资源浪费大，单位产值的污染物排放量高。因而必须注重两端，一方面从资源开采、生产消耗出发，提高资源利用效率；另一方面在减少资源消耗的同时，相应地削减废物的产生量。因此，“哈大齐”工业走廊发展循环经济是产业生态化与污染治理产业化、动脉产业与静脉产业协调发展的有机统一。发达国家的循环经济首先是从解决消费领域的废弃物问题入手，向生产领域延伸，最终旨在改变“大量生产、大量消费、大量废弃”的社会经济发展模式。如德国的循环经济起源于“垃圾经济”，并向生产领域的资源循环利用延伸；日本的“循环型社会”也起源于废弃物问题，旨在改变社会经济发展模式。“哈大齐”工业走廊为寻求综合性和根本性的战略措施来解决复合型生态环境问题，从目前对循环经济的理解和探索实践看，发展循环经济的直接目的是改变“高消耗、高污染、低效益”的传统经济增长模式，走出新型工业化道路，解决复合型环境污染问题，保障全面建设小康社会目标的顺利实现。所以，“哈大齐”工业走廊循环经济实践从工业领域开始，其内涵和外延需要尽快拓展到包括清洁生产环节、生态工业园区环节和循环型社会环节三个层面上。

6.5.2 税收政策支持节能产业发展

“哈大齐”工业走廊在引进省内外、国内外企业到走廊内投资的同时，对于节能效果显著，市场占有率低且价格等因素制约其推广的重大节能设备和产品，国家在一定期限内实行一定的增值税减免优惠政策，可以采取全部或一定比例的增值税即征即退措施。继续对生产节能产品的专用设备实行加速折旧法。这些措施有利于生产和使用节能产品或设备的企业降低成本，增加产量，有利于“哈大齐”工业走廊经济建设中节能减排工作的顺利进行。

在企业所得税税收政策方面，对“哈大齐”工业走廊内企业综合利用资源、生产符合国家产业政策规定的产品取得的收入，在计征企业所得税时可实行减计收入的政策；对实现节能减排生产产品的专用设备，可以实行加速计提折旧抵扣企业所得税政策；对于采用先进环保技术、改革工艺进行清洁生产所发生的投资允许全额抵免所得税，以此促进企业的环保技术性投资；适当对那些有利于资源回收再利用的投资项目采用投资退税和递延纳税的方式；制定有利于开发高效经济的新能源等专项税收优惠政策，为其发展提供税收支持。

完善对资源综合利用和废旧物资回收利用的增值税优惠政策，对于循环利用资源的企业可以按照优惠税率13％进行征收，对废旧物资进行生产的企业，实行增值税减免或者即征即退政策。对生产节能产品的企业，加强节能产品的认定与管理，依据节能的程度按不同的返税率实行增值税即征即退政策，减轻生产节能产品企业的税收负担。

6.5.3 取消排污费，开征环境保护税

由于黑龙江省重化工业程度较高，耗能排污严重，建议对现行排污收费制度进行税收化改革。对“哈大齐”工业走廊内企业取消现行的排污收费制度，改为征收专门环境保护税。该税种的性质属于地方税，由地方政府负责征收管理。根据“谁污染、谁付费”的原则，环境保护税应把所有排放污染物的单位和个人作

为纳税人，把一切污染环境的行为和在消费过程中会造成环境污染的产品，如各种废气、废水、废渣等为征税对象。考虑到消费税和资源税的环保功能，环境保护税在征税范围的选择上，对在消费过程中造成严重环境污染的产品可通过征收消费税来调节，而对于资源性产品则可通过征收资源税来调节。环境保护税的税率要与环境污染治理成本相一致。首先，税率设计应根据污染项目污染危害程度不同制定高低不同的税率；其次，因为污染危害的程度主要与排污量和排污浓度相关，应采取定额税率。环境保护税的计税依据，应本着有利于控制环境污染、有利于简化税收征管的原则确定，如以能源的使用数量与其含碳、含硫量确定计税依据，以污水的排放量为计税依据，以固体污染物实际重量来确定计税依据。

6.5.4 处理好招商引资和节能减排的关系

“哈大齐”工业走廊建设方面存在着很多的制约因素，比如区域内部发展资金不足，核心技术欠缺，战略型企业家不多，区域内整体竞争优势尚未形成，三产业协同能力还很弱，产业集聚程度有待进一步完善等。因此在制定政策时应着眼于吸引更多的投资方来区域内投资设厂，同时要妥善处理好招商引资与节能减排、绿色环保工作之间的关系。

政府要严格把好“哈大齐”工业走廊的准入关，确定节能减排企业标准，对于严重污染的企业不准进入走廊内。这一政策首先要求将节能减排企业标准量化下来，达到节能减排标准的企业可以进入走廊内，在吸引节能企业进入时，可以给予优惠的税收政策措施，如对于进入区域内节能减排企业可以在出口退税等方面再进一步减税或免税。可以在税收返还政策方面，对于进入区域内经营达到一定年限的节能减排企业，适当返还前期已缴部分税款，以此鼓励和吸引节能减排企业进入工业走廊内部生产经营。

此外，对于企业或者个人从事节能减排技术的研究和开发，除了在企业内部费用方面给予符合规定的全部扣除以外，可以在税收优惠方面给予一定时期的新产品上市的税收减免。对个人研究节能减排技术要给予个人所得税的减免，这样有利于调动个人研究和开发有关节能新产品、新工艺的积极性。对企业设立节能减排研究基金给予支持，允许与节能减排密切相关的高新技术企业按照销售或营业收入的一定比例设立新产品试制准备金，用于研发和技术更新，并准予在所得税前据实扣除。

可以适时开征环保税。这要求明确环保税的征收对象，可将进入工业走廊的企业划分为两类，一类是达到节能减排标准的企业，一类是未达到节能减排标准的企业。对于达到标准的企业可以实行免税待遇，适当给予一定的其它税收减免待遇。对于未达到标准的企业征收环保税，将治理环境污染的费用纳入企业经营成本当中。这一措施要求政府首先要将节能减排企业标准量化，这样才能划分好哪些企业属于节能减排企业，哪些不属于节能减排企业。

6.5.5 设立节能减排专项基金，鼓励发展绿色节能企业

目前，“哈大齐”工业走廊在节能减排工作方面虽然取得了一定的成绩，但在节能减排工作的推进过程中，还存在很多薄弱环节，主要表现在：以重化工为主的产业结构和不合理的能源消费结构是这个区域推进节能减排的关键制约因素，产业结构和能源消费结构亟待优化。一些地方和部门落实科学发展观不到位，尚未树立起正确的政绩观，对节能减排工作的紧迫性和重要性认识不足，缺乏强有力的推进措施，全社会节能减排意识还需要进一步加强。国家支持的重点节能工程大部分处于开工建设阶段，重点工程的拉动效应尚未充分显现，重点节能减排项目的带动作用不强。由于黑龙江省煤炭含硫量低，难以争取到国家重点脱硫工程规划项目和资金的支持，所以在节能减排方面更需要地方政

府的财力支持，设立节能减排专项基金能够解决资金不足的问题。

6.5.6 加强环保教育与宣传

从欧洲先进国家在节能减排工作上的做法可以看出，加强国民的节约能源和环境保护意识教育对于更好地开展节能减排工作意义重大。“哈大齐”工业走廊建设要加大环保宣传力度，可以从基础教育抓起，将环保教育纳入义务教育的专门课程，从小培养孩子节约环保的意识。通过社会媒体多渠道进行广泛的宣传教育，以增强广大公民的环保意识。使企业、个人在环保方面具备自觉意识，全方位多渠道地提高大众对节能环保减排的认识，共同担负起绿色环保、节能减排的使命。

“哈大齐”工业走廊建设政府还要加大投入，推进城市新兴工业化进程，加快城市老工业调整改造，加大布局后的产业区建设力度，借鉴沈阳铁西区这一东北振兴“双示范区”的建设经验，早日把“哈大齐”工业走廊建设成为特色产业生态区。

7 “哈大齐”工业走廊现代医药产业的建设与发展

从 20 世纪初，中国的制药工业就已经开始起步，经历了从没有到逐步发展，从使用传统工艺到大规模运用现代技术的历程。特别是改革开放以来，我国制药工业产值年均增长达到 17%，高于同期全国工业产值年均增长速度 2 个百分点以上，同时也高于世界发达国家中主要制药国近 30 年来的平均发展速度，成为当今世界上发展最快的医药市场之一。随着我国医药产业的发展，黑龙江省医药产业也逐步发展和壮大起来，并形成具有一定竞争实力的新兴产业，现已逐步形成以国有经济为主导、多种经济形式共同发展的新局面。作为黑龙江省主要的经济发展区域，“哈大齐”工业走廊今后在医药产业方面如何发挥地方优势，配合国家医药体制改革，建立现代化的医药产业链，对于地方经济的建设与发展意义重大。

7.1 “哈大齐”工业走廊发展医药产业的环境分析

黑龙江省是我国的医药大省，有老工业基地的基础，有丰富的北药资源，有龙头企业哈药集团及一批经过多年努力培育出的著名医药品牌。医药产业在黑龙江省经济发展中占据着重要的地位。资料显示，至 2007 年，黑龙江省有药品生产企业 176 家，其中产值在 5 000 万元以上的重点企业 33 家。从业人员 45 044 人，对地方经济的贡献率约为 3.75%，其中新产品产值率为 7.73%。作为黑龙江省八大经济区之一的“哈大齐”工业走廊，医药产业是其经济发展的支柱产业之一。医药产业的发展在区域经济发展中占有重要的地位。本节针对“哈大齐”工业走廊医药产业发展的环境进行分析。

7.1.1 宏观环境分析

由于受全球金融危机及世界经济衰退的影响，2008 年我国全年医药工业的增长势头出现一定程度回落。但仍保持较快增长的发展势头，生产、销售平稳增长，出口保持较快增速，效益增幅虽高位回落，但仍保持较快水平，整体效益情况良好。

7.1.1.1 行业发展态势

产销持续稳步增长。全国医药行业 2008 年 1～12 月累计完成工业总产值 8 666.8 亿元，同比增长 25.7%，高于全国工业平均水平（23.1%）2.6 个百分点，工业增加值同比增长 17.4%，高于全国工业平均水平（12.9%）4.5 个百分点。其中，化学原料药和化学药品制剂制造业分别完成工业总产值 1 853.9 和 2 336亿元，同比各增长 23.2%和 23.9%；中成药制造业和中药饮片加工业分别完成 1 779.4 和 410.4 亿元，同比各增长 21.2%和 32.8%；生物生化制品制造业完成 768.7 亿元，同比增长 30.6%；医疗仪器设备及器械和卫生材料及医药用品制造业分别完成 754.1 和 394.4 亿元，同比各增长 31.4%和 39.5%。卫生材料及医药用品、中药饮片加工、医疗仪器设备及器械制造和生物生化制品制造 4 个分行业增速高于行业平均水平；化学原料药、化学药品制剂和中成药制造 3 个分行业增速落后于行业平均水平。

1～12 月实现销售产值 8 253.6 亿元，同比增长 26.5%。其中，化学原料药和化学药品制剂制造业分别完成 1 756 和 2 219 亿元，同比各增长 22.6%和 25.8%；中成药制造业和中药饮片加工业分别完成 1 676 和 394.8 亿元，同比各增长 22.1%和 33.6%；生物生化制品制造业完成 738.4 亿元，同比增长 31.8%；医疗仪器设备及器械和卫生材料及医药用品制造业分别完成 734.3 和 383.7 亿元，同比各增长 31.3%和 39.1%。卫生材料及医药用品、中药饮片加工、医疗仪器设备及器械制造和生物生化制品制造 4 个分行业增速高于行业平均水平；化学药品制剂、化学原料药和中成药制造 3 个分行业增速落后于行业平均水平。

全行业平均产销率 95.2%，较 2007 年同期提高 0.6 个百分点。其中，化学药品制剂、中药饮片加工、中成药和生物生化制品制造业的产销率较上年同期分别提高 1.42、0.59、0.74 和 0.85 个百分点，医疗仪器设备及器械、卫生材料及医药用品制造和化学原料药业的产销率较上年同期下降 0.08、0.26 和 0.45 个百分点。

效益增幅高位回落。2008 年 1～11 月实现利润总额 708.9 亿元，同比增长达到 28.4%，增幅呈现逐季回落的态势，比 1～8 月份下降 10.5 个百分点，但仍高于全国工业平均水平（4.9%）23.5 个百分点，增长幅度高居十二大工业行业的第二位。其中，化学原料药和化学药品制剂制造业分别实现利润 135.9 和 216.1 亿元，同比各增长 49.5%和 36%；中成药制造业和中药饮片加工业分别实现利润 145.2 和 19.5 亿元，同比各增长 7.7%和 33.7%；生物生化制品制造业 76.9 亿元，同比增长 21.8%；医疗仪器设备及器械和卫生材料及医药用品制造业分别实现利润 63.6 和 26.6 亿元，同比各增长 21.1%和 49.6%。卫生材料及医药用品、化学原料药、化学药品制剂和中药饮片加工 4 个分行业利润增速高于行业平均水平；生物生化制品、医疗仪器设备及器械和中成药制造 3 个分行业利润增速落后于行业平均水平。1～11 月亏损企业 1 445 家，行业亏损面为 21.1%；累计亏损额 41.8 亿元，同比增长 10.3%。

出口保持较快增速。2008 年 1～12 月医药产品出口总额 319.7 亿美元，同比增长 30%。其中，西药原料出口 175.8 亿美元，同比增长 29.6%，医疗器械类产品出口 110.7 亿美元，同比增长 31.5%，西成药出口 11.1 亿美元，同比增长 41.8%，生化药出口 9.0 亿美元，同比增长 39.7%，植物提取物出口 5.3 亿美元，同比增长 11.1%，中成药出口 1.71 亿美元，同比增长 11.1%，中药材及饮片出口 5.21 亿美元，同比增长 8.7%。

投资增幅放缓。2008 年 1～11 月完成固定资产投资总额 928.1 亿元，同比增长 26%，增幅较 1～8 月回落 4.5 个百分点，落后全国制造业固定资产投资增长的平均水平（32.2%）6.2 个百分点。

从 2008 年有关医药行业的产销数据可以看出，我国医药行业的发展态势较好。这为"哈大齐"工业走廊发展医药产业提供了良好的宏观环境。与此同时，我国正面临医疗体制的全面改革，这也为"哈大齐"工业走廊发展医药产业带来了良好的机遇。

7.1.1.2 医疗体制改革为医药行业发展提供广阔市场

医疗保险政策是国家根据财政、企业、个人的承受能力，建立保障职工基本医疗需要的社会保险制度。这种制度由劳动和社会保障部门通过建立基本医疗保险统筹基金和个人账户、制定《国家基本医疗保险药品目录》、确定定点医疗机构和药房等，对药品消费的主体、范围、水平等方面做出具体规定，因而对医药企业生产经营具体品种药品范围起着重要的作用。《国家基本医疗保险药品目录》是在《国家基本药物目录》的基础上建立起来的，它的最大特点是可以满足大部分人口的卫生保健需要。《国家基本药物目录》中 90%的药品都被纳入到《国家基本医疗保险药品目录》中，其余部分是在市场上现有的药品中通过遴选产生，这部分也是制药企业所争夺的对象。药品生产企业的产品能否最终纳入"目录"将直接影响到市场开拓空间的大小，对企业的发展起关键作用。

2000 年 2 月 16 日，国务院办公厅转发了国务院体改办等 8 部门《关于城镇医药卫生体制改革指导意见的通知》，决定同步推进城镇职工医疗保险制度、医疗机构管理体制和药品生产流通体制改革（简称医药三项制度改革）。在新的医疗保险制度中，国家、保险公司、企业和个人共同承担医疗费用，从而形成良性的医疗运转体制。在这一体制下，医疗保障的覆盖面将有所扩大，医药市场总量将持续扩大。同时，用药结构将有新的变化，疗效确切、质量可靠、价格合理的药品的市场份额将有所增加，价格将在用药、选药中起到更为重要的作用，国产药、中成药将成为主要的受益者。医疗保险制度的建立，还将有力地推动医药消费的发展。目前我国人均医药消费只有 10 美元/年，大大低于中等发达国家的 50 美元/年和美国的 160 美元/年。以 2005 年为例，截止到 2005 年 9 月底，全国城镇职工基本医疗保险的参保人数进一步增加，已经达 13 341 万人，比 2004 年增加 4 296 万人。在参加医疗保险的 1.3 亿人中，享受公费医疗的职工约有 5 000 万人。我国城镇职工医疗保险覆盖面在 2004 年末为 9 045 万人，2003 年末则为 7 975 万人；2005 年城镇职工医疗保险覆盖面比 2004 年扩大了 47.5%。2002 年 10 月中共中央、国务院发布了《关于进一步加强农村卫生工作的决定》，2003 年 1 月卫生部、财政部与农业部联合下发的《关于建立新型合作医疗制度的意见》则明确了我国农村合作医疗实施的目标与具体办法。《意见》要求用 8 年的时间（2003—2010 年），在全国农村基本建立起新型的合作医疗制度，以解决 9 亿农民的医疗保障问题。总的来讲，医疗保险制度的建立与完善，将把医药产业的市场化运作与社会保障有机地结合在一起，总体上会促进医药产品的消费，从而拉动医药经济的增长。

以上关于医疗体制改革为“哈大齐”工业走廊发展提供了更为广阔的发展空间。此外，人民生活水平的提高意味着人民对生活质量的要求越来越高，因而对医疗保健的要求也越来越高。在这样多元化的驱动下，我国医药商品市场潜力将十分巨大。据测算，目前人均生活水平每提高 1 个百分点，药品消费水平将增加 1.37 个百分点。可以毫不夸张地说，在未来，不论是跨国制药企业还是中国本身的制药企业，在中国医药市场的表现都会是决定该企业成长的重要因素。而对中国本身的制药企业来说，占领本国市场将更加重要。

7.1.1.3 地方政府对医药产业发展高度重视

2007年，黑龙江省生物领域198家企业实现产值242亿元。其中，生物医药产业实现130亿元、生物农业产业实现51亿元、生物制造产业实现27亿元、生物能源产业实现23亿元、生物环保产业实现11亿元。这些成绩的取得与地方政府对医药产业的大力支持是分不开的。

从“九五”以来，黑龙江省委、省政府始终把发展医药产业摆在重要位置，在“十五”计划中将其确定为该省中重点支持的新兴产业，把医药工业基地确定为“十五”期间重点建设的五大基地之一，连续多年把加快北药开发列入省委推进重点工作实施专题。在“十一五”规划中又将“做大做强医药产业”做为今后工作的重点。“十一五”规划中指出要依托北药资源和现有产业优势，着力提高自主研发能力，壮大以抗生素、现代中药为主体的化学药品、优势原料药、天然药物和保健品产业。加快推进中药现代化，建设我国北药生产基地。发展壮大哈药集团、葵花药业等骨干企业，加快哈尔滨开发区医药工业园、哈尔滨市利民医药科技园等医药园区建设，实现医药企业规模化、集群化发展。到2010年，力争使全省医药工业增加值年均增长达到20%。

在医药产业投入方面，建立“黑龙江省创新药物研发资金”，重点支持中药特色产品、抗生素药品、生物技术药品的新品种开发。利用老工业基地改造的政策，鼓励金融部门加大对医药产业发展的信贷支持，引导和鼓励企业增加新产品创新经费的投入。

在加大对医药产业发展的政策扶持方面。对生产原料药物、生物工程药物、中药新药生产企业实施价格优惠，实施财政奖励返还政策；鼓励中药生产、流通企业参与中药材基地建设，发展订单农业，对发展中药材种植（养殖）给予农业开发项目、扶贫项目等各项优惠政策支持。

为贯彻落实科学发展观，加快生物产业发展，促进经济发展方式转变，增强经济发展后劲，促进黑龙江省生物产业发展，黑龙江省人民政府以黑政发［2008］45号文发布了《黑龙江省人民政府关于印发黑龙江省生物产业发展规划和加快黑龙江省生物产业发展若干政策的通知》。分别在投融资政策，土地政策、财税和金融政策、科教和人才政策方面做了具体的规定，这些都为“哈大齐”工业走廊发展现代医药业提供了制度和政策环境。

7.1.2 微观环境分析

7.1.2.1 自然条件分析

生物资源状况。黑龙江省幅员辽阔，植物、动物、生物和中药资源丰富。全省有各种中药植物种856种中药材种植、养殖品种40多种，药材保护区36处面积0.39万公顷。这为发展“哈大齐”工业走廊的中药业提供了先天的条件。黑龙江省分布的动植物药材物种有856种，按产品分类有405种，总蕴藏量为27亿千克。其中人参、田鸡、熊胆、五味子、防风、龙胆、黄芪、刺五加、满山红、黄柏等30多种为名贵地产药材，产量大、质量好，畅销国内外。中药种植、养殖品种达40多种，种植面积稳定在0.33万公顷，收购总量在1万吨左右。现有一定规模的人参、防风、熊类饲养等药材生产基地。有药材保护区36处，保护面积0.39万公顷。[①]

科研和人才基础。2001—2007年，全省通过科技立项共支持生物技术项目698项，生物疫苗、生物制药、生物农业、生物能源等领域涌现一批国内外领先技术。哈药集团有限公司研制并生产出重组人干扰素a-2b、基因重组人促红素（EPO）、重组人粒细胞集落刺激因子（G-CSF）、重组人粒细胞巨噬细胞集落

① 资料来源：黑龙江农业信息网

刺激因子（GM-CSF）及相关制剂产品。中国农业科学院哈尔滨兽医研究所研制出马传染性贫血病驴白细胞弱毒疫苗、猪瘟兔化弱毒疫苗、牛瘟绵羊化山羊化弱毒疫苗、牛肺疫兔化弱毒菌苗等50余项新产品，均达到国际先进水平。黑龙江省农业科学院培育的高产优质大豆品种绥农14号和优质小麦系列品种分别获得国家科技进步二等奖。东北林业大学在树木遗传育种方面已经建立了白桦、山新杨、小黑杨等树种的转基因技术平台，进行了抗病、抗虫、抗旱、耐盐、抗寒、抗重金属等转基因工作，拥有转基因株系100余个。东北林业大学在生物基复合材料和生物质碳吸附材料方面处于国内领先地位，国内唯一的生物质材料科学与技术重点实验室设在东北林业大学材料学院。哈尔滨工业大学王宝贞教授在国际上首创了以厌氧活性污泥为产氢菌种的发酵法生物制氢技术，使国际生物制氢产业化目标至少提前10年，对我国高新技术领域在国际上地位的提升产生重大影响。东北农业大学在农作物遗传育种方面已经建立了转基因技术平台，拥有转基因株系200余个，并首创改良大豆品质的转甲硫氨酸基因大豆植株，创造了具有自主知识产权的抗旱、耐低温、耐盐碱的转基因大豆，为通过利用现代生物技术改造和开发我省1 700余万亩盐碱地奠定了重要基础。目前，全省拥有生物产业公共服务平台28家，各类企业、院所、高校在生物产业领域共申报专利430项。

中国农业科学院哈尔滨兽医研究所沈荣显院士是我国著名的家畜病毒免疫学专家、国内该领域唯一一位中国工程院院士，对于羊痘疫苗、猪瘟兔化疫苗、牛瘟兔化疫苗和马传贫弱毒疫苗的研究属于原始性创新。哈尔滨医科大学杨宝峰教授是黑龙江省首位国家973重大项目首席科学家，为我国离子通道研究及抗心律失常中药走出国门，做出重大贡献。东北林业大学马建章院士是我国野生动物学科和野生动物管理高等教育的奠基者和开拓者之一，奠定了我国野生动物管理及自然保护区建设的理论基础。朱延明教授和他的团队在植物抗低温、干旱、盐碱及抗病基因工程研究方面取得了突出成就，培育了20余个抗逆能力显著的转基因新株系，为利用现代生物技术改造和开发盐碱地奠定了重要基础。世界首例基因敲除猪完成者赖良学博士、世界首例克隆骡子主要完成人李光鹏、世界首例胚胎细胞克隆猴完成者孟励、世界首例体细胞克隆大鼠完成者周琪、世界首例体细胞克隆雪貂完成者李子义等人都是我省培养的杰出人才。在生物领域全省共有国家二级重点学科2个，国家一级学科博士点2个，国家二级学科博士点3个，硕士点11个。

从生物技术发展状况及杰出人才分析可以看出，无论是哈药集团、农科院、东北林业大学、哈尔滨工业大学还是东北农业大学都集中在“哈大齐”工业走廊内，这为“哈大齐”工业走廊发展高科技的医药产业提供了高效的科学技术及产销环境。为“哈大齐”工业走廊走好“产学研”之路创造了良好的环境。

产业基础。中国农业科学院哈尔滨兽医研究所所属的维科生物公司位于全国三甲行列，哈药集团生物疫苗有限公司等3家企业排名全国前10位。2007年哈药集团有限公司销售收入完成120.58亿元，利润10.43亿元，在全国医药工业企业中名列前茅。黑龙江省兽用生物疫苗产品年销售额8亿元左右，在全国市场占有率达10%。黑龙江省科学院微生物所生产的食用菌菌种每年创造直接经济效益近500万元，间接经济效益数亿元，为省内外一百余万家食用菌栽培户和企业提供菌种。肇东日成酶制剂有限公司是东北唯一一家大型综合性酶制剂生产厂，综合实力在国内同行业中排名前三位。肇东金玉公司生物乙醇年产量达20余万吨，食用酒精在国内占有重要位置。

从以上分析中可以看出，“哈大齐”工业走廊发展医药产业具备很好的宏观与微观环境。但同时也应看到“哈大齐”工业走廊在发展医药产业方面也存在着不足。下一节针对“哈大齐”工业走廊发展医药产业的不足加以分析。

7.2 "哈大齐"工业走廊医药产业存在的问题

"哈大齐"工业走廊虽然具备加快发展医药产业的优势，但仍存在一些制约因素。比如自主创新能力不强，基础研究储备不足。除生物疫苗外，生物领域的原创技术少，省内部分高校生物工程专业的科研基础力量还比较薄弱，生物企业研发投入水平还比较低，研发资金不足；产业规模还偏小，国际化程度较低。仅在生物医药领域形成一定产业规模，但在全国只处于中游偏上水平，生物能源、生物环保等领域几乎没有高新技术企业；科研设备不够先进，人才流失现象较为严重。近年来，生物技术特别是基因工程技术发展很快，有些单位现有的仪器设备和实验室条件已不能满足需要，虽然通过科研项目和重点实验室建设有所改善，但仍有一定差距。

7.2.1 缺乏创新型人才队伍

"哈大齐"工业走廊地处北方高寒地区、经济欠发达、与东南沿海省份相比在吸引人才方面处于劣势。走廊内院校优秀毕业生出省谋职现象普遍、很难引入国外或外省的优秀人才。据调查、医药企业创新人才大部分是在本省医药高等院校毕业的本地生，每年考入省外高校的大学毕业生返回率不足1/3，高层次人才多集中在科研院所和高等院校。由于来源渠道狭窄，导致医药企业的高层次创新人才，尤其是领军人才缺乏。由于资金限制，引进一两个某专业方面的人才如凤毛麟角，势单力薄，形不成合力，也缺少其他要素的支持，或对市场环境没有很好的把握，难以创造出创新成果。

生物医药科技产业的发展急需既懂医药技术、又懂管理的复合型人才，而走廊内正是缺乏此类人才，尤其是能驾驭生物技术产业发展的将帅之才更是奇缺。一些生物医药企事业单位尚未将"人力资源是第一资源"真正落实好，人力资源开发、升值的认识和措施没有真正做到位。分配机制、激励机制还有待完善，创新氛围和创新文化、创新环境还需进一步加强。

目前，以“哈大齐”工业走廊医药企业为中心的新药研发体系尚未形成，新药创新基础薄弱。对发展研发新药制药企业缺乏认识，企业科研机构不健全，装备落后，科技带头人明显缺乏，大部分企业投入新药研发方面的资金不足，难以形成以企业为中心的新药研发体系。

7.2.2 缺乏核心竞争力

从整体上说，虽然我国医药行业具有广阔的发展空间，但在国际竞争中缺乏核心竞争力。表现在新药创新能力较弱，在过去的 30 年中，世界各地研究并上市的新药有 2000 多个，平均每年有 50 个新化学实体作为新药上市，而我国自助研发的新化学实体药物仅有 3 个，而且并未全部进入国际市场，我国生产的化学药品 97.4%是仿制品；制剂技术和制剂开发水平都非常落后，制剂的生物利用度较差；生产规模过小，制药工业的特点之一是规模效益显著，但我国制药企业规模小而分散；药品出口中，占极大比重的是老品种原料药或有较大环境污染的品种，同时，制剂品种只占出口总额的 10%。我国制药企业尚处于发展阶段，还需培育企业可持续性竞争优势，参与国际竞争还存在很多问题。

医药行业具有高投入、高风险、长周期的特点，据国分析，制药企业要想使自己的年产值增长率保持在 10%，就必须每年推出 5～6 个新品种。如果要求“哈大齐”工业走廊内医药企业投资 10 多亿去开发一种新药，目前还做不到。因此，必须根据“哈大齐”工业走廊制药企业的自身实力，借鉴国际上的成功经验，采取切实可行的战略，对自身进行准确的产业定位。

7.2.3 现代医药企业产权制度不明晰

我国目前大多数制药企业尚未建立现代企业制度，特别是产权不清晰、出资人不到位、法人治理结构不健全、组织和管理不对称等。这些情况都严重影响和制约企业核心竞争力的培育。我国制药企业要实现可持续发展，就必须首先进行企业制度的创新。

"哈大齐"工业走廊内医药企业主要集中在哈尔滨、齐齐哈尔、大庆等大城市，这些城市的医药企业国有成分比较重，普遍具有小而全的特点。这不利于发挥企业的规模效应，不利于企业的降低成本，也不利于企业进行产权分离。目前，黑龙江省有医药批发企业 500 多家，零售企业 4 000 多家，而销售额不足 50 亿元，而美国全国只有 13 家医药批发配送企业，与黑龙江省人口相当的浙江省也只有 100 多家医药批发企业。因而今后一个时期，企业间的兼并、联合、重组和优势企业扩张，应是医药发展的一个趋势。"哈大齐"工业走廊产权制度不明晰带来的后果还体现在改革滞后、机制不活，发展后劲不足等方面。据了解，作为黑龙江省医药产业龙头的哈药集团，产权主体单一，国有股占主要部分，法人治理结构不完善，资本扩张步伐相对迟缓。虽然在产权制度改革方面进行了积极探索，但至今未取得实质性进展。

7.2.4 研究费用不足

从产品和技术专利的角度看，美国、加拿大、西欧、日本、韩国和新加坡等少数国家每年的新专利数量在全球占据了很大比例。这些国家仅占全球 15%的人口，但 2000 年在美国申请的药品专利却占据了全球 99%的比例。2004 年的美国药品研究和生产协会（PhRMA）会员单位研究开发费达到 388 亿美元，比 2003 年增长 16.9%，较 1990 年美国的药品研究开发费增加了 5 倍，同期，欧洲仅增加了 2.5 倍。因此，美国逐渐取代了欧洲在医药行业的领先地位，成为世界医药中心。医药行业研究经费对其发展至关重要，而"哈大齐"工业走廊内医药产业发展的科研资金投入不足，医药科技创新能力不强。目前，“哈大齐”工业走廊没有一家作为医药产业科技支撑的相关国家实验室，大部分企业投入新药研发方面的资金不足销售额的1%，难以形成以企业为主的技术创新体系。

7.2.5 品牌观念不强

从改革开放到现在，中国企业品牌的发展大致经历了自创品牌阶段，品牌竞争阶段和品牌国际化阶段。到目前为止，国内制药企业形成的名牌药品比较少，“哈大齐”工业走廊内医药企业也是如此。主要原因是在经营观念上，缺乏对品牌内涵的深刻理解。医药品牌的内涵包括品牌以具体的药品为物质基础，并需要其他优势来共同充实。而国内的许多制药企业，盲目地以为树立品牌就是提高品牌的知名度，忽略了质量问题，结果红火了一阵就自然被淘汰了。如三株口服液和飞龙系列产品等，在一开始药品投放市场时，药品的质量很有保证，但随着知名度的扩大，销售量的剧增，逐渐忽略了药品的质量，抛弃了根本，结果很快被遗弃。品牌内涵还包括消费者对产品的心理投射。也就是说，品牌是消费者对产品产生的直观感觉和联想的总和，是消费者想要解决某一方面需求时，就自然想到的解决方案，这就涉及到品牌的定位是否符合消费者的需求。

在药品推广宣传上，产品销售量的提升寄托在重磅媒体的广告轰炸上，对于医药品牌的确立认识不够。《药品管理法》规定，OTC 目录以外的药品不能在大众媒体刊登广告，使光靠投放大量广告拉动处方药销售的策略没有了用武之地。

此外，走廊内一些民营制药企业规模小，产品和技术水平低，很难抵御市场风险。与此同时，“哈大齐”工业走廊大部分科研机构装备落后，产品结构不合理，竞争优势不明显。“哈大齐”工业走廊制药企业现有主打产品科技含量低、品种单一，缺乏具有自主知识产权的新产品，发展后劲不足。有的优势产品如双黄连品牌过多过滥，没有形成集中优势，而生物制药、中成药、保健品等发展缓慢，具有发展前景的中成药在质量和性能方面都没有得到国际市场的认可。对外开放层次不高，招商引资乏力。目前，世界500强企业中的25家制药企业已有20家落户我国，而“哈大齐”工业走廊内没有一家大的制药合资企业，在销售收入占全省86%的哈尔滨这样的医药企业集中区，也找不到一家像样的医药合资企业。北药资源开发利用不够，产业化进程缓慢。黑龙江省植物、动物及矿物中药材极具开发价值，全省共有中药材物种850多种，可作为商品的只有400多种，但开发利用中药材资源进展相对缓慢，地方特色医药经济没有形成。在中药企业中，大企业没有做大，小企业没有做精，现有中药产品技术含量不高，竞争力不强，产品趋同现象严重。

7.3 大力发展“哈大齐”医药产业的政策建议

自2006年医药行业进入高速发展之后的调整期，行业企业的优胜劣汰开始成为市场的主旋律。特别是最近两年多，伴随国家对医药行业的大力整顿，以往依靠简单投入、投机取巧、甚至非法经营的招商企业，大部分都已经被市场所淘汰。取而代之的是一批定位清楚、经营规范等强势企业的崛起。面临强大的市场压力，“哈大齐”工业走廊医药产业应走出自己的特色，为地方经济建设做出重大贡献，进而为国家经济建设服务。

7.3.1 建立现代医药企业产权制度

“哈大齐”工业走廊医药产业的发展首先应明晰产权制度。大力推进产权主体多元化，以产权改革激活老企业的活力，并在产权改革的同时，建立起有效的激励机制、竞争机制、分配机制、约束机制和发展机制。产权改革可以采取国有控股授权民营、中外合资合作、员工持股经营以及其它资产重组等形式。建立以市场为导向、以企业为主体、以走廊内大院大所为依托、以国外研发机构为补充的技术开发体系。在加强自主研发的基础上，以合资合作和联合研发的形式将企业的研发活动向重点大学和重点科研机构延伸，并适时向国外延伸。实施知识产权化，通过知识资本股权参与企业分配的形式，实现知识资本升值，激发知识资本所有者的创新积极性。

7.3.2 树立品牌意识，创造品牌企业

树立品牌意识，创造品牌企业有利于“哈大齐”工业走廊内医药产业的可持续发展。要打造出一个很好的平台，即企业的品牌影响力，有效兼容上游生产企业和下游代理商。通过很好的市场细分，配合专业化的组织运作，媒体方面的宣传配合，逐步建立企业在某一市场的领导地位，从而建立在该细分渠道或细分产品线方面的品牌影响力，来引导上游生产企业和下游代理商形成一种认知上的共识。

在医药行业的品牌战略和品牌定位中，做到以下几个统一：一是品牌之名与品牌之实的统一，尤其是要特别注意市场营销和药品内在的质量的统一；二是品牌塑造与品牌效应开发的统一，制药企业在药品的生产经营中应特别注意医药产品的性能和质量保证，还应加倍注意对已经形成的品牌、商誉进行有效适度的开发利用，用好、用足自己的无形资产，使之不断保值、增值。

7.3.3 做好医药行业营销

据预测，国内现有的几千家招商企业未来将会有一半以上的企业不适应经营成本的上升和行业监管加强的压力而举步维艰，其中 1/3 以上的企业会在激烈的行业竞争中因多重压力而逐步退出市场。

医药行业是一个相当专业的行业，这是由其行业的本性决定的。因此，要求行业的从业者具备相当完备的专业知识，熟悉掌握药品特性，详细全面做好市场研究，精准把握行业发展方向。

行业企业也必须具有相当专业的组织运作体系，以提升企业竞争力和行业发展水平。

这样，才能走出一条以人员专业化、组织构架专业化、市场把握专业化等多策并举的专业化之路，最终才能有效地提升企业对于市场的把握程度，有效提升医药企业的市场竞争力。

7.3.4 利用资本市场壮大医药产业力量

“哈大齐”工业走廊医药产业在发展过程中研究和开发新产品的资金不足影响了企业的发展。因此利用资本市场壮大医药产业的力量具有重大的现实意义。在新产品研发过程中，有项目的平台和资金的支持，为人才提供广阔的施展空间，企业才有发展的余地。尤其对中小型企业，具有原创性、高风险、高附加值的项目，金融机构的资金支持尤为必要。

7.3.5 完善人才创新机制

采取产权激励机制是“哈大齐”工业走廊发展医药产业的重要措施之一。企业自主创新最强有力的激励方式就是产权激励，它能够使企业员工把创新的现实利益和长远利益挂起钩来，从而努力使创新行为成为完全自觉自愿的行为。还可以采取创新分配激励机制，这种机制提倡按要素分配，承认创新人才的人力资源价值，将智力科技资源作为生产要素参与剩余价值分配。根据技术创新项目的技术含量、难易程度、贡献情况等因素确定创新人才的分成比率，使其在完成技术创新项目后都能得到预期收益。可以将科研经费投入比率、发明专利指标等换算成自主创新评分纳入到企业领导人的考核体系之中，和其年薪、奖金、晋升直接挂钩。注重将过程考核纳入考核体系中，可以建立创新人才的长期津贴制度，摆脱仅靠年度短期绩效考核带来的种种困扰。创新人才是高层次的人才，在重视物质激励的同时，也要以合适的方式进行精神激励。承认其做出的贡献，给予合适的评价和荣誉称号。

7.3.6 发挥政府的职能作用

大力加强知识产权保护，营造公平竞争的法治环境。目前，很多医药企业热衷于简单仿制，原因是相对创新而言风险低，只要将别人的成果稍加改动、投入生产、抢占市场份额就可获利，自然不愿意在创新上下功夫。而致力于创新的企业因为承担了巨大的风险，成果得不到有效保护，贡献和收益不成比例，因而创新难以为继，创新人才的积极性会被扼杀。因此，要求政府提供一个有利于知识产权保护的法治环境。对低水平重复的项目严格把关，引导企业靠创新求发展。

7.3.7 加强国际合作

现今国际医药行业发展的一个趋势是：部分国际医药跨国公司已在世界范围内开始了大规模的结构调整，一些国外的医药企业正在瞄准国内的医药市场，寻求并购的目标，这是医药行业与国外企业联合，发展外向型经济的一个有利时机。“哈大齐”工业走廊医药行业发展应抓住医药行业重组并购的有利机会，与国外大型医药企业合资、合作，引进资金和技术。加强国际合作，制定有关政策，吸引跨国医药公司直接到“哈大齐”工业走廊投资设立研发基地和生产基地，促成跨国公司与“哈大齐”工业走廊科研机构和医药企业开展研发、生产和营销合作。鼓励跨国公司参与“哈大齐”工业走廊医药企业资产重组，包括股权转让。鼓励跨国公司通过多种形式对“哈大齐”工业走廊中小医药企业进行改制。

8 “哈大齐”工业走廊绿色乳品产业发展的策略研究

绿色食品是指按照可持续发展原则，特定生产方式生产，经专门机构认证，许可使用绿色食品标志的，无污染的安全、优质、营养类食品。近年来，人们对“绿色”给予了越来越多的关注，并在概念上赋予了它更深层次的涵义。“绿色”已经与健康、环保、人与自然的和谐关系密不可分。同样，在“乳品”前面加上“绿色”二字是希望乳品产业沿着健康和谐的方向发展。

黑龙江省具有得天独厚的地理优势，为畜牧业发展获得安全、优质饲料提供了适宜的气候与土壤环境。这为“哈大齐”工业走廊大力发展绿色乳品业提供了先决条件。在当前全球金融危机和全国乳品业面临信用危机的双重背景下，如何走好“哈大齐”绿色乳品业的发展道路是一项重要课题。本章从“哈大齐”工业走廊发展绿色乳品业的比较优势出发，结合宏观经济背景分析，指出“哈大齐”工业走廊发展绿色乳品业的不足，提出“哈大齐”工业走廊绿色乳品业发展的政策建议。

8.1 “哈大齐”工业走廊发展乳品业的比较优势分析

食品业是“哈大齐”工业走廊四大主导产业之一，而乳品业又在食品业中占有极为重要的地位。大力发展“哈大齐”绿色乳品业是充分发挥地方优势的重要选择。为此，本节从理论出发，在比较优势理论阐述基础上，分析“哈大齐”绿色乳品业发展的优势。

8.1.1 比较优势理论及其发展

比较优势理论在国际经济学理论中一直占据着重要的地位，

从李嘉图创立比较优势理论开始，经历了H－O理论、H－O－S理论、HOV模型、特定要素模型以及动态比较优势模型等理论的发展过程，已成为现代国际贸易理论的重要组成部分。这一理论认为各国应该依照本国的资源禀赋和生产条件专业化生产本国充裕资源密集型产品，并以之交换本国稀缺资源密度型的产品，通过贸易而使双方获益。该理论试图指出各国之间的贸易模式以及国际分工的格局，进而指出一国的专业化生产的方向，从而进一步成为许多国家尤其是发展中国家的战略选择。从其意识形态和政策含义上看，比较优势理论倡导的是竞争市场和自由贸易政策。

由于比较优势理论规定了一国在国际分工中的位置，进而也就规定了一国的产业化发展方向，因此，比较优势理论就不再局限于贸易理论，而是成为了一国的经济发展的战略。而系统提出比较优势发展战略的是以林毅夫为代表的一批学者（林毅夫，蔡昉，李周，1994，1999）。其思想的核心是一个国家主要产业的要素密集度要与该国的要素禀赋相一致。他们指出，要实现经济的发展，产业结构和技术结构的升级，归根到底是要改变要素禀赋的结构，因此，采取比较优势战略，就是要使产业结构和技术结构能充分地利用要素禀赋的比较优势，从而创造更多的剩余。具体说来，如果一个国家的劳动相对丰裕，该国就应该充分利用这一比较优势发展劳动密集型产业，在生产过程中使用较多的廉价劳动和较少的昂贵资本，从而使得产品成本较低，因而具有竞争力（林毅夫等，1999）。

8.1.2 比较优势理论在我国的效用

作为世界上最大的发展中国家，中国在改革开放以来取得了举世瞩目的成就。无可否认，在改革开放的初期，中国采取了比较优势的发展战略，依靠廉价丰沛的劳动力资源，大力发展劳动密集型产业，并积极推进市场化建设。中国经济发生了翻天覆地的变化。以下通过经济的增长、人民生活水平的提高、国际贸易额的增加和中国国际地位的提高来印证中国经济的变化。

GDP高速增长，人民生活水平不断提高。现选取1994年以来确立建设社会主义市场经济体系目标之后至2006年十年间一些重要指标，分析市场经济建设和改革开放对我国经济的影响。从图8-1和图8-2可以看出，我国GDP增长呈逐年上升之势。在利用比较优势的基础上，充分发挥我国的劳动力资源。实现了经济的高速发展。在经济不断增长情况下，人民生活水平逐年提

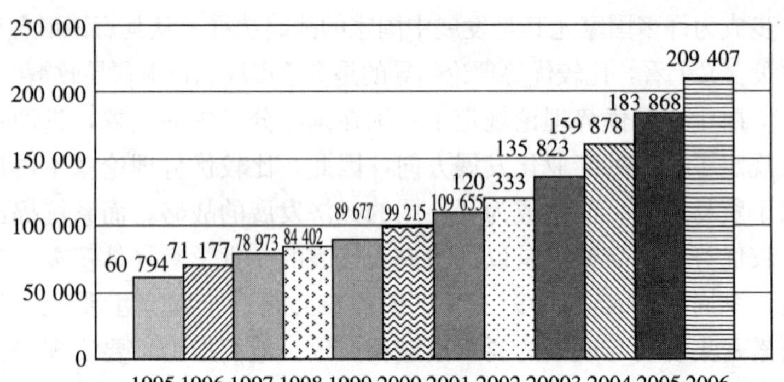

图8-1　1995—2006年国内生产总值情况

资料来源：图中数据1995—2005年来自统计年鉴；2006年来自统计公报。

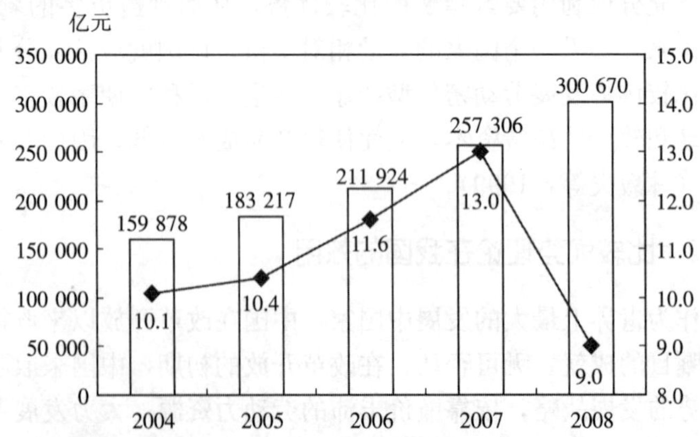

图8-2　2004—2008年国内生产总值及其增长速度

资料来源：同图8-1。

高。见图 8－3，城镇居民的人均可支配收入从 1995 年的 4 283 元人民币增加到 2006 年的 11 759 元。

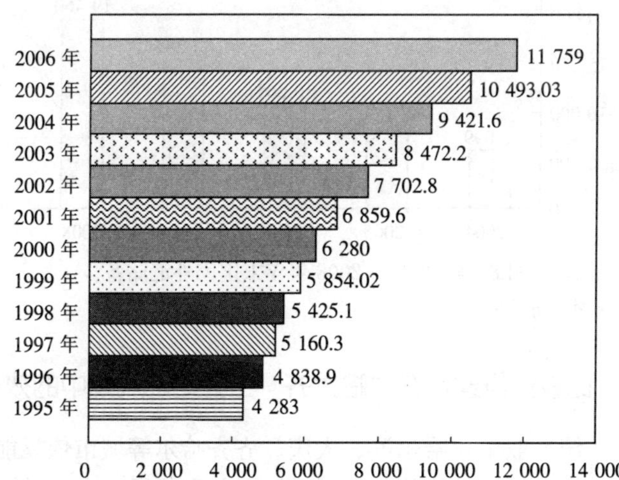

图 8－3 1995—2006 年城镇居民人均可支配收入情况（亿元）

资料来源：同图 8－1。

进出口贸易额逐年增加。目前，中国已被称为“世界工厂”，“中国制造”的产品已经遍布世界各地。2007 年，国际直接和间接投资总额达到 9 645 亿美元，吸收外资的规模已连续 13 年居发展中国家首位；我国进出口总额首次超过 2 万亿美元，在世界的排名居第 2，确立了世界贸易大国地位，外汇储备已增至 15 282 亿美元，居世界第一。2004—2008 外汇储备情况见图 8－4。到 2009 年初，外汇储备已增至近 2 万亿美元。

国际地位逐年上升。根据 2005 年第一次全国经济普查数据对国内生产总值（GDP）历史数据进行修订后的标准，1978—2006 年，我国 GDP 实现了年均 9.7%的高速增长。到 2005 年，我国 GDP 已经连超法国和英国，世界排名跃居第四；2006 年，我国 GDP 分别相当于美国、日本和德国的 20%、60.6%和 91.3%。相应地，我国 GDP 占世界的份额也不断提高，2006 年达到 5.5%。

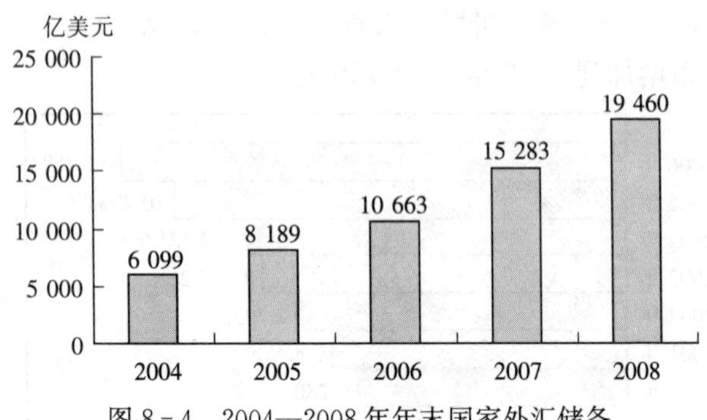

图 8－4　2004—2008 年年末国家外汇储备

资料来源：同图 8－1。

8.1.3　比较优势理论在“哈大齐”工业走廊规划中的效用

在传统产业中，哈尔滨、大庆、齐齐哈尔等城市依靠能源优势，早已走上了比较优势的发展道路，并取得了一定成效。这些地区依靠煤炭、石油及周围的矿产资源，大力发展机械装备制造业和石化产业，运用廉价丰富的劳动力资源，着力发展劳动密集型产业，在经济建设过程中取得了巨大的成就。为了缓解发展与用地不足的矛盾，培育具有强劲牵动力的新型经济区，黑龙江省委、省政府决定开发“哈大齐”区间的未利用土地，以装备制造、石化、食品、医药、高新技术等产业为重点建设的“哈大齐”工业走廊。变这一区域的重度盐碱荒原的劣势为开发建设工业园区的优势，最大效能地发挥土地资源的作用。从重碱荒原上零散的几处工业园区，到如今成片的新型工业化示范带，黑龙江省“哈大齐”工业走廊仅用 3 年多的时间完成了这一巨变。

8.1.4　“哈大齐”工业走廊发展绿色乳品业的比较优势分析

自然条件优势分析。黑龙江省位于中国东北部，是中国位置最北、纬度最高的省份，南北跨 10 个纬度，属温带、寒温带大陆性季风气候，四季分明，夏季雨热同季。所处气候带有利于玉米生长，为奶牛的生长发育提供质量好、成本低、数量多的粮食、秸秆，具有发展优质绿色奶业的独特优势；同时，黑龙江省拥有草原433.33万公顷，年产饲草800万吨①。这些自然条件都为黑龙江省生产绿色、安全的源奶创造了得天独厚的区位、气候和资源条件。为“哈大齐”工业走廊发展绿色乳品业带来了比较优势。

目前，全省拥有乳品加工企业74家，日处理鲜奶能力为1.9万吨。全部企业所产鲜奶量约占全国的1/7～1/6左右，是仅次于内蒙古的国内第二大奶业基地。2007年末数据显示，全省奶牛存栏达181万头，牛奶产量478万吨，位居全国第二位。全省初步形成了以哈尔滨、大庆、齐齐哈尔、农垦地区为主的奶牛基地集群。②

高校与科研机构集中。“哈大齐”工业走廊云集着较多的大专院校和科研机构，以及较强的科技人员和教师队伍。现有高等院校（含高职高专）33所，许多专业、学科有较强的优势。其中哈尔滨工业大学、哈尔滨工程大学、东北农业大学等在国内外均有较高的知名度，是被首批列入国家211工程的院校；有100多个重要的研究机构，已经建成8个国家级企业技术中心和19家省级企业技术中心，拥有大量的专业科技人员和教师队伍。科技和教育集中的优势，为绿色乳品产业集群的发展和持续创新提供了强大的科技和教育支撑。对于提高乳品业生产技术水平，增强乳品行业的竞争能力，提供了重要的人才储备。

黑龙江省农科院、东北农业大学、东北林业大学、哈尔滨商业大学等科研机构和高校，在科学研究和人才培养方面，围绕省委、省政府“打绿色牌”、“走特色路”及发展农产品深加工、精加工、提高附加值和提高竞争力的发展战略，积极开展科学研

---

① 数据来源：黑龙江省人民政府网站。

② 数据来源：黑龙江省畜牧兽医局网站。

究。其中，东北农业大学的农畜产品养殖和加工研究在全国具有较强的优势，形成了具有核心竞争力的研发领域和产业（产品）方向。领先的畜产品养殖加工技术推进了畜牧业快速发展。

产业集群发展及相关问题的研究，为“哈大齐”工业走廊绿色乳品产业发展提供了理论和方法支持。哈尔滨商业大学、东北农业大学、东北林业大学、黑龙江农垦经济研究所多年来致力于绿色食品发展研究，提出了通过发展优势绿色食品产业集群，培育有国际竞争力的大企业集团和知名品牌及加强绿色食品营销网络建设等建议，为各级政府决策、企业制定发展战略提供了理论和方法支持。

8.2 “哈大齐”工业走廊发展绿色乳品业的背景分析

随着人民生活水平的不断提高，消费水平同样有了明显提高，生活消费结构发生了巨大的变化。在食品消费方面由过去以粮食为主的粗放式温饱型消费逐渐向营养型转变，人们对奶制品的需求在逐年加大。与此同时，我国乳品相关行业也迅速发展起来。乳品业作为“哈大齐”工业走廊的优势食品产业，具有极大的发展潜力。

8.2.1 中国是巨大的乳品需求市场

虽然近年来我国奶类人均占有量上升很快，但与世界平均水平 100 千克、发达国家平均水平 300 千克相比仍有很大差距，城乡之间、地区之间的奶类消费也不平衡。随着我国人民生活水平的提高和消费观念的转变，乳制品必将成为城乡居民的日常食品，呈刚性需求增长，国内乳品市场将日趋扩大。根据国家发展和改革委员会最新公布的《乳制品工业产业政策》，到 2012 年，我国人均奶类占有量达到 42 千克，全国奶产量将达到 5 460 万吨。同时，国际乳制品市场价格大幅上涨，有利于增加乳制品出口，也将促进黑龙江省奶业生产，促进“哈大齐”工业走廊乳品业的发展。

8.2.2 国家的宏观政策支持乳品业发展

2007年9月，国家出台了《国务院关于促进奶业持续健康发展的意见》(国发［2007］31号)。《意见》对发展乳品业的基础环节——奶业的发展提出了重要政策建议，提出各地区要充分认识奶业在经济发展中的重要性，提出促进奶业健康发展的指导思想，针对存在的奶农与乳品企业之间的利益分配不均，导致伤农问题提出了各地要严格市场交易程序，保护好奶农利益，调节好各环节的利益机制，做好基础性工作等建议。指出各地要在政策方面给予发展奶业的大力扶持，提出当前的主要任务和工作重点。并提出要组织好工作，使政策能够落实到位。

针对国内乳制品生产企业布局不合理、规模小、技术落后的现状，国家于2008年3月26日和6月4日相继发布了《乳制品加工行业准入条件》，明确鼓励企业通过资产重组、企业兼并等方式，合理扩大生产规模、创新营销观念，整合国内乳制品产业资源；鼓励奶源生产基地优化奶牛养殖模式，发展奶牛适度规模养殖和标准化体系建设，提高奶牛养殖现代化水平，使国内乳制品行业迎来进一步健康发展的政策良机。

国家发改委于2008年6月制订了《乳制品工业产业政策》，该政策主要目标是构建一个竞争有序、发展协调、增长持续、节约的现代乳品业，同时要保障我国食物安全，促进农民增加收入，提升我国乳品业在国际市场上的竞争地位。这是建设以来我国发布的第一部系统的乳品工业产业政策，是今后一定时期内规范我国乳品业的行业准入、产业布局、市场秩序和投资行为的重要依据。政策指出国家严格控制乳品加工项目的盲目投资和重复建设，避免生产能力过剩和设备闲置，避免恶性竞争和资源浪费。政策规划了远景目标，到2010年，乳制品产量达到2 350万吨；到2012年，乳制品加工能力利用率将提高到75%以上。

8.2.3 黑龙江省地方政府政策支持

黑龙江省十届人大常委会第十一次会议第四次全体会议，审议通过了《黑龙江省奶业条例》，并于2004年12月1日起实施。《条例》对奶牛饲养应具备的条件，奶牛基地的建设，生牛奶的销售与收购，乳品安全等都作了明确规定。在乳品安全方面有七种生牛奶禁止销售和收购，如未取得健康证明和未经检疫的奶牛生产的奶；有抗生素类药物残留的奶；掺杂使假、变质、有异味和被污染的奶。《条例》对企业违反规定给予重罚，如对企业、奶站在销售和收购中掺杂使假者没收违法所得和生牛奶，处以1万～3万元罚款；对有关责任人处以1 000～3 000元罚款。

《黑龙江省人民政府关于推进奶业持续健康发展的意见》（黑政发［2007］41号）中对黑龙江省发展奶业做了总体部署，如完善原料奶价格协调机制，规范奶源市场秩序，保护各环节合法权益等。2008年，省委省政府又启动了《黑龙江省千万吨奶战略工程规划》，《规划》中指出要加大生产基地建设。预计到2012年，全省乳制品加工企业年加工能力将达到1 100万吨，年产值将达到600亿元，利税超过37亿元，实现奶牛养殖业产值315亿元，乳品加工业产值达到600亿元，利税37亿元以上。力争奶牛良种覆盖率提高到60%，奶牛平均单产水平提高到5.5吨。

《黑龙江省千万吨奶战略工程规划》指出，要在2008—2012年实现千万吨奶工程，预计到2012年，全省乳制品加工企业年加工能力将达到1 100万吨，年产值将达到600亿元，利税超过37亿元，雀巢、伊利、光明、飞鹤等乳品企业将成为当地财政收入的支柱。在奶业主产区，奶业收入将成为当地农民的主要收入来源，奶牛养殖业产值将达到315亿元，奶牛养殖户纯收入将达到58亿元，奶牛将成为农民的“铁杆庄稼”。

表 8-1 黑龙江省奶业发展规划表

项　　目	单位	2007 年	2012 年	年递增率（%）
奶牛存栏	万头	181	320	12.1
奶牛单产	吨	5.0	6.0	年均递增 200 千克
牛奶产量	万吨	474	1 000	16.1
奶牛养殖业产值	亿元	91	315	年均递增 44 亿元
乳品加工企业产值	亿元	300	600	年均递增 60 亿元
农民人均奶业收入	元	127	323	年均递增 39 元
乳品加工企业利税	亿元	18.9	37.5	14.7

资料来源：黑龙江省人民政府网站

为维护奶农和加工企业的合法权益，黑龙江省还逐步建立起价格协调机制，确保企业和奶农利益合理分配。到 2007 年，黑龙江省各地普遍成立了原料奶价格协调委员会。委员会由政府、加工企业、奶业协会（合作经济组织）和养殖户代表四个方面组成，在兼顾乳品企业和农户双方利益的基础上，研究、协调、确定合理的原料奶交易价格，黑龙江省奶协在各地奶价基础上公布全省原料奶淡旺季参考价。在价格协调委员会的协调下，各地持续走低的鲜奶收购价普遍得到提高，奶农利益得到了合理保护，不仅解决了原料奶市场不规范、产业链利益分配不公平、奶农单方面承担风险等问题，更从机制上保障了原料奶的质量安全。

8.2.4 “哈大齐”工业走廊地理和人文环境

黑龙江省发展奶业具有独特的地域优势，地理位置适宜草原生长，在北纬 43°～53°之间，与荷兰、丹麦、美国北部各州及日本北海道等奶牛发达国家和地区同处于世界玉米带和奶牛带，面积辽阔，气候冷凉，生物多样性强，具有发展奶业独特的优势和潜力。这些为“哈大齐”工业走廊发展绿色乳品业提供了优质奶源。黑龙江省拥有 944.3 万农村劳动力，加上危困行业和城镇失业人员，每年需要转移的劳动力达 500 万人之多，为发展劳动密集型的奶业生产提供了丰富的劳动力资源。

8.3 “哈大齐”工业走廊发展乳品业的现状与不足

近年来，一些地区奶制品行业管理混乱，奶业的不正当竞争使得一些奶农利益受损，有的奶农退牧杀牛，甚至出现了有的企业在源奶和奶制品生产中添加有害物质等不法行为。“三聚氰胺”的“奶粉事件”，进一步使乳品行业的发展受到了诚信的挑战，再加上大量国外乳制品的涌入，使得黑龙江省乳品业面临严重的挑战。哈大齐”工业走廊绿色乳品业的发展受到了一定程度的影响。

8.3.1 鲜奶价格较低，奶源减少

由于乳品业的不正当竞争，乳品价值链发生了扭曲，乳品企业为了降低成本，在收购源奶时压低价格，使得奶农利益受损，从而导致许多奶农因微利或赔本而放弃养奶牛。从 2006 年以来，我国奶牛养殖效益就开始大幅度下降。现从 2008 年黑龙江省畜牧业生产的增长情况加以分析。

表 8-2　2008 年黑龙江省畜牧业生产增长情况表

畜禽存栏	12 月末	比年初增长%
大牲畜（万头）	787.1	33.9
奶牛（万头）	221.2	21.9
生猪（万头）	1 788.0	35.6
羊（万只）	1 018.4	24.2
家禽（万只）	16 693.3	33.4
畜禽出栏	1～12 月	增长%
肥猪（万头）	2 350.0	24.0
肉牛（万头）	310.8	39.9

（续）

畜禽出栏	1～12月	增长%
肉羊（万只）	763.0	20.1
家禽（万只）	28 711.7	38.2
畜禽产品产量（万吨）		
猪肉	182.7	24.7
牛肉	47.5	38.2
羊肉	12.0	20.5
禽肉	58.7	37.1
禽蛋	109.3	15.3
牛奶	577.1	21.8

资料来源：同表8-1。

从表8-2中可以看出，奶牛的增长速度只有21.9%，而其他生猪、羊、家禽的产量增长速度分别是35.6%、24.2%、33.4%，数据反映出奶牛的增长速度较慢于其他，但我们同时也发现，牛肉的供应量增加较快，为38.2%，猪肉、羊肉的供应增长速度为24.7%和20.5%。这说明牛肉的供应要快于奶牛的供应，奶农的饲养结构发生了变化。针对于这样的情况，一些媒体对奶农做了采访调查，很多奶农认为养奶牛不如卖牛肉，这从侧面解释了上述奶牛的数量增长缓慢的一个原因。

8.3.2 相关支持性产业与企业的联系不够密切

8.3.2.1 科研成果转化率低

造成奶牛数量减少的另一方面原因是良种覆盖率和单产水平较低，养殖方式较为落后，养殖技术水平相对较差。因此，奶农在降低成本方面缺乏弹性，而“哈大齐”工业走廊绿色乳品业的集群与当地大学、科研机构缺乏合作，科研成果与产业集群的发展衔接不够紧密，“产学研”创新机制尚未健全。究其原因，与大学和科研机构的管理体制改革的滞后具有较大的关系；合作机制中的各方之间的互动模式尚未建立；我国高等教育及其他人才培养系统的发展滞后于绿色食品产业这一新兴产业发展的需要；由于企业研发投入不足，制约了企业发展。

8.3.2.2 乳品业的金融支持尚待完善

乳品业龙头企业要扩大发展的前提条件是要求企业在生产经营过程中投入较多的资金，这就要求金融机构及相关政策的支持与配合。但在这一方面，“哈大齐”工业走廊发展乳品业的金融支持不够，2005 年对哈尔滨市 25 户绿色食品企业的一项调查反映，有 18 家企业资金短缺，占被调查企业的 72%。由于缺乏资金，影响了企业发展。因此大力发展“哈大齐”工业走廊绿色乳品业应该多渠道筹集资金，包括技术改造资金、信贷资金和产业化资金。这些资金有限，应重点投放在龙头企业上。

8.3.2.3 配套物流业发展落后

目前，在“哈大齐”工业走廊，配套物流业发展比较落后，现代流通方式尚未健全，集群内部物流主要以企业自理和供应商承担为主，这就分散了社会资源，降低了资源的利用率，增加了企业和社会的成本，影响了集群竞争力的提高。主要原因在于：①集群内信息的不通畅，市场营销网络不够健全；②物流配套设施和装备的标准化程度较低，如交通运输基础设施总体规模仍然很小，各种运输方式之间装备标准不统一；③信息技术应用水平较低，缺乏必要的公共物流信息交流平台，如以互联网等为基础的物流信息系统在省内还没有得到广泛的应用。物流配送体系发展滞后，影响了绿色食品的市场竞争力，在一定程度上，影响了黑龙江绿色食品产业集群的发展和竞争力提高。

8.3.3 乳品监管体系、营销体系尚不健全

乳品质量监督方面，还存在着监督体系不够健全的现象。虽

然地方政府在政策上对奶源的质量做出严格的要求，但是在部分地区仍然存在着不符合规定的奶源，如掺水奶，污染、变质、有异味、有疫情的奶，同时还存在畜牧、工商、质量技术监督、物价等有关行政管理部门及其工作人员未履行奶牛防疫检疫管理职责，对染疫奶牛不及时处理的现象，不对举报或投诉进行及时的受理，徇私舞弊、滥用职权、玩忽职守等现象。

在乳品营销方面，还缺乏一定的营销观念、营销体系尚未健全，对绿色乳品的宣传促销还远远不够，黑龙江省虽为北方产奶大省，但由于经济发展落后于其他部分省份，缺乏组织严密的营销网络，对树立绿色品牌形象缺乏足够的认识，这实际上阻碍了“哈大齐”工业走廊绿色乳品业的进一步发展。虽然黑龙江省在乳品业的生产上有一定优势，但在乳品业的市场开发，市场营销网络建设上却起步较晚。从“哈大齐”乳品业市场营销网络的现状看，大部分企业都在利用已有的网络，而建立新的网络的企业则很少，这是影响“哈大齐”乳品业产销市场扩大的主要因素之一。已有营销网络的主要任务不是单纯营销乳品业。因此，在营销战略、广告宣传、营销推广等方面都不会以乳品业为中心，而只是作为一种附属业务开展，要建立新的、以营销乳品业为主，兼做其他业务的营销网络。

对于绿色品牌的认识不够也是营销体系不健全的主要因素，思想观念的落后严重制约了绿色乳品企业的进一步发展。真正的市场经济，对企业来讲就是品牌经济，有品牌的产品，特别是名牌产品才能在市场上获得理想的回报。打造一个品牌，不花大力气是办不到的，这就需要龙头企业到市场上拼搏，只有龙头企业的规模效应、品牌效应，才能带动农户致富。才能将黑龙江省的经济推向全国，乃至推向世界。

8.3.4 乳品业的国内外竞争激烈

“三鹿奶粉”事件后，国产奶粉销量下降了40%，受国内外双重原因影响，国产的大包装奶粉市场严重萎缩，企业生产的大包装奶粉积压达 30 多万吨。面对市场的严重萎缩，虽然黑龙江省是全国惟一的在“三鹿事件”中没有大量倒奶的省份，但由于黑龙江省的企业生产配方粉的产能有限，大约有 50％左右产能只能生产大包装奶粉，面临的问题比较严重。

进出口压力增大。据海关统计，2008 年我国出口乳制品 12.1 万吨，比 2007 年（下同）下降 10.4％，价值 3 亿美元，增长 24.5％；出口平均价格 2 501 美元/吨，上涨 39％。12 月当月我国出口乳制品 6 305 吨，下降 57.6％，价值 1 614 万美元，下降 49％。从数据分析可以看出，我国乳品出口下滑现象严重，一方面受国际金融危机的影响，国外的需求不足，另一方面，国外市场的激烈竞争，使得我国乳品企业面临严峻的国际市场环境。

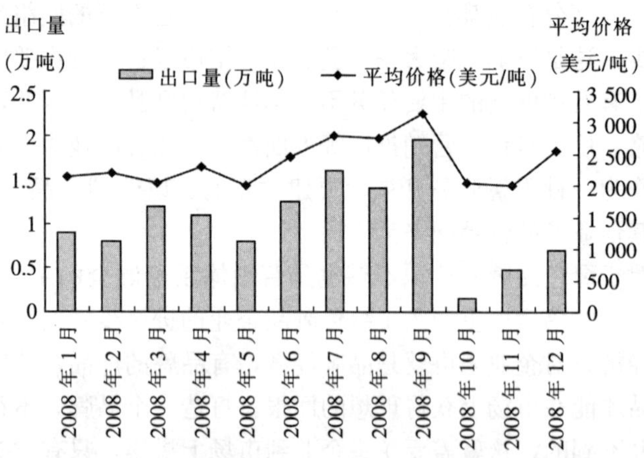

图 8－5　2008 年我国乳制品出口月度量价趋势图

资料来源：中华人民共和国国家统计局网站。

而与此同时在进口方面，进口增速却非常快，从表 8－6 可以看出，2008 年我国进口乳制品 35.1 万吨，价值 8.6 亿美元，分别增长 17.4％和 15.8％；进口平均价格 2 457 美元/吨，下降

1.4%。12月当月我国进口乳制品4.7万吨，价值1.1亿美元，分别增长39%和0.4%。

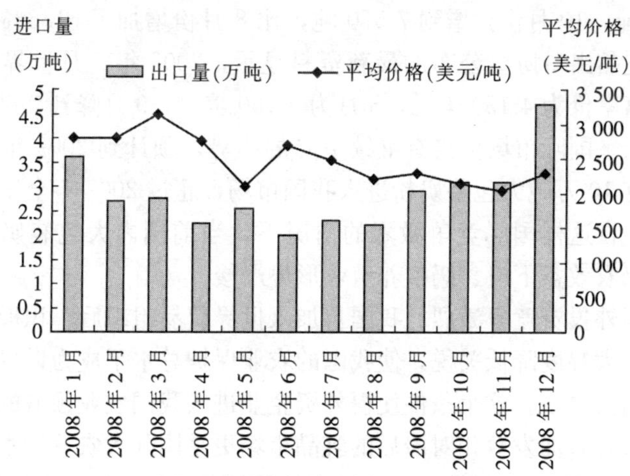

图8-6　2008年我国乳制品进口月度量价走势图

资料来源：同图8-5。

从进出口的增降幅度可以看出，中国乳品业发展面临比较严重的国际环境。同样，黑龙江“哈大齐”工业走廊作为发展地方绿色乳品业的重点地区也面临比较严重的国际国内环境。

行业诚信度不高。分析以上进出口的变化，除了受国际金融危机的影响，与我国乳品业的诚信危机问题也有直接关系。2008年9月份发生的“三鹿奶粉”事件使我国乳制品行业遭受重大打击，包括日本、中国台湾省、孟加拉国、越南、坦桑尼亚等多个亚非国家和地区开始全面或部分禁止我国乳制品进口。另外，欧盟和美国也采取行动限制我国的乳制品进口，直接导致自10月份起我国乳制品出口骤降。同时，国内消费者对国产奶制品的信任度下降，国产液体奶销量一度下挫至正常水平的20%，国内乳制品供需缺口扩大，致使近期乳制品进口大幅增长。

国内市场价格面临挑战。由于全球经济衰退，国外奶粉以低价方式对我国进行倾销，挤占了国产奶粉的市场，据国家统计局数据显示，2008 年前 7 个月全国进口奶粉 5.3 万吨，8 月份 4 686吨，10 月份猛增到 7 570 吨，比 8 月份增加了 61.6%。据美国乳品出口协会公布的最新资料显示，2008 年 7 月世界全脂奶粉离岸价为 4 150 美元，8 月为 3 150 美元，9 月降到 2 600 美元，未来国际市场价格有继续下降的趋势，预计到 2009 年 7 月份将有 10 万吨大包装奶粉进入我国市场，超过 2007 年全年进口总量。在这样国际竞争激烈的情况下，当前国内大包装奶粉积压、奶农效益下滑、奶牛养殖业形势严峻。

国外投资竞争激烈。我国自加入世界贸易组织后，积极信守承诺，大幅度降低关税，使我国的农业保护总水平成为世界上最低的国家之一。这个条件使得外资企业进入我国农业领域的负担大大减轻，而发育相对滞后的乳品市场更是国际大农业资本眼中的一块“肥肉”。目前，发达国家的乳品市场基本处于饱和状态，进一步开发的潜力不大。而中国具有庞大的人口规模，乳品市场潜力很大，因此发达国家的乳业跨国公司一直把开拓中国市场作为重要战略目标。

8.4 “哈大齐”工业走廊绿色乳品业发展的政策建议

从上一节的分析可以看出，“哈大齐”工业走廊绿色乳品业的发展面临的形势严峻，危机重重，如何有效应对危机，找出解决问题的办法意义重大。本节针对不同的问题提出具体的解决办法及政策建议。

8.4.1 提高行业管理水平，加强监督机制

乳制品生产企业要切实负起保证产品质量的责任，完善企业管理制度，加强职工的产品质量意识教育，自觉遵守法律法规和质量标准，做到制度健全、职责明确、管理到位、责任到人；要培养自主创新能力，提高产品开发能力和技术装备水平，努力降

低能耗，加强资源综合利用和环境保护；要推进品牌战略，提高市场竞争力。

由政府组织在全行业开展整顿和规范工作，提高乳制品生产企业诚实守信、依法经营、履行社会责任的自觉性。对产品质量不合格、生产销售秩序混乱、质量保证体系不健全的企业，要限期整改或责令停产整顿；对不符合产业政策和行业准入条件或整改后仍达不到验收条件的企业，要依法关闭；对非法生产企业，要坚决取缔。整顿和规范期间，暂停乳制品加工新上项目（企业）的核准。要妥善处理重组及关闭企业的资产处置和职工安置等工作，同时要避免因企业关闭出现“卖奶难”问题，切实保护职工合法权益和奶农利益，维护社会稳定。

8.4.2 加快相关产业及支持性产业的发展

绿色乳品业的健康发展离不开与之相关的其他产业的协调、配套发展。因此，有关部门要围绕发展优势绿色乳品产业集群，科学规划相关及支持性产业发展，使企业产前、产后及产中所需的技术和服务得到保证。要加快绿色乳品特有的生产资料的开发和生产，大力发展有机肥料、优质品种、饲料添加剂和食品添加剂的生产，使相关产业的发展有力支持绿色乳品产业集群的发展。积极发展无污染包装物的研究和生产，确保绿色乳品的包装符合标准，适应市场需求和消费者的心理。切实加强绿色乳品的贮藏、保鲜、运输等基础设施建设，促进绿色食品生产、加工、销售的协调发展。积极发展信息咨询组织及中介机构，加强国内外绿色乳品信息的搜集和分析，为企业和政府及时提供准确、有价值的信息。

成立“哈大齐”工业走廊绿色乳品业协会，把分散的生产者、经营者组织起来，协调其发展中的困难和矛盾；在加强各种形式信息服务同时，突出搞好网上信息服务。广泛搜集和发布网上信息，普及和宣传绿色乳品知识，积极开展网上营销。

搞好绿色食品基地的环境监测和质量监测，进一步完善监管机制。进一步建立健全和完善市场准入制、合同制约制、奶农联保制和监督管理部门定期抽检制。逐步建立起全民监管的制度，如设立举报电话，设举报箱等等，通过监管机制的创新和不断完善。

在农副产品深加工方面充分发挥区域生态优势和资源优势，其中重点发展乳品业，鼓励采用先进的适用技术和高新技术，加快食品工业产业升级步伐，提高农副产品转化程度和精深加工比重及农副产品综合利用水平，实现规模化生产经营，健全以绿色特色食品为主导的新型食品工业体系。

8.4.3 将科技优势转化为生产力

在绿色乳品产业发展中，“哈大齐”工业走廊的科研机构、大专院校的科研成果有力的支持了绿色食品的发展。但与哈尔滨市承担的绿色食品产业发展目标和任务相比，还有一定的差距，需要挖掘潜力。科技和教育要为哈尔滨市绿色乳品产业集群发展做出更大贡献，还需加强以下几方面的工作：

首先，以企业的产销活动为中心，加强高校、科研机构与企业的合作。企业是产业集群发展的中心，是科技与教育服务的主要对象，要建立以企业为主体的技术创新体系，支持支柱产业和大型企业产品的自主创新研发活动；同时高校和科研机构的科研项目要围绕着企业，尤其是有优势的产业和有市场竞争力的企业开展产品创新活动，通过产、学、研相结合的体制创新，加速科研成果的转化和国际竞争力的提高。

其次，科研项目要重点支持自主创新品牌的研发与应用。优化科技资源配置，重点抓好具有比较优势和自主创新品牌的高技术研究开发，推动具有广泛扩散领域的高科技开发与应用研究，使科研成果走向市场。高校、科研机构的科研项目要围绕哈尔滨、大庆、齐齐哈尔绿色食品产业和企业的优势，促进企业自主创新能力的提高，创出自己的名牌产品，提高在市场上的竞争力；另一方面，企业也要积极主动地寻求科技支撑和合作伙伴，在互利互惠的基础上，实现双赢。

第三，围绕市场需要进行产品研发。以企业为主体进行产品研发，在推进绿色食品产业集群发展中，企业不仅担负开拓市场、连接基地和农户的重任，也是推进农业结构调整和农民增收的重要力量。科研成果是否有用，要看它能否为企业带来效益和持续发展的动力。因此，以市场为中心、以企业为主体进行产品研发才有生命力和价值。大学和研究机构要能时时觉察产业和企业的需要，与企业保持紧密联系，以企业需要为中心，以提高国际竞争力为目标开展产品和市场研发。

第四，创新激励机制，促进产品研发。有了产品研发的原则和方向，还需要有一定的激励机制促进其健康发展，使大专院校和科研机构的研究人员，在以企业为主体进行产品研发和成果转化的同时，个人的努力和付出也得到一定的回报。要认真分析一些科研成果在其它先进地区转化的问题，从激励机制上找出原因并做出调整。要形成一种有效的知识产权保护机制，鼓励大专院校、科研机构和企业科技人员做出更多的发明创造，促进哈尔滨市、大庆市、齐齐哈尔市绿色食品产业集群在国内外市场上能够更好的发展。

8.4.4 加强营销网络建设

8.4.4.1 进一步巩固和发展国内的营销网络

从国内绿色乳品市场营销网络的现状看，一方面，专用的绿色食品营销网络的建设缓慢，大部分企业都在利用已有的网络。因为其主要任务不是营销绿色乳品，因此制约了绿色乳品产销市场的扩大。根据国际的成功经验，绿色乳品的产销在经过形成期进入成长期后需建立新的营销网络，以利于绿色乳品产销具有更广阔的市场空间。黑龙江省近几年绿色乳品生产和加工的规模迅速扩大，但营销网络的加宽和延长步伐缓慢，并未真正形成产、加、销一体化的营销体系。另一方面，绿色食品营销网络载体的目标不够明确。哈洽会作为沟通产销的窗口，其主要功能之一是吸引国内外的投资商和拓展国内外市场营销网络，但在有些区位及展品的介绍中，缺乏有利于投资和贸易的关于绿色乳品及企业的详尽资料，使其功能目标难以实现。

国内营销网络发展滞后，制约了黑龙江省“哈大齐”工业走廊绿色乳品产业的发展，须加快国内批发市场、零售市场网络建设，促进绿色食品扩大国内市场，走向国际市场。具体可以从以下方面入手：

首先，要大力发展批发市场的绿色乳品连锁经营网络。为适应消费者需求的变化，有经济实力的企业应该建立绿色食品连锁专营店，作为批发市场网络的成员，争做绿色食品市场销售的领导者。如加强发展以北大荒粮油批发市场为中心的连锁经营网络，使其形成纵横全国并辐射周边国家和地区的促进绿色食品产销的中心。

其次，在零售市场营销网络中发展超市绿色食品专柜和专卖店等。超市在经营中以食品销售为主，因而在超市中设置绿色食品专柜，实际上是抓住了消费的主流。绿色食品专柜销售可以进行全面的绿色教育和宣传，开发出市场的销售潜力，创造新的消费群体。同时，还使绿色食品企业更快、更好地了解市场信息和消费者心理。

再次，发展电子商务和物流配送网络。电子商务网络具有高效率、低成本的特点，网络营销在方寸之间集聚了全世界的生产者和消费者，作为一种全新的市场交易方式具有极大发展潜力和实用价值，顺应了国际营销的发展趋势。因此黑龙江省“哈大齐”工业走廊应尽快利用国际先进技术，特别是Dn卫RNET等电子手段，向电子商务过渡，建立绿色食品网络营销市场，宣传黑龙江省的绿色食品，在互联网上树立绿色食品品牌形象，为企业进入国内外市场创造条件。

8.4.4.2 加快拓展国际营销网络

采取多种拓展的合作形式。第一，绿色乳品高科技生产和流通企业可以采取加入跨国公司国际性战略联盟的方式进入国际市场。即与进入中国而又不熟悉中国市场环境的外国跨国公司结成战略联盟，在竞争中谋求合作发展，然后再走出国门，在国际市场结成联盟；第二，中国绿色食品企业可以通过对外授权、许可经营、授权经营、特许专营、技术协议、管理合同等方式吸引外资合作，以此来渗透到国际市场；第三，积极吸引外资开发绿色食品生产基地，采取跨国并购、股权置换等形式进行绿色食品企业资产重组，以此来增强绿色食品企业的竞争实力，拓展营销网络，进入国际市场。

完善质量安全标准。绿色乳品要拓展国际营销网络，进入国际市场，质量安全标准就必须达到国际标准或进口国标准，与国际认证机构建立合作关系，推动绿色食品认证与国际接轨已成为拓展合作的关键。一方面，要努力推进自愿性产品认证与服务认证。密切跟踪国际认证发展的新动向，与商务部、农业部共同推动农产品认证、食品安全认证工作。在认证制度设立、认证规则制定、认证机构审批、认证标志管理等方面采取积极措施，鼓励相关机构开展自愿性产品与服务认证；另一方面，要加强认证认可标准体系建设工作，尽快建立起符合国际通行规则要求的中国认证认可标准与技术规范体系。配合社会信用体系建设，尽快制定出认证认可信用评价规范，建立信用评价机制，以增强认证机构、认证检测机构抵御风险的能力，提高认证信誉。

8.4.5 转变消费观念，树立品牌意识

随着人们生活水平的提高，大量新鲜、安全、优质、营养的绿色乳品越来越受到人们的青睐。但总体看，对绿色食品的宣传

有待进一步加强，尤其是要进一步开发黑龙江省内地市场，加大内销力度，提高人们消费观念的转变，从健康角度出发，改善饮食结构，使黑龙江省内的奶制品消费量赶上并超过国内平均消费水平。应当充分利用已经在全国人民心目中形成的黑龙江省具有得天独厚自然资源优势，打出黑龙江省金牌奶品，提高黑龙江省奶制品的国内市场占有份额，以品牌效应扩大绿色乳品销售和市场占有率，通过宣传和品牌竞争提高绿色乳品的影响力。要按现代营销方式，开拓市场。乳品业的发展稳定地占据市场，打响黑龙江绿色品牌。

8.4.6 加大税收支持力度

8.4.6.1 对出口企业给予税收优惠

对扩大绿色乳品出口数量及销售国产奶粉的营销企业给予税收优惠。从国家层面上，对符合出口条件的企业予以重点支持，可以在商检流程、出口验放手续方面给予简化处理，在出口退税方面给予更加优惠的待遇；同时对于生产销售和使用国产奶粉的企业给予税收政策优惠和财政补贴。此外，还可以建立奶粉国家贮备制度，补贴生产贮备企业和机构。通过稳定乳品价格，进而稳定奶农的收入。

以税收优惠政策加强内资企业的乳品基地建设。与外资乳品企业相比，我国乳品加工企业的最大优势在于基本垄断了国内优质奶源基地。但是随着我国入世以来，外资企业也开始渗透到我国奶源基地建设中，尽管目前比例不高，但效应和趋势却不容忽视。所以，我国乳品企业必须把重点放在奶源基地建设上，在这方面，国家可以在融资方面，企业走联合化方面给予税收政策倾向，不给外企更多的机会。应支持构建利益联结机制，改变奶农与企业之间互相不讲诚信的局面。推广实行奶农合作经济组织，给予免税待遇，以提高奶农的组织化程度，提高奶农在奶业链条上的话语权，让奶农可以维护自己的权益。

8.4.6.2 加大对奶农的财政补贴，改变价格倒挂局面

由于乳品企业规模小且比较分散，竞争激烈，乳品价格低廉，再加上国外乳品进口的挤压，使得各环节主体利益分配出现问题，最终导致奶农利益受损，进而出现上述杀牛退养的现象。为了改变这种局面，地方政府可以采取进一步给奶农以直接或间接的财政补贴的优惠政策，如采取奶农卖一斤奶给一定的补贴制度，以保证奶农在保本的基础上增加收益，给奶农在购买饲养用具及饲料方面给予补贴。或者给收购鲜奶的乳品企业补贴，以间接补贴给奶农，进而协调各方面利益分配，使乳品业各环节价值链条连接起来。同时政府也可以采取税收优惠的暗补措施鼓励奶农走合作化道路，这样便于管理、采用先进技术、降低成本、提高收益，从而实现奶源农业的现代化。

8.4.6.3 出台减、免税政策吸引国内外企业投资

引进乳品生产的先进技术。目前“哈大齐”工业走廊建设已初具规模，已具备一定的产业集聚效应，国家及地方政府已对进入“哈大齐”工业走廊的高科技企业做出在税收减免方面的优惠待遇，比如，对到工业走廊内投资的税收优惠有开发利用工业走廊内的土地，需缴纳新增建设用地有偿使用费的，除上缴中央30％部分外，省级所得70％部分全部返还当地财政。同时对从省外、国外引进并建成投产的固定资产投资1亿元以上的项目，由省级财政按引进固定资产投资总额的5‰对引进项目的地方政府给予一次性奖励（资料来源：黑政发（2005）30号文件）。这些规定对吸引省内外，国内外到走廊内投资起到一定促进作用，但在发展乳品业方面没有专门的优惠措施，地方政府可以对申请投资设厂，科技含量高的绿色乳品企业在增值税抵扣方面、固定资产折旧方面给予更加优厚的待遇。

8.4.6.4 设立财政专项基金，扶持乳品企业走“产销研”结合道路

地方政府可以设立专项基金，对乳品企业在生产流程方面、

乳品质量方面、科学管理方面投入的研发费用给予适当的补贴或奖励。或者政府搭建平台，架设企业与高校的合作桥梁，鼓励企业与高校配合，使生产在企业，研究和开发由高校或其他科研机构来承担，真正实现“产销研”的有效结合。

8.4.6.5 对乳品企业科技人员、营销人员实行“个税”减免

对乳品企业在研发过程中做出重大贡献的科技人员的奖励，政府可以在“个税”方面给予适当的减免待遇，以鼓励科研工作者努力工作。同时，企业要创出自己的品牌，就必须建立好覆盖面广、服务优质的营销网络，让消费者了解黑龙江乳品企业诚信第一、产品质量第一的良好形象。政府在这方面可以对企业在促销能力强、为树立企业良好形象做出重大贡献的营销人员的薪金或一次性奖励给予“个税”减免的优惠待遇，激发营销人员的工作热情。

9 “哈大齐”工业走廊现代物流业的发展

现代物流是经济、社会和技术发展到一定阶段的产物，其核心是运用系统的理念，对运输、储存、装卸、搬运、包装、流通加工、配送、信息处理等基本功能集成整合和一体化运作，以达到降低成本、提高企业对市场的快速反应能力，增强产品、企业乃至整个经济的竞争能力。

泛哈大齐物流区域包括哈尔滨、大庆、齐齐哈尔、绥化、大兴安岭，辐射吉林省的白城市、松原市和内蒙古自治区的呼伦贝尔市。该区域有雄厚的产业基础，综合运输网络体系完善，以综合物流、制造业物流、涉农物流、医药物流、石油化工物流、商贸物流等为合作发展重点。

建立“哈大齐”工业走廊现代物流系统是振兴东北老工业基地、建设“哈大齐”工业走廊、推进中俄经济技术发展和规范运输市场秩序的必然要求。

9.1 “哈大齐”工业走廊现代物流业发展的必要性

9.1.1 促进经济发展的需要

开发建设“哈大齐”工业走廊，对于打造产业集聚区和搭建招商引资新平台，在新一轮的产业调整和产业转移中提升产业层次，培育新的经济增长点，实现跨越式发展，促进全面建设小康社会目标的实现，都具有重要而深远的战略意义。“哈大齐”工业走廊的发展方向包括装备制造业、石化工业、农副产品加工、医药业、高新技术产业和现代物流业等六个方面；产业布局中包括哈尔滨市、大庆市、齐齐哈尔市、肇东和安达市。能充分发挥区位优势和综合运输条件，运用现代物流技术和管理理念，充分整合存量资源，合理建设增量资源，构筑以物流产业园区为骨干节点，以各产业区配套物流系统为支撑的工业走廊重点产业服务的物流体系，发展物流产业群。其服务于周边经济带农产品流通、对俄贸易、商贸等领域，逐步建成对内连接全省、东北经济区乃至全国，对外辐射东北亚的核心物流系统，能够带动全省物流产业快速发展。

9.1.2 推进中俄经济技术交流与发展的需要

黑龙江省是与俄罗斯及东欧诸国的重要通道，对我国与俄罗斯及东欧的经贸发展起着十分重要的作用。建立“哈大齐”工业走廊这一辐射东北亚核心枢纽物流系统在全省及全国对俄经贸及技术合作中的地位十分重要。区域内物流企业大多由小型企业转化而来，在基础设施上与现代物流企业差距大，无立体现代仓库，货物包装、存放没有实现标准化。在观念上对现代物流的认识还不成熟。许多小企业经过简单包装就号称“ 物流”进入市场，距离现代物流企业的标准化、现代化、信息化、机械化、规模化、网络化的要求还有较大距离。所以，发展现代物流业必须从起步阶段就按照现代现金物流理念，统筹制定科学合理的现代物流系统规划，加快企业物流流程的改造，发展第三方物流。整合现有物流资源，构建以公用物流信息平台为枢纽的多点分布、多体组合式区域物流服务网络，以尽快打通黑龙江至俄罗斯物流大通道，对进一步开拓俄罗斯市场，实现中俄双方的战略合作，推进对俄贸易战略升级具有积极的意义。

9.1.3 振兴黑龙江省老工业基地的需要

国家东北老工业基地战略的实施使得黑龙江省面临难得的发展机遇。物流业作为国民经济的先导产业，必须为社会经济的发展提供经济、高效、便捷的服务，努力降低流通领域成本，为经济发展创造良好的环境。首先，发展现代物流可以提高全省经济市场化、专业化和社会化程度。发展现代物流可以推动流通业发展，加快流通现代化进程，还可以促进生产企业把物流业务从核心业务中分离出来。实行业务外包或与物流企业建立长期合作伙伴关系，有利于降低物流成本，提高企业核心竞争力，加快经济现代化进程。其次，发展现代物流业可促进产业改造升级，走新型工业化道路。现代信息技术的迅猛发展，推动了传统物流向现代物流发展的变革，使物流各种功能、要素实现有效协调和整合。再次，随着东北老工业基地的振兴和对外开放的扩大，外资大量进入黑龙江省市场，进出口贸易必将迅猛发展，形成巨大的国际物流服务需求。这既给物流企业带来巨大的发展机遇，也推动了黑龙江省外向型经济的发展。

9.1.4 市场经济发展的需要

随着运力和社会需求的快速发展，货运基础设施落后、服务环节薄弱的矛盾也日益突出。同时，由于市场放开，而现有的服务管理设施相对落后，道路运输市场难于管理和规范，发展很不平衡，“有市无场”和“有场无市”的矛盾一直困扰着道路运输管理部门、业主及用户。许多客货交易市场处于隐蔽、分散、无序状态。这既给国家税收造成损失，也给社会带来很多不安定因素。以致于出现货物运输生产组织程度低、信息交流不畅、运输效率低、成本高、空驶浪费严重、货损货差增多、货物运输车辆乱停乱放等问题，严重影响了道路货物运输优势的发挥。因此，建立“哈大齐”现代物流系统，提高运输效率，对于改善运输市场经营环境，充分发挥道路运输系统的优势，促进经济发展具有重要的意义。

9.2 “哈大齐”工业走廊及周边地区现代物流业发展分析

9.2.1 固定资产投资产值过低

区域内物流业虽然有了一定程度的发展，物流总产值逐年增长，但仍低于同期 GDP 增长速度；同时，物流固定资产投资增长速度也远远低于同期固定资产投资增长速度和第三产业投资增长速度。从总体上看，与国际先进水平和发达省区相比还存在较大差距。

9.2.2 地理位置偏僻，运输成本偏高

哈大齐工业走廊位于我国东北部，远离沿海发达地区，运输距离长，运输成本高。造成物流运输成本高的另外一个主要原因是该区域属于大宗商品输出区，运输单向性特征明显，返程空车率高；同时输出商品资源中高价值的商品比较少，物流成本所占比例难以下降。

9.2.3 第三产业比重低

从产业结构分析，2003 年，本区域第一、二产业比重超过 75%，在全国各省市中是最高的；第三产业比重还不足 25%，远远低于全国平均水平。第三产业比重高低是衡量经济结构是否优化的重要标志。产业结构决定产品结构，从产品结构分析，本区域传统产品较多，在石油、粮食、机械、医药等方面生产规模较大，总体上低附加值产品较多，高附加值产品较少，出口产品较少，这为物流发展产生负面影响。

9.2.4 交通瓶颈制约现象严重

由于体制的原因，哈大齐工业走廊未形成公路、铁路、民航、水运、管等综合运输体系。季节性铁路运力不足现象和阶段

性运输供求矛盾突出。

9.2.5 仓储、运输设施陈旧落后，技术更新难

许多五六十年代的老、旧仓库仍在使用中，且在众多仓库中专业化、标准化仓库比较少，存在“仓储总量过剩，有效供给不足”的现象。物流流域的新技术、新装备应用相对较少，物流设施和装备标准化程度低。

9.2.6 物流管理体制不顺，缺乏统一的规划布局

目前“哈大齐”工业走廊及周边城市在物流管理上职责不清，仍沿用传统的部门分割管理体制，各自为政，条块分割，没有统一规划，难以形成布局合理的物流网络体系。

9.2.7 物流社会化、市场化程度低

区域内老企业占的比重大，受计划经济体制影响，仍然保留着“大而全”、“小而全”的商业运作方式，致使物流信息平台建设、网上交易及结算未充分开展。物流企业中支持物流增值服务、信息服务、财务服务的收益基本尚属空白。

9.3 “哈大齐”工业走廊建设中发展现代物流业的建议

9.3.1 培育物流市场和物流主体

培育物流市场既能扩大物流需求，又可以培育现代物流企业。积极引导多种所有制经济以多种形式进入现代物流服务领域，创办一批现代物流企业。扶持有条件的交通运输、仓储配送、货运代理等企业兼并、联合、重组一批具有一定规模和实力的物流企业。支持工商企业分离原材料采购、运输、仓储、包装、配送等物流业务，交由专业物流企业承担。鼓励农副产品及食品、电子信息、医药、石化、纺织、服装等行业深化流通改

革，增加物流配送的服务需求。支持连锁经营、电子商务等现代商业模式的发展，拓展物流服务新需求。

9.3.2 完善综合运输体系，解决运输瓶颈

加强多式联运一体化。重点建设铁路、公路运输瓶颈路段、水运航道整治项目和管道工程。开辟公路运输绿色通道，建立“哈大齐”工业走廊及全省物流网络，挖掘商品货源，降低运输费用，实现公铁合理分流。解决大宗物资季节性运输瓶颈和口岸与内地城市运输瓶颈的问题。

9.3.3 加强现代物流基础设施建设

加强现代物流规划引导，结合省市土地利用总体规划、城市总体规划和交通总体规划，做好全省铁路货运集疏运网络、干线公路集疏运网络、城市配送网络布局。建设好综合物流园区、专业物流中心、配送中心，通过新建、改建、整合的方法，培育发展一批现代物流企业聚集的区域性、国际性物流节点。

9.3.4 强化物流信息化建设

运用现代信息技术，构筑全省性、区域性的物流公共信息平台。企业运用现代信息技术、现代物流管理理念和方法，开发并应用企业内部的网络信息系统，实现企业内部、企业之间信息资源的传输、交互与共享。企业广泛采用电子数据交换（EDI）条码（CODE）与射频识别（RFID）、供应链管理（SCM）、电子订货系统（EOS）、全球卫星定位系统（GPS）、地理信息系统（GIS）等先进物流信息技术。企业采用自动化、智能化的物流设施设备，全面提升“哈大齐”工业走廊乃至全省物流信息化水平。

9.3.5 推广物流技术和设备标准

物流领域应使用国家和国际性的物流术语标准、物品编码标

准、表格与单证标准、技术标准、数据传输标准、物流作业和服务标准。物开发先进适用的运输、仓储、装卸等标准化物流专业设备，大力发展集装箱运输和甩挂运输，广泛采用箱式货车、专业车辆和物流专业设备。流领域广泛采用标准化、系列化、规范化的运输、仓储、装卸、包装机具设施和信息交换等技术，遵守国际通用条码标准体系，不断提高“哈大齐”工业走廊物流技术和设施设备的标准化水平。

9.3.6 加强招商引资

招商引资、合资合作可以解决建设资金的困扰，更为重要的是引进现代物流机制、技术和人才，广泛利用国际知名物流企业的国际采购配送网络，加快“哈大齐”工业走廊物流企业国际化进程。特别是要加强与香港、俄罗斯物流企业的合作，以满足本区域及全省乃至全国与俄罗斯、香港和东欧地区贸易往来的需要。

9.3.7 实施人才开发战略

建设“哈大齐”工业走廊现代物流人才基地，建立完善的多层次教育体系，满足对物流人才多样化的需求；人才基地、行业协会和企业相结合，大力发展职业培训；加强物流领域的国际合作并鼓励人才交流，为物流人才创造良好的发展环境。

10 “哈大齐”金融业发展的策略研究

10.1 “哈大齐”金融业发展概况

10.1.1 “哈大齐”金融业发展的现状

10.1.1.1 现代金融组织体系初步形成

随着“哈大齐”工业走廊区域内金融改革不断深化，商业银行、信托投资公司、证券投资公司、保险公司、邮政储蓄、财务公司等各类金融机构在不断发展，机构数量也在不断地增加。以银行业为例，截至 2006 年年末，“哈大齐”工业走廊内共有 17 家盈利性银行或银行分支机构，其中国有独资银行 4 家、政策性银行 2 家、股份制银行 5 家、地方性商业银行 3 家、农村信用合作社市联社 3 家。从总体上看，该区域内金融市场主体数量有较大增加，多种金融机构并存的多元化金融组织体系已初步形成。

10.1.1.2 金融市场规模不断扩大

近几年来，尽管遭遇宏观调控和信贷紧缩，“哈大齐”工业走廊内的金融机构各项业务依然增长较快。以哈尔滨市金融机构为例，截至 2006 年年末，哈尔滨市金融机构人民币存款余额达 3 036.9 亿元，贷款余额达 2 190 亿元，分别比年初增加 422.8 亿元和 237.5 亿元。全市保险市场有较快发展，截至 2006 年年末，全市拥有各类保险机构 8 家，全年保费收入 38.3 亿元，比 2005 年增长 5.5%。证券市场的融资功能进一步发挥，截至 2006 年末，哈尔滨区域内共有证券经营机构 26 家，各类证券成交额合计 2 014.4 亿元，其中股票交易额合计 1 647.8 亿元。全市在各证券经营机构开户数 51.7 万户。

10.1.1.3 金融机构改革进程加快，服务水平提高

《商业银行法》出台后，各商业银行按照资产负债比例管理的要求和《巴塞尔》协议的原则，开始自觉充实自有资本，重视资产质量和风险防范，调整存贷款比例结构，并按照国际通行做法，逐步引进并推行贷款五级分类制度，风险意识大大增强。在深化改革和加强管理的推动下，哈大齐区域内金融创新能力有所增强，市场领域得到进一步拓展。银行业务从传统的存、贷、汇单一领域发展到存、贷、汇、票据承兑及贴现、回购、大额可转让存单、国债交易以及资产托管等领域。同时，金融网络化、信息化建设取得较大发展。消费信贷在“十五”期间从无到有，目前已经形成相当规模，消费贷款品种已经扩展到购车、耐用消费品、旅游、助学等多个品种。

10.1.2 “哈大齐”工业走廊金融业发展存在的不足

10.1.2.1 金融业规模小、发展慢，对经济影响力还有待加强

金融业在支持“哈大齐”工业走廊经济发展方面发挥了积极作用，但由于该区域是黑龙江省的传统的重工业和老工业基地，区域内金融业历史欠账较多、自身体制机制还不完善，金融业整体效益仍在恢复之中，对经济的影响力还有待加强。以该区域内的银行类金融机构为例，虽然近几年随着区域经济发展的不断加强，股份制商业银行开始进入该区域，但是与发达地区相比仍然存在很大差距，即使与同在东北地区的沈阳市相比，银行类金融机构数量仍然偏少，全国性股份制商业银行在哈尔滨市仅有 4 家分支机构，大庆市仅有 1 家分支机构，齐齐哈尔市则没有。

10.1.2.2 金融市场化程度不高，资本配置效率还较低

“哈大齐”工业走廊是黑龙江省最具经济活力的地区，区域内资本市场经过多年的发展，已取得了一定的成绩，但是与全国

相比，该区域的资本市场发展仍然显得落后，从融资方式上看，仍以银行间接信贷融资为主，直接融资规模较小。以哈尔滨市为例，截至2005年末，该市地域内境内外上市公司共有26家，总计上市融资165亿元（国内136亿元，境外19亿元）。从金融市场发育程度来看，金融业务和金融产品主要集中于存贷款市场，其他市场，如债券市场、租赁市场、票据市场、期货市场等规模较小。从融资投向上看，银行贷款集中度仍然较高，主要投向大企业或电力、交通、通讯等行业，而一些经济效益比较好、效率比较高的中小型企业很难得到银行信贷支持或到证券市场上市，融资渠道亟待拓宽。

10.1.2.3 金融市场规模偏小，金融产业对经济发展贡献低

与同类城市相比，哈尔滨市金融业实现增加值的规模偏小，在国民经济和第三产业中的比重偏低。在上海、深圳和杭州等地，金融服务业已成为第三产业中的第一支柱，金融服务业增加值占第三产业的比重均超过15%，而哈尔滨市仅占5%左右，金融业对拉动地方经济发展的力度不够。

10.1.2.4 金融机构包袱沉重

由于历史原因，“哈大齐”工业走廊内各级金融机构历史包袱沉重，许多金融机构沉淀了大量的不良资产，短期内无法消化。以哈尔滨市为例，2005年全市主要银行不良贷款率约为22%，高出全国平均水平10多个百分点。而各金融机构通行的将贷款权限与贷款质量挂钩的做法，大大制约了哈尔滨市金融机构放款能力。此外，社会信用体系还需进一步完善。

目前，该区域内仍然无统一的以信用征集、调查、评价和公证为内容的信用制度，而少数企业的诚信度差，一些企业出现的逃废债的情况，严重影响银企关系。

10.1.2.5 地方财政无法弥补基础建设资金缺口

在“哈大齐”工业走廊产业布局基本架构中，哈尔滨市规划建设4个新型项目区、大庆市规划建设8个项目区、齐齐哈尔市

规划建设5个项目区、安达市规划建设3个项目区、肇东市规划建设5个项目区。在工业走廊的发展规划中，2010年近期目标的实现就将要投入基础建设资金达到579亿元。而接下来中期和远期目标规划投入将会增加3倍以上（不包括通货膨胀因素而导致的预算增加）。除了各个项目区内的直接基础投资，还包括周边辐射地区各种间接基础投资建设都需要大量资金。但在工业走廊内除了大庆多年的石油化工业带来稳定的财政收入外，巨大的资金缺口将考验走廊内其他各地方投资能力，而这也将成为吸引外部资金的关键因素。

10.1.2.6 金融机构信贷政策的不利转变

近年来，在风险控制意识不断加强的背景下，商业银行信贷资金投放条件更加严格，尤其是信贷资金的投放结构发生巨大变化。商业银行不但在信贷期限上限制固定资产贷款，并且资金更偏向于经济较发达的区域，欠发达地区分支机构得到的信贷授权额度非常小，这些都不利于哈大齐工业走廊从金融机构得到信贷资金支持。“哈大齐”工业走廊是一个政府支持建设的产业集群，不是完全依靠市场化原则自发形成，因此，金融机构的信贷投入非常慎重，不会像政策性银行那样大量投入前期资金支持项目新建。只有当工业走廊内产业已经初具规模且已经具备盈利模式时，才可能吸引大规模的信贷资金入场，因此，信贷资金在工业走廊的前期开发中的作用将会很有限。

10.1.2.7 融资担保机制仍有待完善

黑龙江省“哈大齐”工业走廊内的地方中小企业信用担保体系需进一步完善。截止2007年底，黑龙江省各类担保机构有73家，共有注册资本30.8亿元，其中政府出资16家，担保资金总额33.7亿元。在这些担保机构中，有32家担保机构主营业务是为中小企业提供担保贷款服务，担保机构注册资本为28.19亿元，2007年担保企业户数为2 335个，担保总额21.47亿元；在保责任总额46亿元，在保企业2 750户；受担保企业销售总额

42.69亿元，担保后增加20.72亿元；受担保企业利税总额5.1亿元，担保后增加2.05亿元。虽然担保机制初步形成，但是还不十分完善，不能满足众多中小企业的融资担保需要，存在着许多问题。因此，工业走廊内各地方政府应抓紧扶持地方中小企业信用担保机构的发展。

10.1.2.8 资本市场融资效率低下

我国正面临宏观经济结构战略调整和经济发展模式的转变，迫切需要资本市场在扩大直接融资、优化资源配置等方面发挥更为重要的作用。随着资本市场在经济发展中正在发挥越来越重要的作用，上市公司成为拉动各地经济增长的重要力量，但是近年来，黑龙江省上市公司数量却有减无增。自2003年起，5年来黑龙江省没有企业在国内发行上市，并且还有4家退市，7家因连续亏损被进行特别处理，这与黑龙江经济发展地位及不相称，同时也遏制了哈大齐工业走廊进入资本市场的步伐。因此，运用政策手段支持走廊内企业改制上市，募集企业发展急需的资金，并以此改善企业法人治理结构，推动企业战略创新、技术创新和制度创新。

10.2 “哈大齐”工业走廊建设金融支持的重要性

10.2.1 有利于推动“哈大齐”工业走廊快速形成

“哈大齐”工业走廊内的产业群超越了一般产业范围，形成了在这个特定地理范围内多产业相互融合、众多类型机构相互联结的共生体，从而构成了该区域特色的竞争优势。在工业走廊形成过程中，催生了一些创新型企业，使产业集群提高了竞争力。金融机构则为企业提供资金和商业环境支持。如果产业集群没有金融业的嵌入，其发展要付出更高的成本和更多时间。因此，建立优质、高效的金融服务体系，为区内企业提供低成本的融资和高素质的金融服务，将会支持走廊内产业集群的持续发展和不断升级，增强该地区吸引力。

10.2.2 为工业走廊升级发展提供金融支持

金融资源在工业走廊发展和升级过程中起重要作用。“哈大齐”工业走廊在发展初期主要依托劳动力成本作为比较优势参与产业竞争，走廊内的中小企业可依靠其自身的商业信用，在一定程度上满足其生产对资本的需求。但当走廊内企业为实现从劳动密集型向技术资本密集型转换时，能否得到大规模资金和较低的资金使用成本就成为决定企业能否继续发展及将来升级转换的主要因素。此时，高效的金融支持体系必须能够保证有效聚集大规模的资本，并有效的配置到工业走廊内的企业中去，以满足其对资金的需求。

10.2.3 促进“哈大齐”工业走廊企业规范化运作

“哈大齐”工业走廊内企业若要在市场上进行融资就必须符合各种规范要求，包括建立严格的决策制度、完善法人治理机制、财务制度和风险防范制度，特别是要建立规范的信息披露的制度。这些要求有利于企业根据国际规范运作，提高企业经营管理效率。同时，企业通过拓宽资金来源渠道，获取国际市场最新消息，学习国外公司的先进管理经验，结合自身比较优势，提高国际竞争力。

10.3 “哈大齐”工业走廊建设金融支持策略分析

10.3.1 建立区域性金融机构

区域性金融机构的作用在于为本地区的经济建设和经济发展服务，提高该地区金融资源的区域配置效率，促进该区域建设和发展。目前，“哈大齐”工业走廊内还没有区域性金融机构，因而可以建设“哈大齐”工业走廊为契机，组建服务于走廊的股份制商业银行。

走廊内现有哈尔滨银行、大庆市商业银行和齐齐哈尔市商业银行三家城市商业银行，从综合实力来看，哈尔滨银行的实力最强，据2006年6月英国《银行家》公布的中国银行100强排名显示，哈尔滨银行综合实力排名第43位，在全国城市商业银行中排名第21位；资产规模在全国银行中排名第27位，全国城市商业银行中排名10位，盈利能力在东北地区城市商业银行中排名第一，同时该行还拥有全国城市商业银行的首家异地分行——双鸭山分行，这些优势为组建“哈大齐”工业走廊内的区域性商业银行提供了有利的条件，可以建立以哈尔滨银行为区域性总行的银行机构，同时并购大庆市和齐齐哈尔市两家商业银行，组成服务于“哈大齐”工业走廊建设的地方性银行机构。这种区域性银行机构通过在本地区设立分支机构，能够在一定程度上弥补由于国有金融机构撤出造成的地级市及县城地区金融服务不足；区域银行的建设和分支机构的设置同时会增加税收、扩大就业，促进工业走廊建设。

10.3.2 积极引进新兴金融工具和金融机构

通过创新开发新金融产品和提供新的金融服务，已成为国际银行业增强竞争实力、稳定和开拓市场的一个重要手段。随着“哈大齐”工业走廊建设加快和大量的国内外企业尤其是外资企业的进人，该区域现有的金融产品已经不能满足企业发展需要，从“哈大齐”工业走廊内的现有金融产品来看，该区域需要引进的新兴的金融工具包括：具有规避汇率、利率风险，轧平未来外汇收支资金缺口等多种功能的人民币调期业务；能够推动产业加速发展和结构调整，金融密切联系产业投资基金；为中、小企业提供贷款担保的融资担保业务，等等。承担这些新型金融业务的机构，如投资担保公司、金融租赁公司、房地产投资信托公司、运作基金企业机构。

10.3.3 放松金融管制，发展多元金融系统

“哈大齐”工业走廊内企业存在着融资渠道狭窄、融资困难的问题，要解决这种困难的局面，该区域必须发展和构建多元金融系统。在金融市场上，资金需求多种多样，风险有大有小，收益有高有低。与之相适应的金融供给模式应该多样化，以满足差别资金需求。目前由于媒介资金供求的渠道狭窄，在企业急需发展资金的情况下，黑龙江省省内甚至是东北三省有大量的金融剩余。建立多元金融系统，一方面能够发挥市场发现价格和配置金融资源的作用，为工业走廊内的企业发展提供大量的资金，解决资金短缺问题，另一方面能够规范交易行为，降低金融风险，促进经济的健康发展。

10.3.4 大力发展资本市场融资，拓宽直接融资渠道

推动“哈大齐”工业走廊内大中型企业上市融资，积极为企业上市创造条件，引导、帮助企业通过发行股票募集资金。鼓励和扶持区域内中小企业特别是高新技术企业上市融资。支持企业到国际资本市场融资，推动更多优质企业到国际资本市场融资，大胆利用发行股票、债券等方式筹集海外资金。扩大企业债券融资，鼓励、引导有条件的企业发行企业债券，支持和鼓励企业在银行间债券市场发行短期融资债券，积极争取国家政策允许黑龙江省发行“哈大齐”工业建设债券。

10.3.5 构建社会信用体系，促进金融生态环境建设

发挥政府主导作用，创建宽松和谐的环境，积极支持金融机构依法自主经营。推进建立个人信用信息系统，做好银行信贷登记咨询系统的完善工作，发挥其在提高信贷管理水平、优化客户资源、防范信贷风险和推进货币政策实施及加强金融监管等方面的作用。加大维护金融债权力度，实现不良贷款绝对额和不良贷

款双下降。加强组织领导，建立改善金融生态环境长效机制。成立区域性的改善金融生态环境建设领导小组，对区域内金融生态环境建设进行统筹规划和部署安排，及时解决金融生态环境建设中的困难和问题。

建立“哈大齐”工业走廊内的区域性金融生态环境建设评价体系。把培养诚实守信品质作为政府、中介服务机构、金融机构、企业和个人的长期任务，按照“量化指标、客观评价”的原则，逐步建立健全区域性金融生态环境建设的评价体系，把金融生态环境建设纳入对各级政府目标考核，落实奖惩责任制。建立并完善金融风险救助制度和突发事件应对机制。哈大齐工业走廊内的各级人民银行要密切监测辖区内各金融机构风险状况，建立完善金融风险救助制度，控制事态发展，避免连锁反应。银行业监督管理机构加强对银行机构的外部监管，发现风险要及时采取化解和处置的具体措施。各有关部门要认真按照职责分工处置金融突发事件，保证反应迅速、联络畅通、处置适当，及时控制连锁反应和负面影响，确保金融安全和社会稳定。

10.4 “哈大齐”金融业应对外资银行竞争对策

2006年底中国金融业全面开放以来，银行业成为受冲击最大的“高危区域”。随着外资银行进入中国金融市场的速度越来越快，与中资银行的竞争的不断展开，中资银行金融产品少、服务水平低、运作机制不规范等一系列问题不断暴露出来。在这种情况下，以银行业为代表的“哈大齐”金融业如何应对挑战，调整经营策略，提升服务质量，在竞争中求生存，加快发展速度，形成可以和外资银行竞争的综合实力，已成为一个急需解决的问题。

10.4.1 外资银行在华情况

10.4.1.1 地区分布

外资银行机构主要集中在我国东部沿海城市。以2001为例，外资银行在我国设立代表处 214 家、营业性机构 190 家，其中，外资银行分行 158 家，下设支行 6 家，大部分集中在我国经济较为发达的中心城市，如上海、深圳、广州、大连、北京、天津、厦门等地，这些城市外资银行分行设立的数量达到在华外资银行总数的 87%。

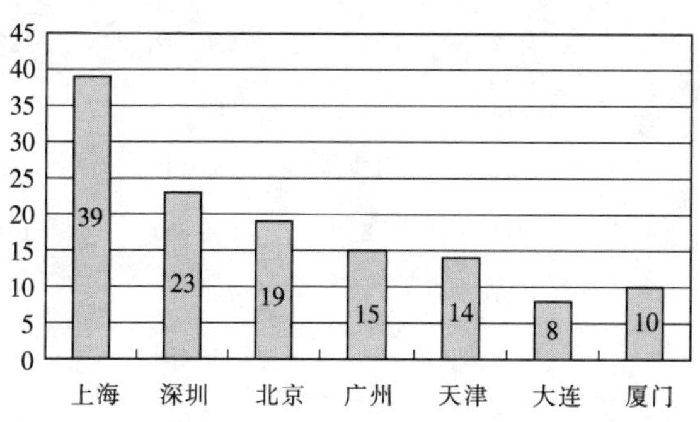

图 10－1 外资银行分行在我国主要城市分布数目图

10.4.1.2 来源分布

在华外资银行来自德国、日本以及我国香港地区最多，占到在华外资银行总数的 65%，其次为法国、英国等国家。

表 10－1 外资银行在华数量表

国别（地区）	代表处数量	分行数量	对华贸易额（万美元）2000 年底	对华直接投资额（万美元）2000 年底
日本	52	28	8 316 399	291 585
中国香港地区	33	38	5 394 730	1 549 998
韩国	3	9	3 449 977	148 961
新加坡	6	11	1 082 067	217 220
泰国	7	5	662 404	20 357
马来西亚	2	1	804 487	20 288

（续）

国别（地区）	代表处数量	分行数量	对华贸易额（万美元）2000年底	对华直接投资额（万美元）2000年底
美国	14	13	7 446 237	438 389
加拿大	3	4	690 892	27 978
英国	12	7	990 257	4 946
法国	11	17	765 494	85 316
德国	14	8	1 968 650	104 149
荷兰	7	7	792 345	78 948
比利时	5	3	368 688	5 616
意大利	12	2	688 045	20 951
瑞士	5	1	220 915	19 403
葡萄牙	2	1	30 777	340
奥地利	1	1	78 118	2 259
澳大利亚	4	2	845 288	30 888
其他国家	21	0	n	n
合计	214	158	47 429 628	4 071 481

注：数据来源：《中国人民银行统计季报》2002 年第一期和《中国统计年鉴 2001》，《中国金融年鉴 2001》

10.4.1.3 国际超强银行在华分布

进入 500 强的 54 家外资银行中，至少已有 27 家在华设立了分支机构。进入 500 强的 54 家银行竟然有一半已在华建立了机构，开展银行业务，并且大多数看好上海这座有着悠久金融历史的远东大都市，对广州、北京、深圳、天津等大都市的前景也普遍看好，预示着这些城市的金融业务争夺也将日趋激烈。

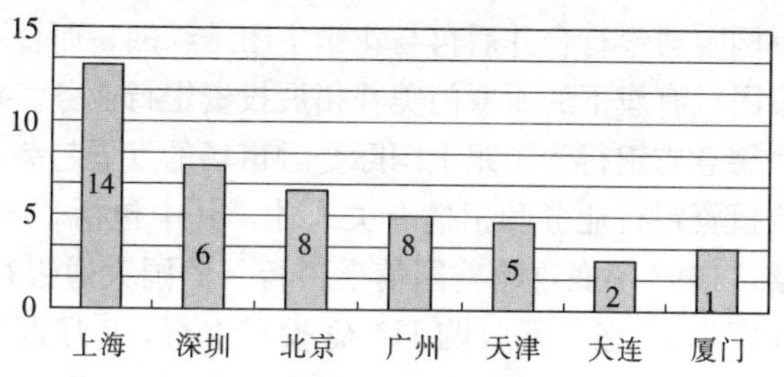

图 10-2 世界 500 强企业中国际超级银行在我国主要城市分布数目图

10.4.1.4 业务拓展

外资银行根据中国加入世贸组织所作的承诺，在华经营的业务范围正从外汇业务向人民币业务日趋扩大。目前，外资银行在华外汇类业务品种主要包括：融资业务、财务咨询、投资业务、国际结算业务、存贷款业务、担保业务、汇款业务、外汇买卖业务、票据贴现业务、证券服务业务等。随着现在对外资银行开展人民币业务的地域和客户限制取消，外资银行人民币业务经营量呈日益扩大的趋势。

10.4.1.5 客户分布

外资银行的客户主要是三资企业、跨国公司及大部分大型外向型国有企业、上市公司，同时，外资银行也在强力吸引在华外籍人员、港澳台华人等优质中外零售客户。

通过外资银行在华的扩张情况来看，面对外资银行的汹汹来势，首先必须对外资银行的优势有一个清醒的认识，方能做到知己知彼，百战不殆。

10.4.2 外资银行的优势分析

10.4.2.1 具有规模经济优势，资产数量庞大

近年来混业经营成为国际银行业的发展主流。最为突出的表现就是传统商业银行与投资业的融合兼并风起云涌。旅行者集团

正是与万国宝通银行合并后再与花旗集团结缘的，而合并之初的旅行者集团已有旗下的所罗门美邦拓展投资银行业务。在过去的十年里，德意志银行为了跟上国际金融市场的发展趋势，一直致力于收购投资银行业务和招揽有关人才，其中包括 1989 年收购摩根建富，1998 年底收购美国信孚银行。美国大通银行于 1999 年 9 月耗资 13.5 亿美元收购 H&Q 投资银行，9 月再与投资银行巨头 JP 摩根联姻，进而成为国际金融领域的又一"巨无霸"式"金融超市"。国际金融领域的混业经营已成为明确的发展趋势。

由于金融混业经营发展的驱动带来了全能化银行的出现与金融控股公司的确立；使金融的并购活动广泛涉及所有金融领域的银行、证券、基金、保险等行业，彻底整合了传统银行业务和现代银行业务的运作模式，将商业银行、投资银行业甚至新发展的网上银行结合起来；与此同时，也诞生了一个又一个金融"巨无霸"，全球之最的名次也伴随着一次又一次的大规模并购被刷新。国际银行业通过收购兼并与混业交叉来迅速扩大规模与市场份额有助于减少资金成本，降低金融风险，为企业提供全方位的服务，产生范围经济效应。

10.4.2.2 技术设备先进，电子化程度高，优异的国际客户发展网络

外资银行具有先进的技术设备。技术运用水平高于中资银行。在国际结算业务方面，外资银行具有先进的结算技术和完善的国际网络。目前，花旗、渣打、东亚、汇丰银行等外资银行都将网上产品作为重要的营销手段。截至 2002 年 12 月初，至少已有 8 家外资银行向国家知识产权局专利局递交了发明专利申请，内容涉及金融产品和服务的方方面面，许多专利已进入审定阶段。他们的商业方法、配合网络技术开发的金融服务以及具有前瞻性的发明专利，相比中资银行的低端专利技术，具有不可低估的垄断性和杀伤力。

外资银行的市场相对优势并不在国内而在海外，因而它们将自身视为母银行庞大网络的一个节点，融入其全球业务网络的拓展中。市场开发人员通过各种信息媒介，敏锐地捕捉海外分支机构的关系客户群体在中国市场的动向，为下一步业务拓展奠定基础。这样的潜在客户资源是一笔可贵的财富。跨国企业的母公司在子公司的融资决策上有很大的控制权，倘若他与外资银行的母银行或者海外分支机构建立了长期的合作关系，往往也会将其在华子公司的银行业务交给相应的国内行。另一方面，对于那些刚在中国起步的外资公司，中资银行往往会因为对其资信了解不够而不敢草率出击，而外资银行在中国的营销已不拘于单纯依靠一家国内行有限的能力，而是从全球的视角充分利用各种资源，以实现信息共享和资源共享。

10.4.2.3 人才优势

外资银行在选人用人上灵活，责权利关系合理。随着外资银行业务的规模扩大和人才需求的增加，外资银行利用各种优厚的待遇来与中资银行争夺人才，尤其是三类人才为外资银行所青睐：一是外语水平高、熟悉国际金融业务、与客户有良好的关系的人才；二是熟悉银行业务、电脑知识的科技人才；三是具有一定管理经验的高程次优秀管理人才。大量的人才为外资企业带去大量的优质客户并大大加强了外资银行经营管理人员的本土化进程，使外资银行获得大量的优秀的在职金融管理人才和业务人才从而使外资银行在未来中外金融竞争格局占据了较大的优势．以花旗银行为例来说，其注重“以人为本”的战略，十分注重人才的使用和培养。他的人力资源政策主要是不断创造出“事业留人、待遇留人、感情留人”的亲情化企业氛围，让员工与企业同步成长，让员工在花旗有“成就感”“花园感”。

10.4.2.4 先进的管理经验、优秀的产品开发和销售服务能力、良好的资金运用能力

这是外资银行与中资银行相比最为明显的优势。外资银行综

合实力强，外币资金实力雄厚，存贷款报价灵活，更有竞争力。外资银行外币负债基本上直接从海外资本市场获得，成本低廉，他们要做的只是想办法把钱用到最有利可图的地方去，把报价作为敲门砖。再有就是现金管理方面，现在银行业竞争非常激烈，优质企业很容易就能从银行得到资金，直接从资本市场融资的情况也越来越普遍，而资金的高效率管理正成为这些企业对银行服务的主要需求。外资银行在现金管理上经验丰富，其服务包括基本账户管理和增值需求，特别是往来账户的实时查询，中资银行目前无法与之相比。

外资银行利用高超的产品创新能力、良好的市场营销能力和先进的资金运营能力抢占市场，与中资银行相比，外资银行缺少遍布大街小巷的营业网点，但他们却有众多的高级人才、不断创新的金融产品和优质服务。外资银行培养了一批优秀的理财专家，来开发一些优秀的理财产品，并设立了专门的机构提供理财服务，例如汇丰银行在 30 多个国家和地区设有 160 多个"卓越理财中心"，客户可以在任何一个中心享受到尊贵服务。瞄准了市场，怀揣着人才及产品等王牌，花旗、渣打、汇丰银行等外资银行在中国推出外汇业务不久就在上海推出了理财服务，如客户在上海的汇丰"卓越理财中心"就可以获得在中资银行得不到的多种选择的综合服务。中间业务的成本低，风险小，收益高，正逐步成为外资银行的主要收入来源。

外资银行注重大营销策略及整体运营优势的扩张。外资银行能为不同层次的客户群体提供各种个性化服务，并最终达到风险的分散和利润的平均增长，适应了目前国际投资银行业的发展主流。以花旗银行、汇丰银行为代表的外资银行，早已建立了基于客户信息管理的客户服务体系，能够根据客户的不同需要向客户提供个性化差别服务。

10.4.2.5　政策优势

如从资产运用看，我国国有银行必须承担大量的向国有大中型企业提供的优惠贷款，在这部分贷款中，相当一部分收益极差。而外资银行在这方面不受我国有关政策的限制和行政干预，可以自主地选择贷款对象，贷款收益率较高。

10.4.3 “哈大齐”银行业竞争实力现状分析

10.4.3.1 业务发展水平低，品种单一

国内金融新产品少，替代产品少，服务水平低，不能满足客户业务发展的金融需求。在产品结构上，个人业务仍以传统业务为主，品种虽然很多，但技术含量高的综合性金融服务品种和投资理财产品少。在系统功能和处理效率上也还存在一些问题。在客户服务方面，与外资银行比较，中资银行仍是处在产品为核心的时代和业务运作模式，在细分客户和产品准确定位上还存在差距。在业务操作中还大量使用存单、存折的交易方式，借记卡的发展滞后。金融电子化程度与国际商业银行的差距也是明显的，特别体现在网上服务和自助服务上。中资银行的产品和手段跟不上，很难根据客户的不同需求提供个性化、周到的差别服务。在存款上，由于利率管制等多种原因，我国国有商业银行的存款品种与成立时并无多大的变化，还是按期限划分的各种传统的存款业务。在贷款上，我国银行的传统贷款业务仍然占较大比重，个人住房抵押贷款、汽车消费贷款等业务也是近年来刚刚兴起，份额很小。而外资银行则业务经营综合化，已由专业化趋向多元化、全能化，从分业经营转向混业经营。

10.4.3.2 缺乏有效的风险防范手段和工具

国际金融领域动荡不安，汇率和利率波动频繁，给金融机构带来巨大风险。因此利率和汇率的风险管理与防范成为金融界关注的焦点。西方银行相继推出了一系列防避利率和汇率风险的金融交易工具与金融产品，如金融资产证券化。而我国商业银行的金融资产证券化还处在研究阶段。另外，目前我国商业银行对风险的控制实行的是分支行统一控制，基层行的风险控制积极性不

大，导致案件频发，不良资产多。

10.4.3.3　国际金融业务拓展不够

随着金融全球化的发展，国际银行海外资产已迅速扩展，跨国银行的国际化趋势将进一步加快。在中国加入 WTO 后，跨国公司来华投资会越来越多，在华跨国公司等其他具有良好偿债能力的客户，是提高中资银行竞争力的一个重要途径。我国商业银行在争取国外客户方面做得不够，外汇业务规模过小，而且主要集中于国内市场。

10.4.3.4　中间业务品种少，业务范围狭窄

中间业务本来是品种纷繁多样，范围十分广泛的种类，而我国商业银行的品种却呈现为品种单调范围狭窄的特征，且主要集中在收付结算和代理业务品种方面。相反，西方商业银行推行的中间业务已达上千种之多，涵盖代理、结算、担保、融资、咨询和金融衍生等众多金融领域。国内商业银行中间业务的收益一般占总收益的 2%～8%，最多不过 10%；而西方商业银行普遍占到 30%～70%。造成这种状况的原因很多，但有一个重要而普遍的原因就是相当多的新开展的中间业务不是直接作为有价格的金融服务商品而提供的，而是无偿提供。商业银行开展中间业务都要投入不少人力和财力，还要承担这些业务在经营中可能出现的风险。因此，对这些业务合理收费本无可厚非，但由于体制方面的原因，大量中间业务却难以作为商品进入金融市场。虽然各行都相继成立了中间业务的开发部门，其提供的中间业务难以实现价值，就无法强有力地调动商业银行发展中间业务的积极性。不难看出，商业银行对中间业务普遍感到费用不敢收、不好收的状况，深刻反映了我国商业银行体制改革的艰难现实。

国内外许多外资银行，对所在的地区和周边地区进行了市场调研，将中国知名企业的发展规划、利税情况、进出口数额、金融服务需求摸得一清二楚。同时还为这些企业量身定做了不同的整套财务顾问计划。对于他们来说，金融服务已经是一种商品，

因此，银行主动推销，积极出售，责无旁贷。在金融创新的时代，银行业务的发展绝不是银行一家的事，也需要依赖于整个社会环境。就拿“开设无追索权保理业务”来说，目前中资银行之所以难以开展，除去银行需要同保险公司联手合作的限制外，最主要的是银行与保险公司都有规避资金风险的要求。因为，银行一旦开展“无追索权保理业务”，将会丧失对融资方的追索权，而在目前不少企业赖账不还，逃废债务情况下，开展这项业务显然有相当的难度。

10.4.4 “哈大齐”金融业应对外资银行竞争的对策分析

10.4.4.1 金融管理当局及政府有关部门应加快改善宏观调控和业务监控

首先，政府要下定决心加快国有商业银行的股权结构调整，建立新的产权制度，实现多元化产权约束机制。其次，国家应当在税收、业务发展等方面给中外资银行创造一个公平竞争的环境。要改革现行的营业税税制，大幅降低商业银行的营业税及附加税，统一中外资银行所得税税率；再次，要鼓励中资银行开发新产品，拓展新业务，促进中资银行与保险、证券等金融机构的合作，提高中资银行的综合竞争力；在扩大金融开放的同时，加强对外资银行的监管，督促其在合法合规的基础上开展经营活动。

10.4.4.2 尽快提高信息技术在银行业中的运用，加强人力资源管理，人和科技并重

IT技术将成为决定商业银行未来的根本。加入WTO后，外资银行在中国营业网点少，覆盖面小，他们将以IT技术为基点，开发新的服务通道如ATM、POS、信息亭、自动语音合成装置来取代传统的柜台服务，金融服务将出现“虚拟化”，这既可节约业务处理的时间，又可使银行内部各部门功能连续性和一致性增强，提高银行整体运作效率。现代通信技术的发展和以计

算机为基础的金融电子化系统的迅速发展，促使了银行业务的多样化、国际化和电子化，使商业银行演变为真正的“金融百货公司”。我国技术装备水平高，在银行电子化发展方面取得了一定的成就，但信息技术开发利用与银行业务的融合处于较低的层次，金融技术、金融资源利用程度低。但随着加入 WTO，随着新技术的发展和经营环境的变化，21 世纪的金融业要求金融业务与信息技术的完美结合，为此，我国银行要加快信息技术的运用，形成以电子技术和信息为支撑的电子银行体系，借此形成中资银行市场竞争力的强有力支撑。

更新人力资源管理观念，深化激励约束机制，吸引留住人才是十分重要的。近年来，在外资机构优厚待遇的吸引下，中资银行人才流失严重，我国商业银行在人力资源管理上最突出的矛盾就是缺乏具有现代金融市场运作经验的人才，这就形成了国有商业银行的发展制约因素。因此国内商业银行要树立在国内外市场上招聘高素质人才的意识，加快引进懂得国际金融市场运作规则的人才，弥补与国际商业银行在经营管理上的差距。在用人机制方面，中资银行要向国外众多的知名企业和跨国银行学习，重视员工的实际工作能力，注重发挥每个员工的内在潜能，给予优秀员工施展个人才华的足够空间。银行要引入市场激励机制，并增加员工的归属感，从而对员工起到激励的作用。良好的公司治理机制建设的重要内容之一就是建立目标责任制和与之相应的激励约束机制，因此应构建一个与收入分配紧密挂钩的绩效考核体系，积极促成并推行“以激励机制为核心”的制约经理人制度、员工薪酬市场化制度，依靠制度留住、激励人才，并积极营造良好环境吸纳优秀人才。

10.4.4.3　大力发展中间业务

西方商业银行的中间业务已成为银行利润的主要来源，业务种类包括传统的银行业务、投资银行业务、保险业务、基金业务，既从事货币市场业务，也从事资本市场业务。而我国商业银行的中间业务，业务范围仅限于传统的银行业务，中间业务起主导作用的是操作简单的结算类、代理类业务。对于层次较高、能为客户提供智力服务的中间业务几乎空白。加入WTO后，外资银行将以办理进出口结算为依托，凭借技术先进、迅速快捷的优势，大力拓展其它中间业务和本币结算业务。因而中间业务的竞争是中外资银行竞争的一大热点。中资银行必须大力发展中间业务。

10.4.4.4 加强与中资金融机构和外资银行的合作，实现双赢

中外资银行双方都存在合作的需求和空间，一方面由于受到政策和网点方面的限制，外资银行进入后在人民币业务等领域希望寻求合作伙伴，另一方面，中资银行在经营管理、业务拓展又需要借鉴外资银行的成功经验，因此，竞争中也应该重视合作，特别是在客户资源、技术资源方面双方可以形成优势互补、互惠互利的新格局。

加快国有商业银行的股权结构调整，实现股权的多元化，引入战略投资者，国内外银行相互并购，相互嫁接，管理渗透，并购增值，重建控制权结构，真正改善其公司治理状况。在加速产权制度创新和加强对外部资源有效利用的同时，不能忽略对内部资源的充分利用。实行内部整合，强强联手，优势互补。银行与非金融机构并购，进行混业经营试点，分散风险；培育全能化的超级金融集团，实现服务多样化、资产多元化、利润最大化，推动新型商业银行之间的重组。国有商业银行与其他商业银行并购，优势互补、文化融合。建立金融控股公司。金融控股公司是尽快解决诸多历史遗留问题、防范和化解我国当前金融风险的紧迫需要。

10.4.4.5 加强与证券业、保险业的合作

国际商业银行对证券、保险市场的依赖性日益加深。首先，随着国际金融市场的发展和金融工具的创新，股票、基金、保险等一批可提供较高回报的投资吸引了大量资金从传统的银行存款

流向金融市场，迫使商业银行也来越多地依靠发行各种证券来筹集资金。其次，由于新经济发展对股市造成的大幅波动与新旧经济股的强烈反差，也迫使商业银行利用股票市场达到提高股东回报和业务扩张的目的。最后，商业银行对证券市场的依赖还表现在资产结构的调整与对债券投资的增加。随着资本市场的发展，大型优质企业在资本市场直接筹资不断增加，导致传统商业银行被迫转向信贷风险较高的中小企业贷款和个人贷款。为降低风险，银行开始积极调整资产结构，以增加有息资产并拓宽资金出路。

10.4.4.6 积极争取优质客户，实施客户中心主义战略

在中外资银行的经营中都存在着“二八”定律，即银行的80%的利润来源于20%的优质客户。中外资银行在未来的竞争中，谁拥有优质客户，谁就把握金融竞争中的主动权。中外资银行在优质客户的竞争上，主要集中在跨国企业、三资企业、大型集团公司、高科技企业，并逐步向国内其它优质企业拓展。中资银行要完善个性化的客户服务。即从传统“产品中心”主义策略的束缚中解放出来，针对优质客户实施“客户中心主义”战略。

10.5 新资本协议和金融危机背景下“哈大齐”金融业发展策略分析

10.5.1 新巴塞尔资本协议及其对银行业风险管理的影响

风险管理是金融业实现可持续和健康发展的永恒核心与课题。20世纪90年代以来，欧洲货币危机、墨西哥金融危机和亚洲金融危机以及2007年底从美国开始席卷全球的金融危机，这四次大的金融危机给世界经济带来了巨大的影响和损失，引起世界金融业对金融风险管理的高度重视。对金融机构来说，金融风险的管理能力和水平成了提高竞争能力和赢利水平的决定性因素，风险管理的任何疏忽都可能断送整个银行。我国国内的金融

机构也是危机不断，20世纪90年代以来在我国先后发生的海南发展银行倒闭、中农信、广国投事件频频给我们示警。

所以，“哈大齐”金融业若想健康和可持续发展并充分发挥其对“哈大齐”工业走廊的金融支持作用就必须重视风险管理问题。

10.5.1.1 新巴塞尔协议的主要内容

自1999年6月3日巴塞尔委员会公布了新资本协议第一次征求意见稿，在随后的2001年1月16日公布了新协议草案第二稿，在全球范围内征求银行界和监管部门的意见，2003年4月公布第三次征求稿，2004年6月26日新资本协议最终定稿。根据委员会的安排，2004—2005年是拟实施新资本协议的银行集团和监管当局按照新资本协议要求建设风险管理体系和过程的时间，2006年12月底在成员国开始正式实施新巴塞尔资本协议，为了使新资本协议的影响得到充分的认识和评估，新协议中提出的高级法推迟到2007年末实施。新巴塞尔资本协议以资本充足率、监管部门监督检查和市场纪律三大要素为主要特点，代表了资本监管的发展趋势和方向。

(1) 巴塞尔新资本协议的产生背景。《巴塞尔协议》的实施使各国银行纷纷采取调整措施，这包括增加资本、缩小资产负债规模、调整资产组合中高风险资产的比重等。它对降低金融风险的积极作用有目共睹。然而，它是发达国家银行业为了应对第三世界贷款导致的债务危机而出台的。随着金融创新浪潮和全球金融市场的发展，金融机构的经营方式发生了重大变化，此协议在实际应用中越来越显现出其局限性，其主要不足是：①过分强调资本充足的倾向，从而相应忽视银行业的盈利性及其他风险；②没有考虑同类资产不同信用等级的差异，对于国家信用的风险权重的处理比较简单化，例如所有企业的风险权重一律为100%，国家及银行风险的权重以是否为OECD国家划线等；③仅仅注意到信用风险，而没有考虑到在银行经营中影响越来越大的市场风险、操作风险等；④许多监管约束推动了国际银行界的资本套利现象，像通过推进资产的证券化将信用风险转化为市场风险等其他风险来降低对资本金的要求、广泛采用控股公司的形式来逃避资本金的约束等。这些资本套利交易，往往不会改变根据原来协议指定方法所计算的资本充足比率，但却是引发商业银行资产质量下降的重要原因。因此，有必要对资本套利交易规定相应的风险权重。

巴塞尔委员会一直着手对其进行修订，其中包括《关于市场风险补充规定》和《有效银行监管的核心原则》。1995 年里森事件使人们发现，仅靠一条资本充足率 8%是不够的。它容易导致将高质量资产从资产负债表中转移出去做资本套利，这样会降低银行贷款中有价证券的平均质量。1993 年底，巴林银行的资本充足率超过 8%，1995 年 1 月巴林银行还被认为是安全的，但到 1995 年 2 月末，这家银行就破产并被接管了。这说明，即使银行符合资本充足率的要求，也可能因为其他风险而陷入经营困境。1997 年亚洲金融危机的爆发和危机的蔓延所引发的金融动荡，使得金融监管当局和国际银行业迫切感到重新修订现行的国际金融监管标准已刻不容缓。该新协议的正式文本已经于 2003 年底公布，并从 2006 年开始实施。

（2）巴塞尔新资本协议的三大支柱。新协议比 1988 的资本协议更为复杂、详尽，也更加具有风险敏感性。这就是互为补充的三大支柱：最低资本要求、监管当局的监管和市场纪律。

最低资本要求。新协议延续了 8%的最低资本要求，有关资本比率中分子（即监管资本构成）的各项规定保持不变，而对分母（即风险资产）的评估更精细、更全面，主要表现在两个方面：①大幅度修改了旧协议中信用风险的处理方法，如不以是否为经合组织成员国来划分国家信用；②明确提出将操作风险纳入资本监管范畴，即操作风险将作为银行资本比率中分母的一部分。这样，总资本比率的分母就由三部分组成：所有信用风险加权资产12.5倍的市场风险和12.5倍的操作风险。

新巴塞尔协议仍然把资本金充足率作为防范银行风险的核心内容，但是新协议改变了在旧协议里对所有企业，无论信用如何信用资产风险权重均为100%，资本金充足率都为8%的资本金要求。认可银行对不同信用等级客户可以采用不同信用资产风险计量标准，以贷款人的信用评级作为计算资产风险权重以及确定资本金充足率的依据，从而把资本金充足率原则和风险联系得更紧密。新协议要求信用资产的风险权重与信用评级具有相关性。同时新协议也改变了为信用风险拨付相同资本金充足率的要求，不同的信用等级间的要求额有显著差异。同意银行可以使用配套措施，如合格抵押品、高信誉度担保、信用保险等来降低信用风险，并以调整后较低的风险权数来计提资本金要求。

外部监管。银行要评估各类风险总体所需要的资本，监管当局要对银行的评估进行检查及采取适当的措施，这方面工作越来越作为银行有效管理和监管当局有效监督的有机组成部分。新协议给予各国监管当局更大的决策自主权，同时也对各国监管当局的监管能力提出了更高的要求。从合规导向的监管思路转向风险导向的监管思路，合规导向的监管思路是一种静态的事后被动监管，设定一系列的管理规定，据此检查金融机构的合规性，而风险导向的监管是动态的事前主动监管，强调对商业银行的资本充足程度采用“骆驼评级”体系（CAMEL），即从5个方面评估银行：资本充足程度（Capital adcquacy）、资产质量（Asset quality）、管理能力（Management）、盈利性（Earnings）、流动性（liquidity），CAMEL是这5个评估指标的第一个字母组合。

市场纪律。市场纪律，又称为信息披露，巴塞尔委员会力求鼓励市场纪律发挥作用，使市场参与者掌握有关的风险轮廓和资本水平的信息。新协议肯定了市场具有迫使银行有效而合理地分配资金和控制风险的作用，在应用范围、资本构成、风险评估和管理过程及资本充足性方面提出了定性和定量的信息披露要求：

大银行每季度进行一次信息披露，一般银行每半年披露一次信息[20]。新协议规范银行披露的信息包括定量信息和定性信息。定量信息，银行应公开披露和信用风险有关的信息，并依据表内业务和表外业务分类披露，不同地区和行业的信用资产也要揭示；要披露银行所使用的信用风险评估模型的范式和使用效果；对于有违约可能贷款的还贷期限，银行计提资本金是否足以支付违约时核销坏账的信用损失准备的资讯也要予以披露。而定性信息则包括银行信用风险管理的组织架构，工作程序和人员配置等相关信息。

（3）巴塞尔新资本协议的三大风险。除了信用风险外，《新协议》增加了对市场风险和操作风险最低资本金的提取，使新协议对风险监管的灵敏度有所提高；而且对每一种风险的度量都提出了多种方法。

信用风险。信用风险是指借款人到期不能偿还债务时，造成违约贷款所产生的损失。新协议将银行资产分为公司贷款、国家贷款、银行同业、零售贷款、专利贷款、股权投资等 6 类。其中公司贷款、国家贷款和银行同业 3 项，新协议规定了标准法、基础内部评级法和高级内部评级法等由低向高 3 种不同的风险计量方法。而对于零售贷款，只允许采用高级内部评级法，商业银行不必计算单笔的风险敞口（是指由于债务人的违约所导致的可能承受风险的信贷业务余额），但需计算一揽子同类风险敞口的估计值。

市场风险。市场风险是指在一段时期内由于汇率和利率的变化所造成金融工具的市场价格下降的风险。新协议包括债务衍生产品、股权衍生产品和外汇衍生产品等市场风险的资本。

操作风险。在巴塞尔银行委员会发布《新巴塞尔资本协议》的三份征求意见稿以来，经过激烈争论，目前银行业对操作风险的界定基本形成了共识，最终在巴塞尔银行委员采取了目前业内通用的界定标准，确定操作风险的定义为由于内部程序、人员和系统的不完备或失效，或由于外部事件，造成直接或间接损失的可能性的风险。出于使操作风险管理和监管成本最小化的目的，这一界定对操作风险管理和监管范围包括了法律风险，但不包括声誉风险和战略风险。

表 10-2　银行业务风险矩阵表

银行业务 风险种类	公司银行	机构银行	零售银行	投资银行	支付清算	代理信托
信用风险	高	高	高	中	低	低
市场风险	低	低	低	高	低	低
操作风险	低	低	高	中	高	高

10.5.1.2　巴塞尔新资本协议对银行业风险管理的影响

与旧版巴塞尔协议相比，巴塞尔新资本协议有着更加宽广的国际视野，而不是仅仅侧重于西方发达国家的银行。因此，它对“哈大齐”和我国商业银行的风险管理，势必有更直接、更深刻的影响。

（1）对商业银行资本充足率的影响。很长一段时间内，我国4大国有商业银行资本充足率不能达到8%的最低标准，与西方发达国家商业银行相比差距更大。1998年，我国4大国有商业银行平均资本充足率为5.80%，其中含有大量的不良资产，而当年资本量排名居世界前十位的商业银行资本充足率平均值为10.37%。自1998年以来，中央政府先后两次向国有商业银行注资和剥离不良资产，使国有商业银行的资本充足率有所提高，但与国际大银行10%以上的资本充足率相比仍显偏低；1999年4月，国家财政部出资100亿元，成立了信达、东方、长城、华融4家资产管理公司，剥离了14 000亿人民币（折合1 650亿美元）的不良贷款；2003年12月，中央银行、财政部、国家外汇管理局联合成立了中央汇金投资公司，动用外汇储备450亿美元（折合人民币3 800亿元）向中国银行、建设银行分别注资225

亿美元。尽管国家注资和剥离不良资产的方式来提高国有商业银行的资本充足率，由于国有商业银行无法用经营利润来增补资本金，大量的呆账核销又使得资本金数量进一步减少，加之资产规模的急剧扩张，资本充足率水平呈现下降趋势。

按照新协议的要求计算资本充足率，会使我国商业银行的资本充足状况下降资本充足水平偏低是我国银行长期面临的一个难题。

新协议仍然规定资本充足率维持在8%的水平上，但对资本充足率的计算方法作了重大调整，尤其是给出两种计算信用风险的方法：标准法和内部评级法。计算方法的改变事实上会改变银行的原有资本充足率。具体来说，对于信用风险的测算，新协议建议业务不是十分复杂的银行采用标准法方案。这种方法主要是延续1988年资本协议的思路，同时将原来测算主权风险所通常采用的外部评级转为采用出口信贷评级，这会减少主权风险对银行资本配置的影响力，也就是说按标准法计算的风险加权资产规模较原来减少。而对于风险管理能力较高的银行，新协议建议采用基础的或高级的内部评级法。一般而言，同一家银行根据内部评级法测算的风险资产规模较原来减少2%～3%。由此可见，无论是采用新协议下的标准法还是内部评级法，资本充足率计算公式中分母第一项会减少，在不考虑其他因素的情况下，这显然会相应的提高银行的资本充足率。

从另一个角度看，新协议将操作风险和市场风险纳入资本计算中，增强了资本的风险敏感度，这就意味着保持更高的监管资本水平，也就是增加资本充足率计算公式中分母的后两项，在不考虑其他因素的情况下会降低银行的资本充足率。那么在新资本协议下，同一家银行的资本充足水平到底会发生什么样的变化呢？对发展中国家银行的调查研究结果表明，新协议不会使银行信贷风险资本要求的降低来抵消业务操作风险和市场风险带来的更高资本要求，也就是说，综合考虑两方面作用的结果，新协议的实施有可能使目前银行的资本充足率降低。值得注意的是这一点对发展中国家尤为明显。造成这种情况的原因是，在标准方法下，这些国家大部分企业借款人都没有外部评级，而且在确认抵押方面的限制很大，难以对减轻风险有较为明显的影响。以香港银行为例来说明这一点。香港金管局认为在现行建议下，要保持香港银行资本充足率不变，就必须追加资本。因为在标准方法下，资本的任何减幅将不足以抵消操作风险带来的资本要求[15]。对于我国商业银行来说，银行本身的风险含量高，资产规模降低的幅度小，而操作风险所需的资本水平相对较高，这样会使银行的资本充足率下降较为明显，这就使得现阶段我国商业银行的资本充足问题更加严峻。

（2）对商业银行外部监管的影响。作为国际银行业监管的“神圣公约”，巴塞尔新资本协议为各国的金融监管提供了统一的标准，也为国际银行的竞争制定了统一的游戏规则。按照新资本协议要求，监管当局必须在强化合理性监管的同时，重视安全性监管，逐步硬化商业银行的资本充足率约束，力求把资本充足率与银行面临的主要风险有机的结合在一起，以反映银行业风险管理的最新方面，以及监管实践的最新变化。新协议的第二支柱在给予各国监管当局更大决策自主权时，也对其提出了更高的要求。再加上我国的监管水平较发达国家有一定的差距，因此实施新协议给我国银行业带来的挑战之大，毋庸置疑。具体来说主要有以下几方面的挑战。

新资本协议考验银行监管理念及方式。目前世界各国通行的监管理念早已超越了行政管制的时代，由政府直接管理和提供隐性保证转变为市场主导和银行自担风险。而我国的监管理念基本上还停留在政府管制和保护阶段。在监管方式上主要依靠现场检查，特别是突击性的大检查，非现场检查和持续性跟踪研究还远远不够。在检查内容上，侧重于业务合规性检查，而忽视银行整体经营的安全性、盈利性、流动性和风险控制能力。在监管技术手段方面，国外一些成熟的和先进的风险管理技术尚未引入，电脑系统和有关软件的开发严重滞后。此外，监管人员素质不高，知识结构落后，特别是法律财务知识欠缺，能看懂外资银行报表和熟悉非信贷业务监管的专业人才严重不足。由于存在这些方面的缺陷，就会影响我国监管当局的监管能力，不能达到新协议所要求的监管水平。所以说，新协议的实施对监管当局的监管能力提出了更高的要求。

新资本协议挑战银行监管机制的灵活度。新协议在银行监管方面特别强调了监管制度的灵活性和针对性，因为不同国家不同银行的经营状况、风险管理能力以及技术水平等方面是不尽相同的，所以对银行进行监管时，要充分考虑这些差异，区别对待，避免整齐划一。例如，香港金管局规定本地银行根据各自情况不同，实行10%～12%最低资本充足比率。就这方面再来看内地情况：我国的国有独资商业银行、股份制银行、城市商业银行和信用合作社在资金补充、资金来源、信贷对象、地域限制、风险程度和业务开展能力等方面的差异是比较大的，但对他们的资本监管标准都是不低于8%的资本充足率。一方面这种整齐划一的标准固然有利于监管当局把握控制，减少其工作量。但是从另一个角度来看，这种统一的标准却给不同特点的银行造成事实上的不公平，不利于鼓励银行业的发展。并且，目前8%的资本充足率标准并没有考虑操作风险所需的资本要求。因此我们要根据各银行所处的具体情况，提出针对性强、灵活性大的方案，进行分类监管，这必然会增强银行监管工作的难度和复杂性。这也是新协议对今后我国银行监管工作提出的重大改革之处。

新资本协议对银行监管指标提出更高要求。新协议综合考虑了银行面临的各种风险，并提出对信用风险、市场风险和操作风险进行全面管理。因此监管当局制定的监管指标也必须覆盖所有可能面临的风险。目前我国对商业银行的监管指标包括监控性指标和监测性指标。其中监控性指标包括资本充足率指标、存贷款比例指标、中长期贷款比例指标、流动性指标、单个贷款比例指标和贷款质量指标。监测性指标包括，风险加权资产比例指标、外汇资产比例指标、利息回收率、资本利润率和资产利润率。由以上指标可以看出，目前我国银行监管指标在风险管理方面是以信用风险为主的，对市场风险和操作风险考虑的很少。例如，监管当局并没有对利率敏感性比例（利率敏感性资产与利率敏感性负债的比率）做出详细规定。而事实上，随着我国利率市场化的进程，由利率敏感性资产或利率敏感性负债带来的风险日益突出，利率风险是不容忽视的。另外，由于银行业务的创新和复杂程度的增加，因计算机或人员操作不当而发生的风险在我国银行业中也不断增多。新资本协议正是考虑了这些实际情况，尤其强调了利率风险和操作风险在银行风险管理中的重要地位。然而，我国现行的银行监管指标几乎没有涉及以上因素带来的风险，这样监管指标在某些领域内就失去了应有的效力，不能使银行的风险得到全面的控制。新协议的实施就要求中国监管当局充分考虑各种可能的风险，制定出全面、合理并具有预见性的银行监管指标。这也就意味着在巴塞尔新资本协议实施的前提下，我国银行监管当局即将面临重新修订监管指标的紧迫任务。

（3）对我国商业银行信息披露影响。新资本协议关注信息披露质量及数量。在我国所有的商业银行中，对上市银行的信息披露要求是最高的。我们将证监会对上市银行信息披露的规定与新协议第三支柱的要求进行比较，就会发现与巴塞尔协议相比，证监会的要求还存在很大的差距：第一，资本结构和资本充足率。这大概是证监会要求中最薄弱的部分。除了在董事会报告的“前三年财务数据”披露要求中有一个“资本充足率”指标外，在报表注释中就再没有关于资本结构和资本充足率方面的要求。尽管我国银行没有复杂的资本工具，但对其核心资本、附属资本以及其扣减量进行披露还是十分必要的。第二，市场风险。在证监会的要求中，关于市场风险权重、标准法适用的投资组合以及不同风险资产对应的资本要求等均无披露要求。第三，信用风险。证监会要求在这一部分对上市银行的要求远远高于其他非上市银行，尤其在信贷质量、信贷风险（包括信贷集中）、呆账准备金计提等方面。但是，新协议关于信用风险评级（特别是内部信用评级法方面）、信用风险敞口计量等方面的信息披露提出了较高的要求。在证监会有关规定中尚未见到这方面的要求。第四，操作风险。这是巴塞尔协议中新提出的要求。尽管证监会在《公开发行证券公司信息披露编报规则（第 7 号）商业银行年度报告内容与格式特别规定》中提出了，商业银行应该对内部控制制度的完整性、合理性和有效性做出说明，并且要求会计师事务所出具体评估报告，但就操作风险本身，证监会并未要求上市银行做出披露。

与上市银行相比，我国的非上市银行在信息披露方面的问题更为明显。总的来说，国内商业银行的信息披露与新协议要求的银行提供及时、可靠、准确的信息存在很大的差距。不但缺乏对信用风险、市场风险和操作风险的计量标准和模型等的信息披露，而且在风险管理的组织结构、管理流程、技术手段、风险信息的分析、汇总技术以及风险报告的覆盖范围等方面离新协议要求还有较大的差距，对风险集中和大额暴露情况的计量工具和方法也明显不足。此外，信息披露的格式和内容不规范，如对会计报表附注的不重视，许多银行附注有十几项，有的银行只有一两项，有的甚至就没有。报表附注的披露不充分将直接影响信息披露质量，导致信息披露存在巨大的缺口。

新资本协议关注信息披露技术。商业银行的信息披露工作离不开信息技术的支持。比如说，银行对信用风险和操作风险的测量，对市场风险的适时集中控制，对资产质量及基本充足状况的评估与测量等，都是以完备的信息系统为前提的；对浩繁的原始数据进行处理，使之成为精确可靠和及时的信息，IT 技术的支撑起了关键作用。由此可见，要实现新协议框架中第三支柱—市场约束的规定，就必须以尖端的信息技术为前提条件。而我国在这一方面与发达国家相比，还存在较大的差距，主要表现在国内银行在网络通讯技术、应用系统软件开发、信息系统数据采集和处理等方面技术落后：同时在资产质量管理、原始资料积累、风险评估数学工具的应用等方面占据劣势地位；另外，在金融监管、防范金融风险的操作上也不规范。信息技术的落后与信息披露的不完整性、不真实性和不及时性有着客观上的联系。所以在短时间内提高银行的信息技术是我国解决银行业信息披露问题所必不可少的条件。

新资本协议将市场约束列为银行风险管理的第三支柱，对银行的信息披露给予新的强调。同时指出官方监督、内部管理、市场约束是银行稳定经营的三大支柱。只靠监管跟不上自由化、全球化、金融工具技术进步的要求，必须以外部和内部约束为补充；由监管者独家拥有银行的财务状况信息，不仅加剧监管者的责任，还会引发一定的道德风险。银行广泛公开其资产负债及财务状况，可以有效的利用市场力量实施监督，减轻监管当局的责任。而我国银行由于资产质量低，风险评估的制度尚未完善以及会计信息不完备、不真实等因素，所以在信息披露的质量和数量方面远远不能达到新协议的要求。

通过以上分析可以看出，规范银行经营行为，建立有效的信息披露制度，强化银行信息披露的实施，提高信息披露技术等一系列工作，是实施巴塞尔新资本协议我国银行业面临的又一挑战。

10.5.2 “哈大齐”金融业风险管理现状

自20世纪90年代开始，“哈大齐”国有商业银行开始重视风险的管理，先后逐步引进了客户信用评级体系和贷款风险分类制度等先进理念，在风险管理上取得了一定的成绩，但从当前的实际情况来看，“哈大齐”国有商业银行在风险管理的理念、技术、体制等方面都存在不足之处，具体表现在以下几个方面。

10.5.2.1 尚未形成正确的风险管理理念

风险管理的理念决定了商业银行在经营管理过程中风险管理的行为模式，它渗透到银行业务的各个环境普及到银行内的各个员工，在商业银行经营管理中占有十分重要的地位。但是，目前国有商业银行依法、合规经营意识薄弱，大多数员工对风险管理的认识不够充分。在国有商业银行中，过分地、片面地追求银行业务的发展壮大，但不注重资产的质量与盈利水平，忽视风险管理的现象较为普遍，而且在考察银行业绩时也基本上依据业务的发展为标准。这种以发展业务为导向的经营管理理念使得一些无利可图甚至危机到银行未来发展的业务在银行业务中屡见不鲜。

10.5.2.2 尚未建立科学的风险管理体系

目前“哈大齐”国有商业银行是以分行为经营单位的体制，它致使我国商业的风险管理体制也都是横向的。国有银行组织体系方面表现出风险管理条块分割，全面风险管理框架不完善，各种风险管理政策的综合协调程度不高，难以从总体上测量和把握风险状况。风险管理缺乏科学性、系统性和计划性。现行制度以传统的定性分析为主要手段，缺乏对信用风险的科学计量；缺乏独立的风险报告程序，致使管理层和决策层不能及时、全面准确地掌握风险状况，进而影响决策的科学性。而国外商业银行在风险管理机制方面已形成了一整套完善的系统，其中包括：①风险甄别系统。用于分析风险来源及成因，区分风险类别及危害性程度；②风险报险系统。主要进行风险预警，传递风险信息并建立风险资料库；③风险决策系统。确立、行使风险管理原则，制定风险指标以及避险策略等职能；④风险避险系统。具体实施风险规避行为，对风险进行再分配或转移；⑤全程监控系统。对风险管理全过程进行全面监理和控制，并做出风险管理评估报告。健全有效的风险管理机制是国外商业银行经营运作的坚实基础，也是银行安全性原则的重要体现，而这一点正是“哈大齐”国有商业银行的薄弱环节。

10.5.2.3 风险管理的方法和技术严重滞后

现代商业银行的风险管理技术已非常丰富，与传统的风险管理主要依赖定性分析与主观判断截然不同，现代风险管理越来越注重定量分析。而且分类科学、量化准确，大量运用金融工程技术和数理统计模型，这些技术都来自科学的风险管理的理念。风险管理模型中其代表性的模型就是1994年JP摩根提出的市场风险管理中在险价值VaR模型，目前VaR模型受到金融界的广泛认可，被众多金融机构所采用。近年来，在市场风险管理模型化的推动下，风险管理模型化技术也取得了很大进步，如Credit metrics，Credit risk+，KMV以及RAPM度量指标量化方法RAROC等模型都代表着最新的技术水平。风险评级在全过程风险管理中处于核心地位，是其他各后续环节的前提条件。我国商业银行在风险评估和管理方面，定性方法较多。目前国内几家大银行的风险评级基本上处于记分卡阶段。只有建设银行引进了JP摩根的Credit metrics模型对全行的信用风险进行管理。相比之下，以美国和欧洲为代表的国际化银行，其风险管理水平普遍较高，例如花旗银行和德意志银行都认为自己已经进入模型化阶段，具备了比较成熟的IRB技术，花旗银行甚至认为他们有条件在短期内实现《新巴塞尔协议》规定的IRB高级法。

10.5.3 构建全面风险管理体系

10.5.3.1 COSO全面风险管理框架

巴塞尔委员会于2006年正式在全球范围内实行《巴塞尔新资本协议》，标志着商业银行将进入全面风险管理的时代。

全面风险管理是银行风险管理中一个较新的理念，它是在内部控制基础上发展和完善起来的，代表了银行业风险管理发展的新趋势。随着银行业经营环境的日益复杂，是否拥有一套完善的全面风险管理体系将成为判断一家银行竞争力高低的重要标志。

尽管许多银行意识到全面风险管理的重要性，但由于其复杂性，完成全面风险管理整合的却很少。为了改变这种状况，COSO从2001年起开始进行这方面的研究，于2003年7月完成了《全面风险管理框架》（草案）（下称ERM框架），并公开向业界征求意见，《ERM框架》首次从体系上规范了全面风险管理的目标、要素和层次，将全面风险管理从理念发展到了实践操作层面。其内容包括如下八个方面：

（1）风险管理环境。风险管理环境是全面风险管理的基础，具体包括银行价值取向、管理风格、风险管理组织结构、风险管理文化等。其中风险管理文化是全面风险管理的核心，它影响到目标设定、风险识别和评估、风险处置等各个层而的活动；风险管理组织结构是全面风险管理得以实施的组织保障和支撑，风险管理职能必须保持一定独立性。

（2）风险管理目标与政策设定。风险管理必须能为银行管理层提供一种设定目标的科学程序，银行要将风险管理的要求贯穿于银行各项目标之中，通过选定风险偏好和风险容忍度，制定明确统一的风险管理政策，包括信用风险管理政策、市场风险管理政策、操作风险管理政策等，以实现风险管理和银行目标的紧密结合。

（3）风险监测与识别。风险监测和识别包括通过贷后管理来监测和识别客户信用风险，跟踪国家宏观政策、行业状况、金融市场以及监管法规等有关情况，识别市场风险和操作风险。对风险的识别是准确度量风险的前提，银行必须通过监测系统保持对内、外部事件的敏锐性，首先做出事件“是否是风险，是什么类型的风险”的判断，才能对风险程度和大小进行分析，在此基础上进行风险预警和处置。

（4）风险评估。风险评估可从定性和定量两个方面进行，但巴塞尔新资本协议颁布之后，风险测度偏重于定量分析，要求尽量数据量化地确定受险程度。在建立信用风险内部评级系统的基础上，银行应同样以风险价值法（Value at Risk，简称 VAR）为核心度量方法建立市场风险评估系统，努力将操作风险的内部计量包括进来，建立一体化的风险管理体系，使风险分析的结果能相互比较以利于决策，合理地在小同业务间配置经济资本。

（5）风险定价和处置。对于预期风险，可通过风险定价和适度的拨备来抵御；对于非预期风险银行必须通过资本管理来提供保护；对于异常风险可采取保险等手段解决。银行可以资产组合管理消除下系统性风险，通过兼并来吸收风险，通过辛迪加贷款来分散风险，通过贷款出售、资产证券化等手段转移风险，通过衍生交易来对冲风险。

（6）内部控制。银行应建立健全内部控制体系以防范操作风险，通过制定和实施一系列制度、程序和方法，对风险进行事前防范、事中控制、事后监督和纠正，确保国家法律规定和商业银行内部规章制度的贯彻执行，确保操作的规范性和得到有效监督。

（7）风险信息处理和报告。建立包括信贷信息、操作风险损失、市场风险信息等在内的数据库，通过信息处理系统保持数据库更新，及时反映内外部风险信息等。银行要建立科学灵敏的风险报告制度，对银行的风险现状进行利弊分析，对各种风险管理政策的实施效果进行分析，形成定期、小定期综合及专题报告，按照一定程序报送各级风险决策机构；要针对小同类型的风险来区分小同的报告渠道和风险报告的职责分土。

（8）后评价和持续改进。银行风险管理部门应该对全行规章制度、信贷管理流程、风险管理流程的执行情况进行后评价，建立相应的授权调整和问责制度，确保风险管理体系的运行。同时，风险管理部门应根据外部环境、监管当局要求以及后评价中发现的问题，对风险管理体系中有关内容提出调整和完善意见，由银行决策层来对全面风险管理体系进行持续改进。

风险管理体系的八个模块相互独立、相互联系又相互制约，共同构成了全面风险管理这一有机体系。其中风险管理环境是全面风险管理的平台，风险管理理念和风险偏好影响、决定了风险管理目标和风险管理政策的制定；风险管理目标与政策设定是风险识别、风险评估和风险应对的前提，具体风险管理战略和流程都要符合风险管理政策的要求，实现风险管理的目标；风险识别、风险评估、风险定价与处置是风险管理的具体实施流程，是对风险管理政策的细化和执行；内部控制是风险管理目标实现和风险管理流程有效运行的保障；风险信息处理和报告是保障银行方面实施风险管理的媒介，风险管理的各项活动都要形成风险信息；通过风险报告机制传递；后评价和持续改进是对风险管理体系进行再控制和再完善，以保持风险管理体系的科学性和适宜性。

10.5.3.2 “哈大齐”商业银行全面风险管理体系的构建必要性分析

2006年年底我国遵守加入WTO时对世界的承诺，开放金融业。国内银行所处的经营环境虽然没有立刻变得恶劣，但是其所遭受的压力空前加大。构建有效的全面风险管理体系是“哈大齐”商业银行生存的关键。

(1)“哈大齐”商业银行的资本结构及其分配需要合理化。全面风险管理对资本运作过程最大的好处是先进的风险测算能力和风险分散处理方法。它可以在降低对总体资本需求的情况下，提高利润。这样既减少了风险又增加了回报。由于它可以在《巴塞尔新资本协议》的基础上，建立针对市场风险、信用风险及操作风险的先进的内部计量模型，风险管理对合理地界定经济资本配置规模有很大的好处。另外，全面风险管理对市场融资成本也有正面影响。评估机构通过描述和监督一个金融机构的正常运营程度和市场信誉来评价其管理水平及风险管理能力。所以，由于实施全面风险管理而得到更高的评价，该银行机构会因评估升级而享受更低的融资成本。研究表明：风险管理水平高的上市银行能够享受到3%～6%融资成本的折价。

（2）“哈大齐”商业银行急需建立程序化的风险识别机制。每个银行都面临着大量风险，这些风险影响到银行内不同部门。管理部门不仅要管理各个部门单独的风险，同时也要理解部门之间的相互影响。例如，一家银行在与企业进行交易活动时，面临各种风险，管理部门开发一套信息分析系统，用来分析来自内部系统的交易情况和内部资料，再收集相关的外部信息，为所有交易活动提供整套风险信息。这个信息系统应该具备分项功能，可以具体分解到部门、客户、对应方、交易伙伴和交易层，使每一类别的风险及其风险容忍度相对应。该系统可以整合银行原本分散在各部门的资料，利用层层聚焦的方法来找到应对风险的最大方法。

（3）“哈大齐”商业银行需要改进产品服务。销售以及产品和服务的交付是任何一个银行的命脉。在提高风险管理能力方面加强投资可以使一线客户经理和风险经理具备必备的信息，对其所提供的金融产品及服务的相关风险进行评估。在对整个银行机构的风险进行整合分析后确定的金融产品价格会比对各风险单独分析得到更大的收益。把风险成本计入产品价格，会产生更出色的风险调控效果，这是因为该产品的盈利性会变得更好预测，而且对整个银行各业务项目存在的风险有了更好的了解，更加有利于设计满足客户需求的金融产品而不是额外的风险。

总之，建立全面风险管理体系并不是商业银行的最终目的，它是实现其最终目标的重要手段。确切地说，它是管理流程的推动者。商业银行基于以上三个方面的需求，实施全面风险管理将是有助于提高其竞争力的一步。

10.5.3.3 全面构建“哈大齐”风险管理体系

COSO委员会的《全面风险管理框架》以其前瞻性及权威性得到国际金融界的关注。然而，由于它的西方背景，其关注的问题还是发达国家银行业的风险问题。全搬照抄不一定能够适合中国国情和“哈大齐”工业走廊实际。本文拟构建适合“哈大齐”商业银行的全面风险管理体系。显然，建立一个全面风险管理体系的总体框架是本文的最终目标，但是，众所周知，银行对风险的管理与控制活动绝对不是真空虚拟的，而是在业务经营过程中实实在在的管理与执行的活动，这客观上就要求有一个载体来传递信息和解决风险，这个载体就是风险管理体制，即风险管理的组织架构与管理流程。因此，本文拟先构建商业银行的全面风险管理体系的总体框架，然后再从组织构架和风险管理流程两个方面来保障其可操作性。

（1）指导原则。构建“哈大齐”商业银行全面风险管理体系，应该遵循以下原则：①责权匹配原则。责任和权力的匹配，可以使体系的效率得到最优化。责任大于权力对于当事人不公平，必将损害其积极性。而权力大于责任则不仅将导致权力的闲置，降低体系的效率，更将损害体系的正常运行。责权匹配包括明确董事会、经理层、风险管理部门以及内部审计部门的职责。确保董事会对经理层及内部审计部门的有效监督，及内部审计部门对其他部门的监督，建立健全风险管理机制。②均衡性原则。该原则主要指银行董事会下面的三大分支：银行业务部门、风险管理部门以及内部审计部门之间应该形成一个均衡的、互相制约的结构。银行业务部门由于绩效评价的激励及压力，往往倾向于积极进取。风险管理部门则担负起制约业务部门的冒险行为。内部审计部门在这个新的体系里面，不仅要监督银行业务部门，更加应该监督风险管理部门。均衡的银行结构有助于银行的稳健运营。全面风险管理体系和任何一个其他体系一样，只有各利益部门的均衡制约，才可能有效运行。③透明性原则。一个强有力的信息披露制度是对公司进行有效监督的典型特征，也是影响公司行为和保护投资者利益的有力工具，同时也是风险管理体系有效运行的保障。因此，能否保障信息流在体系中的顺畅流动，是整个全面风险管理体系能否成功的关键。以上三大原则将深入地贯穿于本文构建的全面风险管理体系当中。将分别体现为权力的垂直分配，权力的水平分配以及信息的顺畅流动。

（2）总体框架。本文构建的全面风险管理总体框架以《巴塞尔新资本协议》为起点。银行外部的银监会及银行相关利益方将根据巴塞尔新资本协议，建立对银行新的期望，并且依此对银行董事会进行监督，给予压力。董事会下属的风险管理委员会和内部审计部构成全面风险管理体系的大体。在从总行、省分行，地级市支行到县级市支行等各个层面，风险管理部门、内部审计部门将起到监督、制约业务部门的作用，尽力减少银行承担的风险。风险管理委员会是银行风险管理最高部门。其任务是领导属下各风险管理部门。具体任务则包括从风险文化、风险目标设定、风险识别到风险处理、信息披露等流程。其中，风险文化的培育是风险管理委员会的任务，因为风险文化的改善、风险意识的加强，是一个可以从全行范围内开展的活动，而不必考虑单个分支行的特点。另外，从全行的范围来统一进行风险文化的养成，显然比单个支行组织活动更加有利于成本节约。风险目标的设定则是风险管理委员会在考虑董事会确定的风险喜好及银行承担风险能力的基础上需要完成的任务。风险目标的设定是银行全面风险管理体系的出发点。之后风险管理委员会将风险管理目标层层分解到各个分行以及各个风险部门。风险管理部及下设的各类风险管理部门则负责风险识别、风险综合评估、风险资本配置、风险及处理结果披露和风险管理评价等流程。及时的风险识别对于风险的控制极为关键。风险综合评估不仅包括信用风险、市场风险和操作风险等各单类风险的评估，还包括将各单类风险根据其相关性加总起来。风险处理将包括风险资本的足额配置和其他化解风险的方法，比如资产证券化，主动购买保险等手段。风险及处理结果披露面向对象是银行内部的董事会、管理层、风险管理委员会、监事会以及银行外部的各利益相关方，包括广大投资者、储户和监管机构银监会。信息透明将是保障体系有效运行的关键，所以体系中应该可以保障信息能自上而下或自下而上畅通的流动。风险管理评价的信息则直接反馈给风险管理委员会，以便对风险管理工作做出奖惩，并且对风险管理体系做出进一步改进。这既包括全面风险管理各种数据的储存，也包括对于数据的挖掘与分析。全面风险管理总体框架图 10－2 所示。

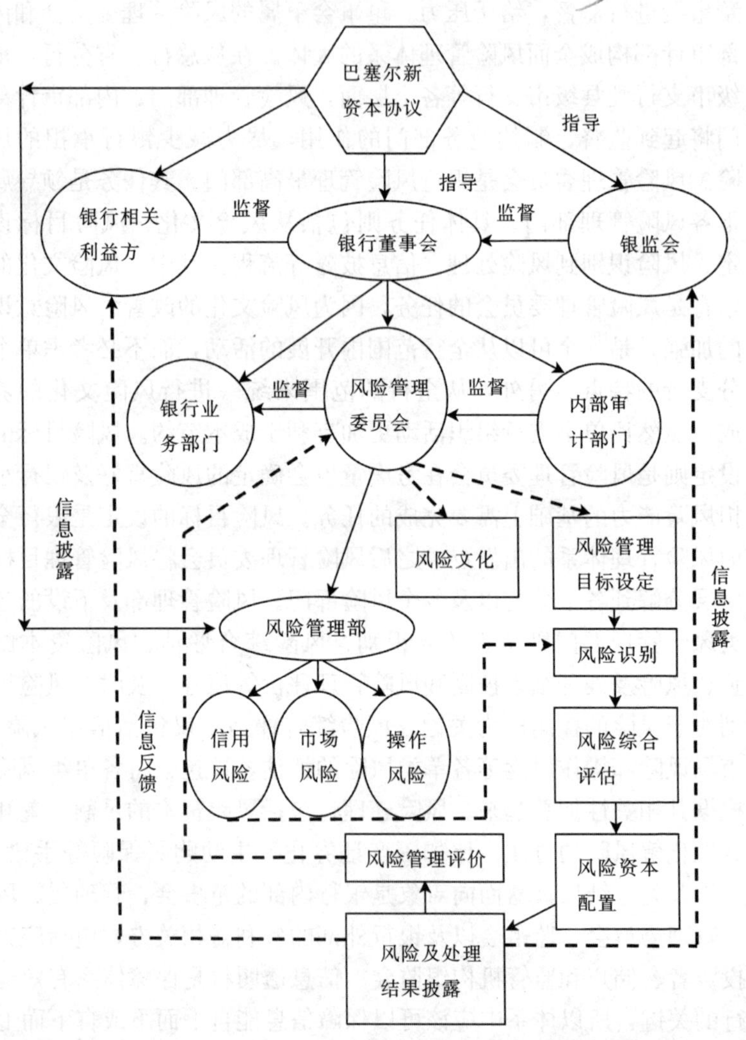

图 10－2 “哈大齐”商业银行全面风险管理总体框架

(3) 组织结构框架。美国金融学家 David H. Pyle 认为“全面风险管理体系的构建的核心在于组织结构框架的构建”。我国商业银行在行政区划上普遍实行总分行制，那么我国商业银行全面风险管理组织结构也应该以总分行制为基础，这样可以在现有的组织框架内构建风险管理组织框架，以节省成本。根据我国的特殊情况，全面风险管理体系应该分为三层，总行、省级地级分支行以及县级支行。全面风险管理体系建立以总行风险管理委员会为中心，下设不同的风险管理部门，各个风险管理部门设风险经理，分行设风险管理处和风险管理员的垂直式风险管理系统。我国商业银行全面风险管理三级组织框架如图 10-3 所示。

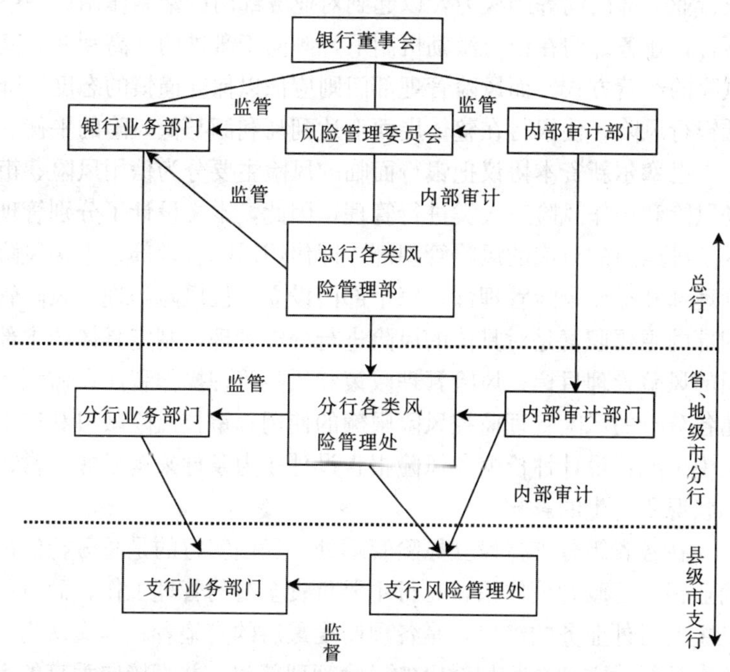

图 10-3　我国商业银行全面风险管理三级组织框架

各银行总行设置风险管理委员会及风险管理部。风险管理委员会是整个银行风险管理的最高管理和决策机构，直接对董事会负责；其成员由银行内部和外部资深风险管理专家、金融专家等组成。风险管理委员会的主要职能是负责制定全行的风险管理方针、政策、总体战略和目标。确定下属各个风险管理职能部门及各个层次风险经理的职责范围和风险管理权限，制定风险管理激励约束机制和考核体系。对能够量化的风险颁布量化标准，评估不易量化的风险。对各风险管理部门提供的风险数据和情况进行综合分析和评价，并反馈给董事会以及下属风险管理部门，进行风险控制和管理。

风险管理委员会作为直接对董事会负责的机构，应该享有与银行业务部门同等的权力，以起到对业务部门的牵制作用。一般而言，业务部门在银行激励机制下，倾向于激进的，高利润、高风险的经营方式，而风险管理部门则应该以保守谨慎的态度，降低银行风险，使银行在整体层面上达到高利润与低风险的平衡。

巴塞尔新资本协议把银行面临的风险主要分为信用风险、市场风险和操作风险三大类进行管理，因此，本文设计了分别管理这三种风险的对应的风险管理部，即信用风险管理部、市场风险管理部和操作风险管理部。每个部门设立一位风险经理。风险管理部的主要职责是对具体的风险进行分类管理，制定具体的本部门的风险管理目标、风险管理政策和风险管理操作程序；监测下属各分行的风险管理监控风险限额的使用；审核风险敞口和风险集中情况：设计评价财务风险报告设计压力条件来衡量非正常市场状况所产生的影响。

在各省级分支行设立风险管理处。我国实行的是总分行制的商业银行行政管理体系，总行主要负责全行的管理工作，而分行是主要对外业务的窗口，是各项制度最后的实施者。本文认为应该在分行设立和总行相对应的风险管理部门，并直接向垂直的上一级风险管理部门负责。

风险管理处的主要职责是对各自分行的信用风险、市场风险和操作风险进行管理，包括风险识别、风险计量、风险控制和风险报告；负责各种风险数据的采集、简单风险评估模型的运用；按照风险管理委员会制定的制度定期向上一级的风险管理部进行风险管理情况汇报，提供风险资料和数据。设立加强内部审计部门。

设立从总分行层面的内部审计部门。内部审计部门是与风险管理委员会同级平行的组织机构，直接董事会负责。其主要职责是负责全面风险管理的监督、评价和监督内部审计工作：检查、评价内部控制的健全性、合理性和遵循性，督促管理层纠正内部控制存在的问题；及时向董事会汇报。按照国际注册内部审计准则独立性要求，内部审计部门实行垂直管理，职能上向董事会报告工作，行政上向总行行长报告工作，排除了总审计室、审计办事处的行政经费、组织人事受制于一级分行的干扰，审计的独立性、客观性得到了保障。理想状态是各个级别的分支机构都有内部审计部，但是考虑到成本因素，建议内部审计部门建立到地级市分行。

不难看出，在这个组织框架中，总行层面上是风险管理委员会、业务部门和内部审计部门之间形成均衡的状态，总行的风险管理部受风险管理委员会领导，从事具体事务。而在省级、地级市分支行层面，实行的是各风险管理部、业务部门和内部审计部门的均衡制约。在广大的县级市，实行的则是风险管理部门与业务部门的二元均衡。其内部审计业务由所属地级市支行内部审计部门承担。

（4）风险管理流程框架。风险管理流程框架，主要是基于风险管理的操作层面而言的。操作流程越顺畅，细节构造越完善，全面风险管理体系的效率就越高。有关风险管理流程框架，COSO委员会有权威论述。本文在COSO委员会全面风险管理框架（ERM）的基础上，结合“哈大齐”商业银行行业特点，构建了由七大模块组成的风险管理流程，这七大模块分别是：风险文化、风险管理目标设定、风险识别、风险综合评估、风险处理、风险及管理信息披露、风险管理评价。风险文化的建设贯穿整个流程体系，风险管理目标设定、风险识别、风险综合评估、风险处理、风险管理评价构成一个完整的风险管理循环。风险及管理信息披露和风险文化一样，贯穿于整个流程。我国商业银行全面风险管理体系的流程框架如图 10-4 所示。

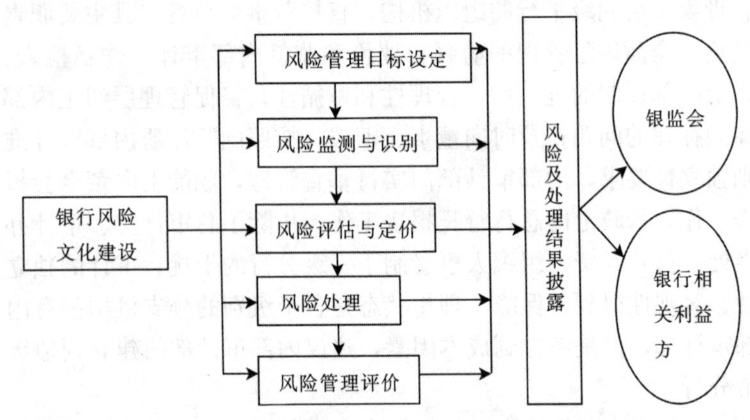

图 10-4 "哈大齐"商业银行全面风险管理流程图

第一，风险管理部门需要加强银行的风险文化，不仅需要增强风险管理部门员工的风险意识及风险管理技能，也需要提高银行业务部门的风险意识。银行业可以大胆引入金融风险管理(FRM) 资格认证考试，并且通过将其与员工绩效评价挂钩来提高员工对该考试的积极性。另外，制作相关的宣传文件、音像、横幅、标语、伞具、水杯、服饰等等，组织相关的活动，比如知识竞答、研讨会等，来增强管理层和广大员工的风险管理意识及银行的风险管理氛围。这一流程看似不产生实际效用，却是后面六个流程能否成功的重要因素。

第二，风险管理目标设定是整个流程的第二步，但是却是具体操作流程中的第一步。一般而言，各个银行董事会的风险偏好是不一样的。董事会的风险偏好是风险管理委员会制定风险管理目标的主要依据。风险管理委员会根据风险管理环境，制定明确统一的风险管理政策，然后设定各风险部门风险管理的目标要求。信用风险、市场风险以及操作风险等部门将依据这些目标要求开展自己的风险管理工作。

第三，风险监测与识别是具体各部门进行风险管理活动的起点。不同的风险管理部门根据其职责不同分别负责信用风险、市场风险和操作风险的识别。各个部门应该对各种类型的风险进行细分，给出不同风险准确的定义和判断标准（包括定性标准和定量标准），并建立其一套行之有效的风险识别的方案以便于风险管理人员对风险及其类型进行准确快速的判断。风险的识别是准确度量风险的前提，首先做出事件“是否是风险，是什么类型的风险”的判断，才能对风险程度和大小进行分析，并在此基础上进行风险预警和处置。

第四，风险综合评估是整个风险管理体系的主体部分，它是以准确的风险识别为基础。风险管理部门借鉴新巴塞尔协议中不同风险的量化方法结合银行自身情况，选择适合方法分别对各种不同的风险进行评估和定价，确定其受险程度和银行应为其准备的风险资本要求。比如对信用风险进行量化的 IRB 方法，对市场风险量化 VAR 方法，对操作风险量化的内部测量法等。对这些数据进行比较分析，可以直观的看出银行面临的各种风险的情况，通过不同时期数据的横向比对，也可以看出各种风险的变化情况，为风险管理决策提供依据。另外，风险综合评估还包括根据各类风险的相关系数，加总得到一个全行范围内的总体风险数值。一个数值反应银行的风险，正是全面风险管理比其他风险管理方法优越的特点之一。

第五，风险处理是这个风险管理体系的解决问题部分。通过上面的几步，我们可以准确的知道银行各种风险的情况，包括风险的大小、程度以及存在范围。因此可以采用各种办法，对资本进行合理的配置，使得各种风险得到保护。对于预期风险，银行可以通过调整政策和银行产品定价和结构来抵御：对于非预期风险银行必须通过资本管理来提供保护，对于异常风险可采取保险等手段解决。另外银行也可以选择资产组合管理来消除非系统性风险，通过贷款出售、资产证券化等手段转移风险，通过衍生交易来对冲风险。

美国学者 Carol Alexander 提出风险分类处理的思想，将损失按损失额大小及发生频率高低分为四类，第一类由于损失小，发生频率低，可以忽略。第二类风险损失大，但是频率低，采用极值理论（EVT）处理。第三类损失小，发生频率高，则用 DELTA 方法处理。第四类损失大、发生频率高，这种风险在现实中基本不存在，因此无需考虑。如表 10－3 所示。

表 10－3　风险分类处理矩阵

风险分类及处理	损失小	损失大
频率低	可忽略	采用 EVT 处理
频率高	采用 DELTA 处理	

第六，风险及管理信息披露是整个风险管理体系中协调运转的重要一环，它存在于流程中的各个环节。包括风险管理部门内部的信息交流和整个部门对外部的风险管理信息反馈。建立包括信用风险、市场风险、操作风险等信息内的数据库，通过信息处理系统保持数据库更新，及时反映内外部风险信息等。并把风险管理的整个过程以文件、汇报或报告的形式公布出来，为决策部门和银行外部信息使用者提供完整的风险管理信息披露。风险披露不仅包括向银行利益方披露银行各业务部门所存在的风险，也

包括披露对这些风险的处理结果。风险本身的信息披露对于银行监管当局、董事会、广大投资者、储户做出决策都具有重要价值，而风险管理的信息披露对于银行的风险管理委员会，则具有重要意义，因为这是后者改进全面风险管理体系的重要依据。

第七，风险管理评价是整个风险管理体系中的后评价阶段，在这个阶段，银行各个风险管理部门对本部门规章制度、风险识别、评估及处置情况进行总体衡量，对其执行情况和达到的效果进行后评价，并监测整个过程中是否存在问题，对存在问题的部门和环节实行问责制度。同时，风险管理部门应根据外部环境、监管当局要求以及后评价中发现的问题，对风险管理体系中有关内容提出调整和完善。把需要改进的内容通过信息传递和反馈，进入下一轮的风险管理流程的循环中。

11 大力发展“哈大齐”工业走廊服务外包业

服务外包是一项新兴的、重要的商务活动。随着经济全球化的深入发展和IT技术的广泛应用，服务的“可贸易性”成分提高，服务贸易的领域拓宽。其后果是继全球制造业产业调整之后，又兴起了国际服务业转移和跨境服务外包。

服务外包的兴起，对我国经济发展战略选择提出了需要反思和应对的挑战性问题。以制造业效率水平和国际竞争力快速提升作为主要标志，我国经济取得了举世瞩目的成就。然而，服务业发展相对滞后成为不利于经济持续增长的制约因素之一。通过鼓励服务外包和深化分工大力发展服务业，通过改进生产型服务业推动我国制造业结构提升并向更高阶段发展，从而促进我国基本产业部门协调成长，已成为我国经济发展新阶段面临的重大现实问题。

11.1 服务外包业的产生与发展

服务外包在直接意义上属于企业管理的微观决策行为，然而这类微观行为的普遍化则代表了宏观层面整体生产方式的变革，从一个侧面体现出经济全球化浪潮的当代特征。什么是外包？什么是服务外包？这些常用名词涉及一些表面简单、实际复杂的概念。透彻理解服务外包这一新兴经济现象，首先需要理清一些关键概念的内涵。

11.1.1 外包和服务外包的定义

美国外包问题专家Michael Corbett认为“外包指大企业或

其他机构过去自我从事（或预期自我从事）的工作转移给外部供应商”。经济学家 Besanko 等人把外包定义为“很多传统（内部）功能由外部承包商来完成。于是，组织不仅通过内部协调，而且需要企业维持长久联系纽带的供应商和销售商等外部协调方式”。

根据上文的定义，外包指企业某种产品生产过程的内部特定工序或流程转移到外部完成，从而使企业内部工序流程协调转变为与外部企业之间的市场交易。依据交易对象的经济属性差异，可以将外包分为制造外包和服务外包两类。如果外包转移和交易对象属于制造加工零部件中间产品工序活动，或以中间品、半成品、最终产品的某种组装或总装为对象的活动，则属于制造外包；如果外包转移对象是特定服务活动或流程则属于服务外包，本节主要讨论服务外包。

依据管理学权威工具书《商务大辞典》(Business：The Ultimate Resource)，服务外包指“通常依据双方议定的标准、成本和条件的合约，把原先由内部人员提供的服务转移给外部组织承担”。该辞条还列举了服务外包的传统对象和新兴领域，指出“(服务）外包是总经理决策范围的问题，涉及过去由企业内部人员承担的服务提供转移给外部机构，通常通过一个双方接受的标准、成本和条件合同来实现。传统外包领域包括法律服务、运输、餐饮和保安服务。正在增长的领域包括 IT 服务，培训和公关也在被外包。外包通常是为了达到增加效率和降低成本的目标或者是为了使组织灵活性增强或更专注于核心商务活动”。

服务外包依据其对象所在产业部门的差别分为两种基本形态。一是在以服务品作为核心产出的生产系统中，部分非核心生产性服务工序和流程由内部承担转移为外部提供。二是在制造业或服务部门以外的其他产业部门中，特定产品生产过程包含的工序性和支持性服务流程由内部承担转移到外部提供。与企业外包服务流程具有镜像关系的演变，是一些企业专门为市场提供专业化服务流程甚至包括有的企业在原先特定的辅助性服务活动的基础上承接类似外包业务，并逐步发展出新的核心服务提供业务，从而推动当代企业组织的结构与生产方式变革。服务外包的基本对象是生产性服务流程，服务外包变革的本质在于把企业内部协调的关系转变为市场机制协调的企业之间的关系。

服务外包依据发包与承包企业的空间国别分布关系可以分为国内服务外包与国际服务外包。依据国际收支账户对服务贸易的定义原则，如果发包方与承接方同属特定国家的企业，与服务外包相联系的产品内分工在特定国家内部展开则属于国内外包，又称为"在岸外包"（onshore out sourcing）。如果服务发包方与承接方是不同国家的企业，则这类外包从发包方角度看是所谓"离岸外包"（offshore out sourcing），对承接方来说则可以称作"到岸外包"（inshore out sourcing），综合起来称作国际服务外包。

服务外包依据其提供的服务内容可以分为信息技术外包（ITO，Information Technology Outsourcing）和业务流程外包（BPO，Business Process Outsourcing）。ITO 是指企业向外部寻求并获得包括全部或部分信息技术类的服务。服务内容包括：系统操作服务、系统应用服务、基础技术服务等。BPO 是指企业将自身基于信息技术的业务流程委托给专业化服务提供商，由其按照服务协议要求进行管理、运营和维护服务等。服务内容包括企业内部管理服务、企业业务运作服务、供应链管理服务等。

11.1.2 有关外包理论

11.1.2.1 交易成本理论

罗纳德·科斯（Ronald H. Coase）在他 1937 年的经典论文《企业的本质》中最早指出了企业"内化"市场交易能够达到减少交易成本（Transaction Costs）的目的。所谓交易成本，即"利用价格机制的费用"或"利用市场的交换手段进行交易的费用"，包括提供价格的费用、讨价还价的费用、订立和执行合同的费用等。科斯认为，当市场交易成本高于企业内部的管理协调成本时，企业便产生了，企业的存在正是为了节约市场交易费用，即用费用较低的企业内交易代替费用较高的市场交易；当市场交易的边际成本等于企业内部的管理协调的边际成本时，就是企业规模扩张的界限。

科斯在《论生产的制度结构》中再次阐述了这一思想，他指出：“组织企业的一个收益来源是：市场经营会有所花费……当然企业不得不以低于被取代的市场交易所需的费用来进行其工作。因为如果企业做不到这一点，退回到市场调节是可能的”。外包是依据双方议定的标准、成本和条件的合约，将原先由内部人员提供的服务转移给外部组织承担，以实现其组织自身持续性发展的一种利益互动、分工协作的战略管理方法。外包是体现了市场购买的一种交易。交易成本理论认为采用市场的成本高于企业内部治理成本时，企业活动内包，反之则采用市场机制。（Williamson，Transaction-Cost Economics：The Governance of Contractual Relations，*Journal of Law and Economics*，22，1979，233～261.）威廉姆森借助交易费用工具深刻地研究了各类经济组织问题，特别是企业、市场以及与之相关的合约签订问题，威廉姆森细化了科斯的理论，提出了机会主义与有限理性的假设，在此基础上，引入了三个纬度进行考察：不确定性、交易频率、资产专用性。交易成本最小为市场采购和企业组织的决策标准。但三者程度较低时，市场是有效的手段，市场采购具有规模和治理优势；当三者较高时，尤其是资产专用性程度较高时，企业内化则更具有优势。

交易成本理论很好地解释了工业经济时代企业一体化的原因，同样，交易成本理论也可以解释知识经济时代企业非一体化的原因。人类社会进入知识经济时代，通讯和信息技术的发展大大降低了企业的运输成本和交易成本，而全球市场的形成和许多国家规制的放松，也进一步降低了企业间的交易成本，从而使得外包或企业非一体化的行为成为可能。

11.1.2.2 资源能力理论

企业资源理论和核心能力理论是近年来战略管理领域迅猛发展的基础理论，它们各自内容不同，但都与战略管理大师迈克尔·波特（Michael E. Poter）的基于活动的竞争理论针锋相对，因而经常被放在一起讨论。

资源理论的最大贡献在于提出了企业的竞争地位是由一系列独一无二的资源和关系来决定的。按照代表人物戴维·柯林斯（David J. Collis）和辛西娅·蒙哥马利（Cynthia A. Montgomery）的观点，资源是一个企业所拥有的资产和能力的总和。在企业的生产经营过程中，通常存在物质性有形资源、非物质性有形资源和其他物质资源。资源理论关注的问题是一种资源怎样才能够为企业创造长期的高收益。企业的竞争优势在于直接或间接控制竞争对手所无法控制的资源，以提高竞争对手的产出成本或降低其使用收益。企业资源与其可持续的竞争优势之间存在密切的关系。由于许多资源具有专用性，而且是不可流动和不可模仿的，可以通过每个企业拥有的资源将其各自区分开来，企业所拥有资源的异质性不仅是竞争优势的来源，同时也是获得经济租或者高于正常水平收益的来源。从这个理论角度分析，企业的经营管理活动主要是围绕资源壁垒的获得与控制展开，企业通过内制、购买和合并等方式获得能提高企业获利性的资源，并努力控制这种资源。由于客观条件的限制，企业不可能获得自身所需要的全部资源。企业在保留自己具有比较优势的资源的同时，可以考虑从外部获取不具优势的资源。外包过程也就是发挥资源选择机制的过程，企业应该确定哪些资源是要由自身经营的，哪些资源是要向外界寻求合作的；企业获得和控制这种资源的可能性和成本；以及这种资源能否为企业带来长期的利益等问题。

资源能力理论在对外包经营方式的解释中近十几年来被频繁

采用。在资源能力理论的指导下，核心能力成为解释企业转而采用外包的重要框架之一。

11.1.2.3 关系租理论

关系租理论是一个相对较新的理论，它融合了战略联盟、网络及国际市场营销领域中的关系管理的内容，认为企业的关键能力可以跨越企业的边界，并可体现在企业之间的日常事务与工作过程中，其代表人物主要是戴尔（Dyer）和西恩（Singh）。该理论将企业之间形成的网络作为分析单位，把焦点集中在不同形式的伙伴关系的租金创造上。当合作伙伴联合、交换或投资于异质资产、知识、资源与能力时，或者当他们利用有效的治理机制减少交易成本或允许通过资产、知识或能力的协作性合并来实现租金时，关系租金的创造就会发生。（Dyer，J. H.，Singh，H.，The Relational View：Cooperative Strategy and Sources of Inter-Organizational Competitive Advantage，Academy of Management Review，23（4），1998，600～679.）相应的，只有当企业之间的知识共享、互补性资源禀赋或有效的治理机制等合作关系能产生租金时，外包才有意义。租金创造需要关系专用性投资。只有当这些投资可能为合作各方都带来满意的回报时，外包才会发生。

关系租理论认为，竞争优势与企业外部的活动有关：一个有效的战略要求企业与承接方系统地共享有价值的知识以便进入伙伴方的知识库，知识共享的必要性又意味着发包方与承接方的相互依赖以尽可能获得合作所带来的潜能。因此，关系租理论倾向于业务流程外包。

由于持续不断地集中于知识共享及有效的关系管理需要资源的投入，企业可以通过增加对少数合作伙伴的依赖性来提高利润。这样，进一步鼓励合作伙伴共享知识，并扩大对关系专用性资产的投资以提高企业绩效是完全必要的。企业需要始终确保合作双方有共同的目标，并对工作流程与企业决策有相同的理解。

伙伴式管理风格要求参与各方共担风险，共享利益，并把他们之间的关系看成是双赢的。因此，外包所形成的企业关系的绩效取决于合作双方所建立的社会资本，以便实现互利互惠。

11.1.2.4 全球价值链理论

全球价值链（Global Value Chain）理论是近年来分析经济全球化背景下经济活动的一种新兴理论。它提供了重新审视一国竞争能力和改善之路的分析方法。全球价值链理论基于世界开放、以整体的视角研究经济问题，全球化的经济浪潮会逐渐、自然地使地方经济纳入全球产业网络。

英国经济学家卡普林斯基（Kaplinsky）在他主持编写的《价值链研究手册》中比较全面地描述了全球价值链的概念。他认为，全球价值链是指为实现商品或服务价值而连接生产、销售、回收处理等过程的全球性跨企业网络组织。它包括所有参与者和生产销售等活动的组织及其价值利润分配。这个分析有两层含义：第一，如果把他们分解到不同企业，就意味着不同的企业分别从事同一条价值链中的不同行为。第二，把企业核心业务的重点从物质产品的加工制造行为转向生产经营的服务性行为。由于服务作为无形资产的产品的流动性很强，促进了企业之间利用价值链来开展合作，也推动了全球价值链的发展。

全球价值链作为一种产业组织形式，其组织结构从组成要素到制度层面存在不同的维度。加里·杰瑞夫（Gary Gereffi）界定了该价值链的四个维度：一是投入—产出结构，价值链是按照价值增值活动的顺序依次串联起来的一系列的流程。二是空间布局，由于跨国公司和采购商纷纷将核心能力领域以外的环节外包，价值链中的各环节超越国家界限，分散到世界的不同国家。因此形成真正的国际化经营体系。三是治理结构，价值链是由相互联系的各环节组成的具有特定功能的产业组织，其中某些成员发挥主导作用，负责对各环节进行统一的组织和协调，保证价值链的功能得以顺利实现。这就形成了不同程度和类型的治理结构。四是体制框架，这主要是指国内和国际的体制背景（包括政策法规，正式和非正式的游戏规则等），在各个节点上对价值链产生影响。

在经济全球化条件下，企业获取和配置资源、参与竞争的方式已经打破了以往的地理区域和行业领域的限制，企业必须直面国际竞争，资源配置全球化和国际生产体系为企业发展带来的是机遇也是挑战，关键在于企业是否具备利用国际分工来整合企业内部、外部（即全球）资源的能力。每个企业都可以在价值链上选择一个或几个自身具有相对优势的战略环节作为企业的核心能力来培养和加强。而对其他环节的活动，则利用资源全球化配置的成本差异，以战略联盟形式外包出去。

在全球性的竞争、快速变迁的市场以及不断推陈出新的科技环境下，价值创造的基本思想逻辑已经发生了变化。全球价值链理论为我国企业纳入全球分工体系提供了理论依据。同时，为企业在战略性结合自己的专业化优势、考虑从产业链条的哪个环节入手提供了思路。

11.1.2.5　国际投资的相关理论

一般认为，美国学者、麻省理工学院教授海默（S. H. Hymer，1976）通过对跨国公司行为的分析研究，成为对国际直接投资进行理论探索的先行者。20 世纪 60 年代初，海默在其博士论文《国内企业的国际经营：关于对外直接投资的研究》中，首先提出了垄断优势理论。该理论的提出标志着国际直接投资理论的兴起。随后，西方 20 世纪 90 年代以来，国际投资发展迅速，已经成为推动经济全球化的最重要的力量。国际投资的发展速度远远超过了国际贸易的发展速度，对国际分工和国际贸易格局产生了深远的影响。

传统国际贸易理论有两大特点：一是以国家市场为基本分析单位，其理论的框架内没有公司和对外直接投资；二是对主要发生在发达国家和发展中国家之间的产业间贸易有明显的解释力，但在贸易投资一体化条件下，比较成本已经不能再成为决定国际贸易分工的主要基础。在经济全球化、要素特别是资本要素的流动性日益增强的情况下，企业成为参与国际经济合作和竞争的主体。随着国际贸易和国际投资的日渐融合，企业在国际市场上的竞争优势不再单单表现为贸易优势或投资优势，而是贸易投资一体化优势：一方面，由于要素流动壁垒的降低，一国企业将无法独享基于本国资源禀赋的比较优势，外国跨国公司通过直接投资也可以加以分享，从而整合为其自身的竞争优势；另一方面，本国企业也可以利用全球化的机遇，在整合全球资源的基础上，创造企业的竞争优势。

随着经济全球化步伐的加快，跨国投资与国际贸易已经变得密不可分，不仅跨国公司在国际贸易中所占的份额持续上升，而且跨国公司的对外投资也不断加大。跨国投资理论的一个重要观点是：对于资金短缺的国家（地区）而言，外商直接投资（FDI）作为外部资金来源，是跨国公司对东道国（地区）经济增长所做出的最主要的、直接的贡献；对于国内储蓄率较高、有较强投资能力的发展中国家（地区）来说，利用外商直接投资的作用主要体现在其能大幅提升投资产业的国际竞争力等。

另外，为了在全球竞争中保持核心竞争力，跨国公司在国际投资中往往采用垂直一体化战略。其形式既有独资、控股、参股的直接股权控制，也有借助品牌进行非股权控制的虚拟一体化方式。在直接的股权控制模式中，跨国公司往往自己投资从事研究与开发或者关键零部件的生产，以确保技术领先的优势。对于普通、标准零部件则采用全球采购的虚拟一体化模式，以降低成本。这种战略导致国际贸易形式的变化。对应于前者，表现为精密零部件在公司内贸易中的比重不断上升；对应于后者，则表现为加工贸易在整个国际贸易中的比重持续提高，并有可能成为未来国际贸易的主要形式。

11.1.3 服务外包的产生和发展

服务外包作为企业管理的实践源远流长。有研究人员从外包通常的经济含义出发认为1776年经济学之父亚当·斯密的《国富论》中表述的竞争优势思想已包含服务外包内容，18～19世纪欧洲“捕鲸船队和浮动的制造厂船只（whaling fleets and floating factory ships）”也体现了外包的精神（Sengupta，et al. 2006，pp. 19，22）。虽然这类解读不无牵强，但依据管理学界的一般理解，传统服务外包的对象包括企业内部餐饮提供、保安和保洁卫生等一般性支持服务，包括生产过程所需部分产品和投入品的运输服务，还包括从外部获得法律服务支持，企业显然很早就从外部获得这些服务。

服务外包现象虽早已存在，但当代服务外包有其特征属性。一般认为当代服务外包或者与计算机、软件和当代IT技术的普及直接联系，或者其大规模发展以过去几十年信息技术的性价比难以置信的提高为必要条件。1989年著名管理学家德鲁克教授发表了一篇著名文章，提出“任何企业中仅做后台支持而不创造营业额的工作都应当外包出去，任何不提供高级发展机会的活动与业务也应当采取外包形式”。如果采用业内人士的一般理解，把该文的发表看作是当代服务外包兴起的一个标志，那么当代服务外包兴起的历史还不到20年。下面从信息技术外包和业务流程外包两个方面观察这一行业的特征表现。

11.1.3.1 信息技术外包（ITO）

ITO是计算机产生和普及的产物，1944年艾肯与他的团队在IBM的资助下生产出“马克Ⅰ号”（MarkⅠ）电动计算机，1946年世界上第一台电子计算机在美国研制成功，标志人类开始进入计算机时代。1964年4月7日，耗资50亿美元的IBM360系统电脑问世，标志计算机进入大规模商业应用时期。1974年和1977年“牛郎星微型计算机”和“AppleⅡ”（苹果Ⅱ

型）先后问世，1981 年 IBM 公司推出个人电脑 PC 机，标志电脑进入全社会范围的普及阶段。20 世纪 80 年代中后期 Windows 软件以及数据表格软件、文字处理软件的出现和完善，使计算机逐步成为广大民众的必需品。90 年代初互联网产生，90 年代中期网景和 Internet explore 等互联网搜索器出现，为人们提供了以极低的成本在全球范围搜索信息的工具，并且通过提升计算机信息的搜索、储存、处理功能而极大地推动了计算机进人寻常百姓家。

计算机和 lT 技术本身的专业性很强，在企业界普遍使用计算机和 IT 信息技术的环境下，很多相关服务成为适于外包提供的对象。正如研究人员指出的，过去几十年间，信息技术性价比难以置信的提高，已经导致了信息技术在各个商业领域中广泛的、创新性的应用。然而，同样快速的技术变化也很快使版本较旧的软件和硬件变得过时。因此组织总是持续处于一种拥有充足的不断老化的设备和人员技术而缺乏关键性技术和硬件设施的状态。外包提供了这样一种途径：即组织可以减少与战略导向不相适宜的人力资源及设备资源，同时可以用最新的资源满足组织的最新需求（Klepper and Jones，1995，p. 25—26）。

ITO 的形式大体有系统运营、网络设计开发和管理、应用系统设计开发和维护、数据中心托管、安全服务、IT 培训、系统集成、信息技术顾问、业务管理过程、用户支持等。一般把内容多样的 ITO 分为三大类，一是系统操作服务（operation services），即将系统的某些操作服务进行外包，比如企业可以将其员工数据库的录入、查询以及报表生成等操作外包给第三方，据业内观察这部分业务占 ITO 的比重较大。如 2007 年 3 月 25 日 HP 与 BT 联盟宣布为英美资源集团（Anglo American）提供数据中心运营、最终用户工作环境管理、全球语音服务等业务，外包合同为期 7 年，金额高达 45 亿美元（GOR，2007/4，p. 3），其中部分内容可以看作是系统操作服务外包。二是系统应用管理服务（application management），指企业将应用系统的设计、升级和维护等活动进行外包，例如企业可以将自己投资建立的大型ERP系统的日常维护外包给第三方。典型的例子如2006年11月印度塔塔咨询服务公司与澳大利亚Qantas航空公司签订了为期7年高达9 000万美元的合同，为Qantas提供信息通讯应用、改造和维护服务（GOR，2007/2，p.3）。全球最大的IT服务提供商EDS于2007年初宣布与欧洲航天局（ESA）签订一项为期5年价值为9 700万美元的协议，依据该协议EDS将为欧洲航天局提供IT技术服务，并为相关基础技术设施提供全面管理支持，其中相当大部分也属于IT信息服务。由于对7×24（每周7天，每天24小时）应用系统的支持需求以及电子商务基础架构的管理需求。这部分业务近年增长较快。三是技术支持管理服务（help desk management），如企业可以将系统支持交给专业公司如微软，员工在工作过程中需要技术支持可以拨打微软专用技术支持热线寻求解决。

需要说明的是，软件设计生产过程以及软件开发能力在整个服务外包中扮演特殊角色。对此可以从两方面理解，一方面软件开发生产过程不同区段活动，在当代IT技术的支持下比较容易异地进行，使软件研发和生产过程本身成为最重要的单项服务外包对象，特别是发展中国家与发达国家离岸服务外包的重要内容。当代服务外包的早期形态，在相当程度上以美国与印度企业在软件外包生产过程中建立的外包关系作为重点内容和主要标志。另一方面，后来进一步发展起来的IT服务外包和业务流程外包，不同程度地需要借助当代信息技术平台，因而不同程度地需要利用软件对IT技术设施的整合功能。其他服务外包类型与软件能力密切关联，使得软件在各类服务外包中具有特殊地位。由于上述原因，无论从企业经营活动、相关行业协会功能，还是从政府政策支持内容等方面观察，软件生产能力与服务外包都有不解之缘。

11.1.3.2 业务流程外包（BPO）

与信息技术外包相呼应，业务流程外包构成当代服务外包发展的半壁江山。Gartner 把 BPO 定义为"基于事先定义并且可以度量的绩效指标，把一个或多个 IT 密集的业务流程指派给外部提供者完成，服务提供商相应拥有、调配和管理这些流程。这些流程包括物流采购、HR、财务会计、CRM 或者其他行政及面对顾客的商务功能（Gartner，2002）。Kalakumari（2005）把 BPO 定义为企业"把一个或更多 IT 密集型业务流程分离出去让外部提供商承担"，包括"数据录入、规则性流程、决策、直接客户接触、专家知识服务"等五类（Kalakumari，2005，p. 69～72）。

业务流程外包意味着检验业务流程的每个组成部分及其功能单元，然后与外部专业化的服务提供商协作，把所有应当外包的流程都外包出去的同时，重新构建业务流程的结构。这些业务流程外包需要现代 IT 技术支持。

当代业务流程外包可以追溯到几十年前美国一些企业把发工资、催缴应收款业务外包给某些专业服务提供商，如 ADP 半个多世纪前就开始把承接其他企业发工资的流程作为核心业务，EDS 涉足处理其他企业员工的健康保险文件和记录业务也已有几十年历史。虽然这类商务流程外包现象早已出现，但它们在 20 世纪 90 年代 IT 技术革命的基础上才得到快速发展，并通过跨国外包形成当代经济全球化的新潮流。

20 世纪 70～80 年代随着通讯成本逐步下降以及市场竞争的日益激烈，美国和英国出现了数以百计的电话呼叫服务中心。如 Cincinnati Bell 所属的 Matrix Mar-keting 及以其为基础合并另一企业建立的 Convergys Corporation 在美国、加拿大、欧洲拥有几十个呼叫中心，它们通过提供外包顾客呼叫业务及相关技术支持，帮助发包的客户企业更好地集中发展核心竞争力。Convergys Corporation 在 1998 年与 Bell 分离后上市，提供包括收费服务等成系列的面向顾客的外包服务，目前雇用约 7 万名员工。在上述背景下，美国和欧洲石油、电信、医药等企业纷纷外包顾客服务、电话销售、薪酬发放以及其他服务流程。

20 世纪 80～90 年代，美国和欧洲企业开始向爱尔兰、以色列和加拿大等国转移部分商务流程业务，试图以此套取这些国家劳务成本较低的利益。在这一转移进程的高峰时期，爱尔兰提供跨国服务的呼叫中心雇用的员工超过 30 万。管理学领域在 20 世纪 80 年代开创了竞争战略理论，M. Porter 的名著《战略优势》明确地把突出重点作为谋求战略优势的基本因素之一。90 年代初管理学者 C . K. Prahalad 在《哈佛商业评论》中提出核心竞争力理论，倡导企业应当明确并专注于自身的核心竞争力，然后通过外包等方法从其他活动中摆脱出来。

竞争战略和核心竞争力理论激发了企业家的想象力，加上受到此前在爱尔兰等中等发达国家外包实践的启发，American Express、Swissair、British Airways、General Electric 等大公司更加重视劳动力成本更低的印度等国作为外包服务提供中心的潜力，开始在印度大规模建立分支性服务运营单位。1999 年印度颁布《新电信法》，破除了对相关电信业务的国有垄断，大大提升了印度作为承接国际服务外包基地的地位。90 年代中后期以来，欧洲企业开始在东欧国家建立外包基地，我国大连、广州、深圳等地企业也向日本、韩国等提供外包服务。商务流程外包成为服务业结构重组的最强有力杠杆。

11.2 中国服务外包业的宏观环境

承接方国家的宏观环境、政策导向、基础设施和产业结构等，影响着服务外包转移方对承接方国家的选择，也在很大程度上决定了承接服务外包的质量和效果。中国凭借在宏观经济环境、基础设施、政策支持、劳动力成本等方面的优势，近年来承接服务外包的综合竞争力大幅提高，已经成为国际服务外包转移方首选的承接地之一。

11.2.1 中国对发展服务外包产业的政策支持

中国政府将发展服务外包产业作为未来经济增长的重点领域，并把软件与IT相关服务确定为“十一五”规划的关键领域。相关的支持政策可以分为三个层次：①“十一五规划”中明确提出大力发展服务外包产业，中国各级政府相继出台支持服务外包发展的政策，鼓励跨国公司把具有一定规模的服务外包业务转移到中国。②商务部实施了服务外包“千百十工程”，计划于“十一五”期间，在全国建设10个具有一定国际竞争力的服务外包基地城市，推动100家世界著名跨国公司将其服务外包业务转移到中国，培育1 000家取得国际资质的大中型服务外包企业，创造有利条件，全方位承接国际（离岸）服务外包业务，并不断提升服务价值，实现2010年服务外包出口额在2005年基础上翻两番。③为推动服务外包业的发展，各省市和服务外包基地城市如上海、成都、大连等城市都根据当地实际情况，制定了更为具体的服务外包促进政策，比如产业倾斜的贷款政策，税收优惠政策等。

11.2.2 中国拥有大批接受过高等教育的高素质劳动力

中国每年培养大批的工程和IT人才，而且人才流失率比较低。研究发现中国人才流失率总体低于15%，而印度通常高于25%。在人才供应成为服务外包产业发展主要瓶颈的情况下，拥有充足、可培养的人才资源为中国承接服务外包打下了坚实的基础。在劳动力成本方面，中国是世界上劳动力成本最低的国家之一，预计未来工资涨幅将保持在每年5%～8%，在未来一段时间内仍将保持成本优势。

11.2.3 中国具有成熟的交通、通信等现代化基础设施

经过改革开放30年来的建设，中国的交通、通信、网络等基础设施快速发展，在部分领域已接近发达国家水平，为服务外包的发展提供了良好的硬件基础。从软环境方面来看，中国兴起了许多地理位置优越、人文环境良好、配套设施齐全的服务外包园区，为服务外包承接方开展业务提供了便利和支持。

11.2.4 中国对亚洲地区客户具有良好的地理优势和文化相容性

中国与亚洲国家在地理上邻近，与日本、韩国以及一些东南亚国家具有文化相似性和语言优势，这帮助中国确立了在亚洲服务外包和离岸服务外包市场上的领先地位。中国东北地区的大连等城市，在开展对日韩服务外包业务方面已经具备了优势。随着对日本服务外包市场的扩大和欧美服务外包市场的开拓，越来越多的企业将加入到服务外包产业中。

11.2.5 中国具有大规模的制造业基础

在中国发达地区，特别是长三角、珠三角、京津唐地区，形成了产品配套程度很高的产业集群，为承接服务业国际转移和离岸服务外包业务奠定了基础。中国已成为全球制造中心，很多行业的生产能力居世界第一位。牢固的制造业基础和产业集群使中国在新兴的离岸设计研发服务领域具有后发优势。同时，由于自身巨大的需求拉动，中国国内服务外包市场的发展潜力巨大，如果这部分需求得到释放，必将促进国内服务外包市场的迅猛发展，培育出一批具有国际竞争力的服务承接方，树立其他国家无法比拟的独特优势。

11.3 “哈大齐”工业走廊服务外包业发展现状分析

11.3.1 大庆服务外包业的发展

2007年12月3日，大庆服务外包产业园被商务部、工业和信息产业部、科技部联合认定为“中国服务外包示范区”，2009年1月15日，《国务院办公厅关于促进服务外包产业发展问题的复函》[国办函（2009）9号]（资料来源：中国服务外包网），对商务部的请示作以批复，批准大庆市等20个城市（北京、天津、上海、重庆、大连、深圳、广州、武汉、哈尔滨、成都、南京、西安、济南、杭州、合肥、南昌、长沙、大庆、苏州、无锡）作为中国服务外包示范城市，并通过一系列政策措施。

大庆市委、市政府为支持鼓励服务外包的发展，完善创业平台和金融服务平台建设，先后制订出台了《大庆市加快发展服务外包产业若干意见》和《大庆市促进服务外包产业发展暂行办法》，明确了对服务外包的有关扶持政策。对于设立在大庆服务外包产业园内的服务外包企业，除享受国家振兴老工业基地、资源型城市转型、国家级高新技术产业开发区、“哈大齐”工业走廊以及国家对于软件企业的有关政策外，还享受专门的优惠政策。

作为一个资源型城市，大庆把石油工程技术服务、软件开发与信息处理服务、专业服务三个方面作为服务外包产业发展重点。据大庆市外经贸局数据，截止2008年10月底，大庆服务外包产业园共有服务外包企业77家，2008年预计实现总收入38.6亿元，其中离岸服务外包产值7亿元。大庆市的服务外包业务主要集中在以下几个方面：一是石油工程技术服务。发挥大庆油田有限公司、大庆石油管理局等大企业科技和人力资源优势，依托高分辨率地震勘探、调整井钻井完井、水淹层测井资料处理等国际领先技术，拓展国际市场，重点发展石油软件开发及油田开采中涉及的物探、钻井、测井、录井、采油等领域的技术支持与服务。在石油工程技术服务方面，为中亚、东南亚、南美、北美、中东、北非等区域的 20 多个国家提供了勘探、测井、录井数据采集、处理、解释以及钻井、完井工艺设计和采油技术等外包服务。二是软件开发。发挥大庆软件园国家火炬计划软件产业基地的集聚效应，依托大庆的石化技术和人才优势，积极扶持金桥信息、三维软件、华创通软等骨干企业，面向国际市场发展流程行业控制和管理、组态监控、化工装置和工艺优化以及医院物流管理、财务审计、教育娱乐等行业应用软件，打造东北软件出口基地。在软件开发与信息处理方面，已为国内外石化、教育、审计、医疗、娱乐等行业提供了生产过程自动化控制、仿真模拟、工艺优化、生产管理、影像、游戏等方面的软件开发服务。在软件开发、工程设计、工业控制系统方面有大量的科研院所、研究人员和中试基地，形成了完善配套的产学研一体化发展体系。从事软件开发系统集成注册企业已 400 多家，29 家企业通过了软件企业资质认定，6 家企业通过了系统集成资质评审，登记软件产品 48 个，1 家企业通过 CMMI3 级评估，形成了一批有自主知识产权的软件产品。三是信息处理服务。以华拓数码、明达韦尔等企业为龙头发展数据录入、图文处理、呼叫中心、软件服务、后台支持、信息工程监理、信息系统安全测评、信息技术咨询等信息服务。在巩固发展石油石化类工程咨询的同时，发挥人才密集和专业优势，承接会计、审计、法律、人力资源、评估及产权交易、市场调查等服务外包，推进综合咨询、管理咨询、工程咨询服务，提供多样化的服务与交易方式，促进国际化的专业服务贸易增长。已为澳大利亚、英国、美国、香港等国家和地区提供了数据录入、图文处理等信息处理服务。金融保险商业后台支持、管理咨询、设计制作、人力资源及财务代理等专业服务外包正在不断发展。初步形成了以石油工程技术服务为主导，软件开发与信息处理、专业服务等行业为两翼的服务外包产业发展格局。

11.3.2 哈尔滨服务外包业的发展

黑龙江省及哈尔滨市地方政府高度重视服务外包产业的发展，成立了服务外包产业发展领导小组，哈尔滨市制定了《哈尔滨市服务外包产业发展规划》和《哈尔滨市服务外包人才培训规划》，并列入全市经济和社会发展"十一五"规划。制定了《哈尔滨市促进服务外包产业发展优惠政策》，设立了服务外包产业发展专项资金。作为2009年1月15日国务院批准的20个"中国服务外包示范城市"之一的哈尔滨市，正在加速服务外包业发展进程。

据黑龙江省信息产业厅数据，截至2008年底，全省累计有21家服务外包企业通过CMM/CMMI认证，5家服务外包企业通过ISO27000认证，从业人员超过4万人。业务涉及金融、保险、动漫设计、地理信息、数据处理、石油石化、呼叫中心等诸多领域。2008年（预计）全省软件及服务外包业务收入80亿元。2009年6月，黑龙江省服务外包人才培养基地授牌仪式在哈尔滨市属本科院校哈尔滨学院举行，哈尔滨工业大学、黑龙江大学、哈尔滨师范大学、哈尔滨学院等9所院校被确定为首批黑龙江省外包服务人才培养基地，年培养能力已经超过4 000人。

哈尔滨市科技综合实力较强，位居全国大中城市前列。哈尔滨市拥有独立自然科学研究机构118个，其中焊接研究所、兽医研究所、工程力学研究所、703所等技术水平居全国领先地位，具有很强的研究与开发实力。全市大中型企业有科研机构176个，实验室35个，其中发动机、轴承、量仪、空调机、电机、汽轮机、环保制氧、生物制药等21个重点实验室达到国内先进水平（资料来源：中国服务外包网）。

哈尔滨是中国重要的装备制造工业基地之一，装备制造业及制药行业优势明显。水电设备、数控切割设备、包装机器人等产品占国内市场份额达 50%以上，火电设备、大型量仪、微型汽车发动机等产品占国内市场份额 30%～50%。随着企业市场竞争力的不断增强，部分企业已经开展了研发设计外包业务。2007 年全市装备制造业企业研发设计外包收入约为 15 亿元，其中离岸外包收入约 1.4 亿元。哈尔滨市医药行业在全国居领先地位，以哈药集团为龙头的一批骨干企业具有较强的科研实力，拥有两个国家级企业技术中心、一个博士后科研工作站、两个省级工程技术研究中心和一个省级重点实验室，为企业承接新药研发外包业务提供了必要的保障，2007 年哈药集团的新药研发外包收入接近 5 000 万元。

哈尔滨市的空间地理信息外包在全国处于领先地位。黑龙江省地理信息产业园凭借在地理信息产业及服务外包领域的集聚效应，利用人才、技术、管理等方面的资源，发挥地理信息数据加工技术在国际上的领先优势，打造品牌，拓展国际地理信息产业市场，在地理信息及离岸服务外包领域上形成一定规模。

11.3.3 齐齐哈尔服务外包业的发展

与哈尔滨和大庆相比，齐齐哈尔的服务外包业发展相对滞后。齐齐哈尔市现在还没有服务外包产业园区，从事服务外包产业的企业不多、规模也小，现正在筹划建设各类服务外包产业园区，如齐齐哈尔装备制造业服务外包园区，一期规划建设占地 225 万平方米，建设服务外包场地 12 万平方米，将建成国家级重点实验室及工程中心、电子信息技术、应用软件开发、工艺设计、新能源与环保、新材料等方面的服务外包产业基地。

在发展服务外包方面，齐齐哈尔具备一定的有利条件。作为东北老工业基地，齐齐哈尔市产业基础扎实，装备工业技术领先，各类人才密集，具有很强的境内外包、离岸外包能力。齐齐哈尔是东北亚经济圈的重要组成部分，是嫩江流域中心城市，具有较强的辐射功能，具有一定的外包承接能力和外包需求。

齐齐哈尔人才储备充裕，劳动力成本低。市内企业如一重集团公司、齐三、齐二机床集团公司等有在全国具都一定地位的尖端人才和高技术人才。有齐齐哈尔大学等大专院校，其中齐齐哈尔职业学院在 2008 年 4 月被省教育厅确定为软件外包服务人才培养学校。

齐齐哈尔对日本、韩国、朝鲜、俄罗斯、蒙古等国家和地区有着地理与人文的优势。特别是与日、韩、朝的关系更为密切，其习俗、习惯、文化等方面更为相似，双方服务外包业务容易实现。

11.4 对"哈大齐"工业走廊发展服务外包业的政策建议

持续快速发展的经济，优越的政策环境，为服务外包在"哈大齐"发展奠定了良好的外部基础，较大的国内外市场和日益对外开放的服务业领域为外包业提供了较大的发展空间。但目前，"哈大齐"发展服务外包仍面临着一些困难，表现在：

政府关于服务外包统筹发展规划还不够明晰，措施还不够具体，各项政策还不完善。未进行充分的调研、论证和分析，发展方向还不够明确，未形成完善的服务外包发展体系。

企业对服务外包产业运作缺乏充分理解和足够的重视，市场推广和营销力度不足，外界对"哈大齐"从事外包服务的能力认知度不高。

缺少服务外包专业人员，未形成高素质的服务外包管理队伍，没有配套的人才激励和奖励办法。从业人员不适应服务外包的要求，人才使用成本高，等等。对此，提出以下建议。

11.4.1 政府要高度重视服务外包业的发展，加大人力财力投入，加强服务外包的理论研究和"哈大齐"工业走廊的实际调研，充分用足用好国家政策。各城市根据自身的特点和优势制定相应的发展规划和明确的发展计划，确定合理的目标市场，城市间应展开差异化竞争。哈尔滨应利用自身大型企业集中和高水平人才多的优势积极开拓软件开发和设计，装备制造业和制药业的设计与研发市场；大庆可发挥行业优势，重点开拓石油工程技术服务、软件开发、信息处理服务市场；齐齐哈尔应充分利用其毗邻哈尔滨、大庆的特点，积极承接“哈大齐”工业走廊内的外包业务。

11.4.2 明确服务外包的目标市场。将工业走廊内部企业以及俄罗斯、日本、韩国企业作为“哈大齐”发展服务外包的重点，推进企业装备制造业、制药业、数据处理、软件开发和设计服务等领域的服务外包业务。

11.4.3 建议有关部门进一步放宽市场准入限制。放开远程支持的网络业务处理、呼叫中心、在线数据处理等基于互联网的服务外包业务，在市场准入方面不做限制。

11.4.4 加强专门人才培养和服务外包企业从业人员的培训。人才是服务外包产业发展的基础，在哈尔滨、大庆等国家重点支持发展服务外包的城市，政府应建立人才培训基金，资助大学等培训机构，按照跨国公司的需求定单培训，为企业提供合格人才。

11.4.5 积极开展服务外包的投资促进活动。利用哈洽会、冰雪节等活动作为平台，组织以服务外包为主题的研讨会、洽谈会，为服务外包企业与跨国公司的交流合作创造条件。在商务部的中国投资指南网站上建立服务外包子站，向国内外企业介绍“哈大齐”服务外包的发展趋势、技术运用和管理经验，并通过建立行业数据库，向外包发包商提供客观权威的外包服务提供商数据，降低搜寻成本，在条件成熟时，组建行业协会。

12 “哈大齐”承接“外部推动”的策略分析

“外部推动”是一种经济发展模式，接受这种模式的经济体，能够利用地方的比较优势资源，比如原材料或劳动力资源，结合外部已经成型的技术，发展地方经济，促进地方经济快速增长。理论界对于这种经济发展模式各执一词，对这种发展模式的利弊众说纷纭。本章从“外部推动”的基本理论入手，在了解国际制造业及我国东南沿海制造业向外“扩散”历史的基础上，提出发展黑龙江省“哈大齐”工业走廊制造业的重要意义，试图分析在金融危机背景下如何大力发展“哈大齐”工业走廊制造业。

12.1 “外部推动”发展模式的理论简述

12.1.1 什么是“外部推动”发展模式

外部推动发展模式是指处于边远的经济欠发达地区，为了效仿先发展经济地区，自动中断了本地区原先的经济发展轨迹，而被动地转入由先发达地区所开启的现代化轨道上来，接受其工业化的扩散和推动，以促进本地区的经济发展，提早实现工业化的目标。这样的国家有拉美国家、日本、亚洲“四小龙”等，接受“外部经济推动”的主要方式是通过大规模地利用外资、接受制造业扩散、发展外向型经济，来推动本地工业化进程和经济发展。

一般采用外部推动的经济发展模式的主要原因是在意识到自己和先发展地区之间的差距后，不满足于自己的现状，但又不能在自己发展的传统经济模式中衍生出先进地区所具有的现代性，所以去主动接受其产业即资本的扩散，来发展本地区的经济，这样可以享受现成的投资、技术创新、管理经验、新产品的市场开拓、就业的增加、基础设施的发展、制度的改进等等。采取这一发展模式对落后地区的经济发展会起到促进的作用。

12.1.2 “外部推动”的理论研究

12.1.2.1 “外部推动”发展模式也是一种“创新”

最早提出创新概念的熊彼特，在他的代表作《经济发展理论》中，将创新视为现代经济增长的核心，并将其描述为“创新就是生产函数的变动，而这种函数是不能分解为小的步骤的”。熊彼特的创新概念包含的范围很广，既涉及技术性变化的创新又涉及非技术性变化的创新。后来创新被划分为技术创新和制度创新两大类型，即从熊彼特提出创新的本义来看，创新指的是一种经济活动，技术创新和制度创新都是从创新概念演化而来的，它们都是创新的一个重要组成部分。因此，可以将接受“外部推动”的发展模式也理解成一种制度创新，也是一种创新活动。

从某种程度上来说，技术创新的扩散作用比技术创新的单方作用力更大，因为技术创新的一次应用只能提高单个企业的劳动生产率，而整个行业或社会技术的全面进步则需要技术创新的大面积使用，即通过技术创新扩散的过程来实现。另外，一些国家和地区由于资源的限制，从事技术创新的能力较弱，技术创新扩散就显得更为实用和重要。因此，从全球资源配置的角度去理解，“外部推动”发展模式是提高劳动效率的有效途径。同时对于单个国家来说，采用这种发展模式也有利于减少研究、开发的时间和费用，起到了节约时间，迅速提高效率，赶超先进国家的作用。

熊彼特也最早对创新扩散进行了定义，他将技术进步过程分为发明、创新和扩散三个不同的阶段，技术扩散发生在发明和创新之后，指技术创新通过市场传播，被更多的经济个体所采用的过程。技术扩散的一个最直观的现象，就是出现了更多的新技术的使用者。熊彼特认为，技术创新会使创新者获得垄断利润，其他企业为了获得垄断利润对技术创新进行模仿，而技术创新的大面积或大规模的模仿就是技术创新扩散。熊彼特还描述了创新对经济发展的作用与影响过程；提出了创新的主体只能是企业家，说明企业家的天职是进行组织创新和观念创新；在提出技术创新扩散思想的同时，比较详细地论述了社会对技术创新的“模仿”如何作用于经济发展周期。

12.1.2.2 跨国投资可以实现成本优势

美国经济学家弗农（RaymondVernon）在 20 世纪 60 年代的《产品周期中的国际投资与国际贸易》一文中提出了“产品生命周期说”，认为每一种产品都有自己产生、发展和衰亡的过程。每一种产品的生命周期都包括新产品导入期、成长期、成熟期和衰退期。弗农的产品生命周期理论间接地阐述了产业在国家和地区之间的梯度扩散转移。

产品开发与投产的最初阶段是产品生命周期中的新产品期。这一阶段，投入最多的是技术和熟练劳动，占成本的主要部分，产品的技术密集度较高。发达国家由于具有技术、资金等方面的优势，一般处于产品或产业创新的前列，并由此开始形成某一产品或产业的生命周期循环。次发达国家或发展中国家由于技术、资金等因素的限制在这一阶段只能购买发达国家的产品，没有能力进入这个新兴领域。产品及其生产技术逐渐成熟的阶段是产品生命周期中的成长期，这一阶段国外对产品的需求越来越大，外国厂商开始模仿或引进该技术进行生产，产品开始由技术密集型向资本密集型转化。产品及其生产技术的定型化阶段是产品生命周期中的成熟期，在这一阶段研究与开发费用占生产成本的比重逐步降低，资本尤其是熟练劳动成为产品成本的主要部分，生产地点也逐步向低成本的不发达国家或地区转移。随着技术的不断创新，该产品的技术逐步标准化直至落后的阶段是指产品生命周期中的衰退期，这一阶段产品的附加值逐渐降低，当其利润降低到某一程度时，发达国家便会从这一领域退出并再次推出新的产品，从而又开始新一轮“产品生命周期”。

12.1.2.3 外部经济理论

对扩散问题的研究离不开产业集聚的探讨。阿尔弗雷德·马歇尔（A! fredMarshall)，从新古典经济学的角度，最早较系统地研究了产业集聚现象。他通过对工业组织的研究，指出企业为追求外部规模经济而集聚这一现象。马歇尔对产业聚集的研究，集中在其经典著作《经济学原理》一书中。与一般经济区不同，马歇尔定义的产业区，内部企业的生产活动不是自给自足，而是建立在专业化生产之上的劳动分工的不断细化，与区外经济建立开放、持久、广泛的联系基础上，从而产生了更高的生产力。马歇尔将产业区定义为一种由历史与自然共同限定的区域，其中的中小企业相互协作，协同竞争，产生了较之一般经济区更高的区域和产业竞争力。马歇尔在研究产业区时，主要考虑的是其经济效率，也就是说，当专业化的企业之间在劳动和工作方面进行分工时，由产业空间聚集发展起来的产业区会更有效率，这是马歇尔分析产业区效率的基本出发点。

马歇尔认为产业聚集区会产生以下三方面的“外部经济”。第一方面，马歇尔指出产业空间聚集能够使更多的知识、信息、技能和新思想等在集群区内的企业间迅速传播、扩散和应用。当一种工业已经选择了集聚的存在方式，它会长久地设在那里。从事相同行业的人，相互从邻近的地方得到行业的秘密不再成为秘密。第二方面，马歇尔认为产业的空间聚集为产业区提供了一个熟练的、专业化的、“不变的，有规则的劳动力市场”。在一个经济发展的不同阶段中，雇主们往往到能够找到他们所需要的、有专门技能的优良工人的地方去办厂。同时，寻找职业的人自然到许多需要他们那样技能的地方去。因此也就形成了一个劳动集聚的市场。第三方面，产业聚集促进了相关配套辅助产业的成长和专业化协作，并提高了专业化机械设备的利用效率。当一个产业成长起来时，使用专业化机械的经济效果便可实现并起到支持性作用。处在附属地位的产业增长也为主导产业内企业的成长提供了条件。

12.1.3 国内外部扩散理论

陆大道研究员（1984年）在对扩散、增长极、发展轴理论研究的基础上，提出了经济客体在空间中的“点—轴”渐进式扩散模式。他在经济活动的空间扩散理论中指出，根据物理学原理，各种事物在空间中都有自己的势能，而且无时不在向周围环境输送和扩散自己的势能。这种势能在区域发展过程中表现为产品流、资金流、人流、技术流、信息流、政策流等由中心区向周围流动不断扩散，在距中心不同方位和距离重新聚集，与当地原有的自然、社会经济要素相结合，形成新的集聚点。他认为，空间扩散现象的根源是由社会经济空间结构的不均衡引起的。城市往往是一定区域范围人口、行政单位、文化教育科学单位集中的地方，人口密集。与周围社会经济设施相对疏少的地域之间，存在着经济梯度、社会梯度，这样也就形成了压力。而各种“流”会从高压地向低压地流动，自然会形成空间扩散。而空间扩散的结果，会使空间结构逐渐均衡化，使资源和空间得以充分利用。

陈才（2001）、董锁成（1994）从地理运动的角度对扩散进行了研究。他们在阐述经济地域运动时谈到，由于生产力发展及其地域不平衡的规律，经济地带必然呈现出梯度分布的特点。由于有了梯度就必然产生生产力要素的广泛流动。通过流动与传输，发挥其扩散作用，促进经济地带的梯度推移。任何一个经济地带的发展都经历一个由低级到高级的过程。一般说来，都经历由资源密集型、劳动与资源密集型、技术与资金密集型，进而达到知识与技术密集型这样一个发展过程。要想加快这一发展过程，就必须充分发挥其流动与传输的功能，使由高层次地带向低层次地带的扩散作用加强，加速其梯度推移扩散的进程。

杨吾杨教授（1987）曾用扩散理论解释了北京城市与郊区的电视机普及情况。王铮（1994）将地理粒子看成一个个单体的集团，当这种单体复合集团在地理空间做随机运动时，就构成了粒子过程，并以此为理论依据构造了数学模型，对人口的扩散与集聚做了实证研究。

从20世纪80年代以来，国内学者试图探询创新空间扩散的机理，但由于其复杂性和深奥性，没能走得太远。空间扩散理论中有关时空扩散的特征、规律、影响因素、动力机制等的一般理论还没有系统化，没有建立起具有较好解释性和可操作性的数学模型。已有研究结论由于在理论上囿于地理空间的限制，未能深入拓展。

12.2 国际制造业“外部扩散”的阶段分析

制造业的全球化使制造业的资源配置由一国范围扩大到世界范围，生产全球化，销售全球化、融资全球化、服务全球化和研发全球化成为制造业发展的主要潮流，使制造业在全球范围内进行重新分布和组合。某一产品可能在一国研发，在另一国生产部件，在第三国完成组装，在第四国销售；也可能由四国联合研发、联合投资，然后交由其他国家制造、销售。企业通过国际互联网、局域网和内部网，可以实现针对世界上任何一地的用户订单进行生产而组建动态联盟企业，从而可在一个无国界的大市场中实现异地设计、异地制造和远程销售。

12.2.1 国际制造业“外部扩散”的阶段分析

由于经济地带具有梯度推移扩散功能，使人类经济活动遍布于世界各个经济地带，并不断地调整各个地带生产力水平的差距。如亚洲的"四小龙"在五六十年代，其经济发展水平几乎与亚洲大陆相差无几，但是由于主、客观的原因，他们加强了与发达经济地带的联系，接受发达经济地带对他们的辐射扩散作用，从而逐渐形成了一个低于发达经济地带、高出于亚洲大陆的一个新的梯度地带。经济地带的经济扩散推移并不是平均推进的，而是波浪式向前发展的，有的发达地带可能停滞下来，一些次发达地带可能赶超上去。

关于国际制造业的"外部扩散"可大体分为如下几个阶段。

19世纪末国际制造业扩散转移的产生阶段。这一阶段外部扩散作用的主要原因是工业国与农业国国际分工地位的分化，起因于交通运输条件的改善和第二次工业革命后工业先发达国对橡胶、石油等工业原料的大量需求。工业国为从国外获取资源和高额利润而到东部国从事采掘性、资源性产业。这一阶段属于对外直接投资的初级阶段，而不能称其为国际制造业扩散。制造业的扩散仅局限于殖民地和宗主国之间。

20世纪上半叶国际制造业扩散的成长阶段。从1914年到1938年，跨国直接投资总额几乎增加了一倍，达到200亿美元。据统计，第一次世界大战至第二次世界大战之间，跨国直接投资占到对外投资总额的25%左右。随着英国、德国部分制造业及相关技术的扩散与外移，加上本国的技术创新，美国逐步取代英国、德国成为世界工业强国。但由于第二次世界大战前世界经济全球化和各国产业结构调整的步伐还较为缓慢，从总体上说，国际制造业扩散还处于成长阶段。

20世纪下半叶国制造业扩散的迅猛发展阶段。50年代之后，经济发达国家基于产业结构调整的需要，通过对外贸易和直接投资等不同的手段，向发展中国家扩散和转移制造业。20世纪90年代前期，经济发达国家曾掀起制造业扩散的浪潮，这个时期也是国际制造业扩散的高峰时期，东亚各国和地区逐步地被卷入这一浪潮。东亚国家利用这波国际制造业扩散的潮流，积极接受发达国家地区制造业扩散的“外部推动”，较快完成了自身的工业化进程，创造了举世瞩目的“东亚奇迹”。

12.2.2 国际制造业对我国东南沿海的扩散

12.2.2.1 我国东南沿海接受国外制造业扩散的过程

1978年改革开放，邓小平同志在总结我国经济发展历史的基础上，借鉴国外的先进经验，提出了具有中国特色的区域非均衡发展理论，率先开放东部沿海地区。1979年从广东、福建两省开始实施开放战略，1980年正式在深圳、珠海、汕头和厦门设立经济特区，把它们作为我国改革开放的窗口。1985年，又把珠江三角洲、长江三角洲和闽南三角区划为沿海开放地区。90年代初，在上海建立浦东开发区。到1998年，把整个海南岛作为中国最大的一个经济特区。我国基本形成了涵盖经济特区、沿海开放城市、沿海经济开放区、沿江沿边和内陆省会开放城市以及上海浦东新区等不同层次、不同功能、点线面结合、全方位、宽领域、多层次的对外开放格局。

12.2.2.2 我国东南沿海接受国外制造业扩散的条件

区域的经济地理和人文优势。东南沿海地区是中国的东南“黄金海岸”位于多条国际航道线上，独特的地理位置具有其区位优势和侨乡优势。仅东莞地区就有海外侨胞20多万，港澳台胞70多万。澳、台、新加坡等国家和地区富裕起来的侨胞回国投资首选区域便是他们的故乡，这些深厚的人际网络联系是国内其他地区无法比拟的。20世纪80年代，以“三来一补”（来料加工、来样制作、来件装配、补偿贸易）为主要贸易形式的加工贸易外向型经济企业遍及城乡。例如深圳的工业化进程就可以说是由香港的“三来一补”启动的，是香港的资金和信息造就的深圳外向型经济的雏型。

良好的历史工业化基础。新中国成立以前，中国的地区工业发展推移，东南沿海地带集中了我国大部分的工业企业，对外的主要港口和一批大城市，全国工业总产值的77％以上集中在占国土面积不到12％的东南沿海地区。而占国土面积68％的西北、西南和内蒙古广大地区工业总产值仅占全国的9％。根据1952年的统计资料，我国沿海各省工业的产值约占工业总产值的70％。重工业主要集中在辽宁、黑龙江和河北等省，钢铁工业大约有80％的生产能力分布在沿海，其中主要部分集中在鞍钢。轻工业主要集中在上海、天津两市和江苏、广东等省，纺织工业有80％的纱锭和90％的布机分布在沿海地区，其中主要部分集中在上海、天津、青岛、大连等少数城市。上海的工业基础源自20世纪初期的棉纺织工业和其他的日用产品的进口替代生产，此后上海的轻工业产品在全国市场占据了重要地位。20世纪80年代，上海又在石油化工、钢铁工业等领域兴建了许多大型项目，同时上海的一些工业设备和产业资本向邻近的江苏和浙江扩散，形成了20世纪80、90年代发展迅速的长江三角洲乡镇企业的基础。

国家优先发展沿海地区的战略。1978年十一届三中全会后，国家提出了优先发展沿海地区的“非均衡”发展战略，带动了内地的发展。从80年代开始，我国生产力布局和地区经济发展战略以提高“经济效率”为中心，向东部沿海地区倾斜。国家把一大批重点建设项目布局在东部沿海地区，实施对外开放政策，又率先在沿海地区开辟经济特区，赋予这些特区在财政、税收、金融、信贷、外贸、外资、价格等方面较大的自主权，并给予相应的优惠政策。国家的政策支持极大地促进了东南沿海地区的经济调整增长。

丰富而廉价的劳动力资源以及供给。中国的劳动力供给丰富，庞大的人口数量和大量的农村剩余劳动力为企业提供了低成本的人力资源。这是中国制造业发展的人口优势。改革开放以来，珠三角和长三角的经济发展很大程度上依靠的是劳动密集型制造业的发展。

12.3 “哈大齐”承接“外部推动”经济发展模式的形势分析

在“哈大齐”工业走廊整个区域内，重工业仍占有主要地位，其中制造业在我国经济建设历史上曾经具有一定优势，发挥过重要作用。但随着时间的推移，其优势正在逐步丧失。因此，如何重振制造业雄风对于发展“哈大齐”工业走廊地方经济具有重大的现实意义。

12.3.1 “哈大齐”工业走廊发展“外部推动”型经济的重要性

当前世界制造业正面临着一场深刻的战略性重组，美国、欧洲和日本等制造业发达国家在努力保持本国高新技术垄断地位的同时，正以降低生产成本和提高市场竞争力为最终目标，在全球范围内进行着新一轮制造业资源的优化配置。中国巨大的消费市场和廉价劳动力资源，吸引着世界制造业大规模转移和登陆。为此，如何发展符合黑龙江省经济高速增长需要的制造业，优化产业结构，建立可持续发展的国民经济秩序具有重要意义。

接受外部地区的产业发展模式带动本地区经济发展是区域经济发展的基本方式之一。“哈大齐”工业走廊建设需要充分运用国家有关政策，积极发展“外部推动”型经济。改革开放以来，东北老工业基地相对落后，这与外部推动弱化具有一定的关系。与此同时，我国东南沿海地区工业化速度领先于内地，最终成为我国经济最发达的地区，其根本原因是受到了来自外部的、劳动密集型制造业的推动。

目前，东南沿海地区由于土地资源、能源供应不足，工资水平不断上涨，环境污染严重，地区产业要求升级等原因，一部分产业需要向内地扩散转移。这与20世纪80～90年代日本、亚洲“四小龙”向我国东南沿海地区资本输出的制造业扩散要求是一致的。“哈大齐”工业走廊建设应抓住这一历史机遇，在国家振兴东北老工业基地宏观经济形势下，做好外部承接工作，促进地区经济结构的转型，加速工业化的进程。

12.3.2 “哈大齐”工业走廊发展“外部推动”型经济的条件

“哈大齐”工业走廊作为黑龙江省八大经济区之一，是黑龙江省经济建设的重要组成部分，这里有省会城市、大庆油田、齐齐哈尔重工业城市，具备发展制造业的优势条件。

我国对外贸易地位的不断增强。中国对外贸易快速发展，在世界贸易总额中的地位不断上升。改革开放以来，中国对外贸易额逐年上升，从外贸总额来看，已由 1992 年的 1 655.3 亿美元增长到 2007 年底的 1.8 万亿美元。1983 年中国的出口额仅占世界出口额的 1.3%，居全球第 15 位；2007 年中国从全球贸易第三位上升到第二位，超过德国。预计 2010 年中国的贸易规模可能超过美国成为全球之首。外贸的发展从一个侧面反映了中国制造业未来发展的前景乐观。

工业制成品在出口商品总额中的比重不断提高。中国正由初级产品出口国发展为制成品大国。通过国际贸易，中国逐步融入全球国际分工体系之中，成为其中不可分割的一个部分。在这一过程当中，中国制造业的地位不断上升。80 年代中后期至 90 年代，我国完成了出口商品结构的第一个转变，即由改革开放初期以初级产品为主向工业制成品为主的转变。1978 年初级产品出口占我国出口的 54.8%，工业制成品占 45.2%；到 1990 年，初级产品和工业制成品所占比重已变为 25.6%和 74.4%（机电占 17.9%），工业制成品成为我国出口贸易的主力军。进入新世纪以来，出口商品结构进一步优化。到 2006 年，初级产品和工业制成品所占比重分别为 5.5%和 94.5%（机电占 56.7%），工业制成品在出口中比重超过 90%，而且高新技术产品的比重已占出口总额的 29%。窗体顶端窗体底端能源、窗体顶端窗体底端化工、建材、纺织、家电、电子等十几个行业百余种产品产量位居世界第一。通过20多年的努力，中国逐步告别资源密集型分工地位，在国际分工中地位有了提高。

出口产品由劳动密集型产品向资本、技术密集型产品转变。外商投资的产业链延伸和配套规模不断扩大，外商投资企业设立研发机构逐步增多。制造业的国际竞争力得到提高，部分行业已开始与国际接轨，采用国际标准或引进外国技术、资金进行生产、加工和销售，竞争能力提高。

振兴东北老工业基地的宏观经济政策保障。目前全球制造业中心正向我国转移，而东北作为国家的重要装备制造业基地，工业基础设施和人才储备潜能巨大，是良好的由发达国家向我国转移的制造业承接地。因此如能抓住机遇，全面提升制造业水平，东北地区完全可以在世界经济新一轮的产业重组中成为我国新的崛起点，成为继珠江三角洲、长江三角洲、环京津地区的中国第四大经济增长极。振兴东北老工业基地的战略，可以说是中国区域经济协调发展的关键一步，也是构建和谐社会的重要手段之一。在“一五”与“二五”时期，东北作为国家重要装备制造业基地，国家投巨资建设若干个项目，从财力和人力上为东北地区创造了工业发展基础。

2009年5月，国家发改委正在研究的东北老工业基地振兴新政策中，很大一部分是支持老工业基地优势产业集聚区建设，主要包括推动辽宁沿海经济带、沈阳经济区、“哈大齐”工业走廊、长吉图开发开放先导区等，这些政策的出台为“哈大齐”工业走廊的制造业发展带来了历史机遇。

劳动力资源具有一定优势。首先，黑龙江省哈、大、齐均属于资源型城市，具有一定数量的制造企业，在技术、设备和人才等方面有一定的储备。近年来又培育了大批熟练产业技术工人与科研群体，已形成制造业特别是装备制造业的产业基础。其次，“哈大齐”工业走廊的整体经济处于低位运行状态，其他要素（如土地）等的价格与其他城市相比较为低廉，在发展和引进劳动密集型制造业方面具有成本优势。同时通过相关产业的发展还可以有效地缓解就业压力。因此，在“哈大齐”工业走廊建设中，发展和引进劳动密集型制造业不失为一个行之有效的方式。

“哈大齐”工业走廊产业集群已初步形成。“哈大齐”工业走廊已初步形成产业集群，便于形成规模经济。以“三大动力”为代表的哈尔滨制造业在我国产业体系中具有重大基础性作用，尤其是在全球制造业的产业转移中，成为我国的重要承接地点。以哈尔滨电站集团、哈飞集团、四海数控集团的数控切割设备、哈工大博实公司的数控码垛机器人为龙头的哈尔滨制造业具有很强的竞争力。医药产业在技术、品牌、品种、效益、市场占有率等方面均位于全国前列，总量和资产均占黑龙江省医药产业的70％～80％以上。大庆市是我国重要的石油生产和化工城市，齐齐哈尔是我国重要的重工业机械制造基地。“哈大齐”工业走廊现已初步形成设施完善、门类齐全、配套能力强的产业集群。集群内拥有一批行业骨干企业和优良的产业工人队伍，拥有完善的研发、制造和营销网络的行业龙头企业，积聚了承担重点工程和重大装备的制造能力和经验。与国内其他地区比较，“哈大齐”工业走廊制造业的产业优势集中在重型机械行业、电力设备行业、机床行业、交通运输设备制造业、机械基础件制造业等装备制造业行业。

地理位置便于制造设备出口。黑龙江省与俄罗斯边境线长达3 045公里，国家一类开放口岸25个，发展对俄经济技术合作的优势明显。“哈大齐”工业走廊可以利用对外贸易条件，充分发挥对俄开放与合作优势，建设全国对俄开放的大窗口、联结欧亚的大通道、东北亚产业金融集聚的大平台，建设中俄科技交流合作及产业化中心，对俄工业、农业、信息科技合作中心，联合大企业引进、吸收俄罗斯及独联体国家先进技术，建立对俄科技合作产业化示范基地，大力发展制造业，促进对俄经贸向规模化、规范化方向发展。整体上黑龙江省对俄经贸科技合作取得了显著成效，在“哈大齐”工业走廊、沿边开放带和沿301国道规划建设了96个各种类型的对俄出口加工基地和出口加工园区。

“哈大齐”工业走廊与日本、韩国的合作领域也比较广泛，有制造业、电力、建筑业、农林牧业、信息传输、计算机服务等。其中，制造业所占比重最大（见图12-1），这都为“哈大齐”工业走廊大力发展制造业，承接“外部推动”经济提供了条件。

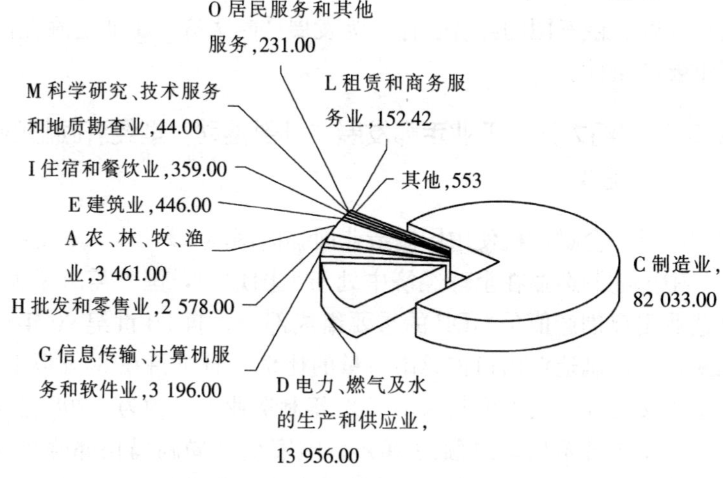

图12-1　日、韩、俄与哈大齐工业走廊产业合作的行业分布图（万美元）

由于地缘、文化、经济基础等方面因素的影响，外商企业主要集中在哈尔滨市。日、韩、俄三国与“哈大齐”工业走廊的产业合作伙伴同样以哈尔滨为主。从统计情况看，日商、韩商、俄商投资企业在哈尔滨市的企业数量分别占黑龙江省总数的68.5%、65%、65%，企业投资总额达104 068.42万美元，占三国对“哈大齐”工业走廊投资总额的97.2 %。尤其是俄罗斯，投资设立的企业都在哈尔滨。虽然近年来招商引资力度逐渐加大，日商、韩商投资呈现出向其他城市扩散的趋势，但哈尔滨市始终是外商投资的首选地。

中小企业已成为日、韩、俄三国与“哈大齐”工业走廊产业合作的主要载体，是活跃市场的主力军。经过多年的产业合作，日、韩、俄三国在“哈大齐”工业走廊逐渐形成了大批中小企业与少数大项目并存的格局。在“哈大齐”工业走廊内，日、韩、俄外商投资项目中也包含着一批资本密集型与技术密集型的大项目，如总投资 43 200 万美元的哈尔滨双太电子实业有限公司。与日、韩、俄三国的经济合作，为发展“哈大齐”工业走廊提供了重要的条件。

12.3.3 “哈大齐”工业走廊发展“外部推动”型经济面临的挑战

12.3.3.1 金融危机使中国制造业面临的困境

中国的制造业在全球经济中处于大国地位，国外需求量大，制造业出口创产值是 GDP 的重要组成部分。自 20 世纪 90 年代以来，我国制造业出口占总出口量的比例一直维持在 80%以上，创造了接近 3/4 的外汇收入，2002 年制造业出口约为 2 398 亿美元，占全国外贸出口总额的 90%。国家统计局副局长邱晓华在 2002 年 8 月 16 日北京的一个新闻发布会上指出，在中国经济的成长过程中，制造业已经成为经济增长的发动机。中国制造业的比较优势，在国际分工中已经争取到了比较有利的地位。在一些行业中，中国制造业已经拥有与世界同行竞争的实力。2007 年，制造业增加值达到 10 万亿元人民币，占我国工业产值的 78%，国民生产总值的 40%。作为制造业重要的投资方向之一，信息化是提高制造企业创新能力，信息流的速度和质量，改变传统的业务流程和工作方法，减少环节和管理层次，提高效率，降低成本，加快资金周转，带来明显经济效益的必备手段。

正在中国制造业迅速发展之机，2007 年，美国爆发了次贷危机，接着2008年又引发了金融危机。危机不仅重创美国经济，致使美国购买力下降，欧洲市场出现消费衰退，还波及到世界上其他许多国家，全球经济面临衰退局面。这对以欧美和日本为主要出口地的国家，无疑是一个沉重的打击。中国制造业在这次危机中也不能独善其身。2008年，受欧美金融危机的影响，客商对中国制造商品价格要求更加苛刻，而国内产品的原材料成本又大幅度上涨，外销市场面临很大困境。华尔街的金融风暴，使能源和原材料价格上涨，人民币升值，银根紧缩，企业融资困难，出口退税和加工贸易政策调整，已使中国制造业“内外交困”，中国劳动密集型产业，如玩具、服装、鞋帽等外贸企业相继出现破产和倒闭现象。根据国家发改委统计的数据，2008年上半年全国有约6.7万家中小企业倒闭，其中多为出口导向型制造企业，企业倒闭潮正从珠三角向长三角、环渤海地区蔓延。随着金融危机向实体经济的蔓延，曾经充当“世界工厂”的中国制造业已经走到了十字路口。2008年我国对外贸易进出口增速前高后低，“入世”7年来增长速度首次低于20%。据海关统计，2008年我国对外贸易进出口总值达25 616.3亿美元，比上年（下同）增长17.8%，比上年回落5.7个百分点。其中出口14 285.5亿美元，增长17.2%，回落8.5个百分点；进口11 330.8亿美元，增长18.5%，回落2.3个百分点。

出口下滑使得我国制造业产品面临国外需求的不足，在这种情况下，如何走好中国的制造业之路成为一项重要的课题。制造业是一个国家或地区经济发展的基石，也是增强国家综合竞争力或区域竞争力的基础。制造业是解决就业的重要领域，也是提高一个国家或地区整体就业水平的重要基础。世界经济发展历史表明，第三产业将会吸纳越来越多的劳动力就业，但制造业仍是今后一个时期解决就业矛盾的重要领域，而且制造业的发展水平直接决定着第三产业的发展，没有制造业的发展，第三产业将成为无源之水、无本之木。制造业不仅是高新技术的载体，而且也是高新技术发展的动力。因此，制造业的发展，对一个国家的经济发展具有重大而深远的意义。

12.3.3.2 “哈大齐”工业走廊面对金融危机的困境

在国际金融危机大环境的影响下，东北地区总的外贸出口也呈下滑趋势。据统计数据显示，2009年一季度，东北地区外贸出口下降23.8%，增幅同比回落25.9个百分点。外需萎缩是主要制约因素，对俄罗斯、欧盟、美国等主要出口地区的出口额大幅下降。同时，由于企业效益下降，加之中央实施一系列减免税费政策，地方财税收入增速大幅下滑。一季度，东北地区财政收入增长10.5%，高于全国平均水平，但较上年同期回落27.4个百分点，其中税收增速回落较大。尽管在此次金融危机中，东北地区所受的影响比沿海地区小，但外需萎缩、企业效益下降、部分行业亏损严重，成为拖累东北振兴的重要因素。

面对国内外经济环境，“哈大齐”工业走廊如何走好制造业发展之路是一项重要课题。

12.4 “哈大齐”工业走廊发展制造业的新思路

在“哈大齐”工业走廊承接“外部推动”经济发展模式过程中，客观地分析当前国内外经济环境，充分利用外部条件，发挥其经济主体内在优势，对中国制造业未来发展前景有一个合理的预期，才能更好地寻求“哈大齐”工业走廊制造业发展的新思路。

要想使“哈大齐”工业走廊内的企业摆脱困境，就需要调整制造业发展战略，走健康发展和可持续发展的道路，自主创新，提高其核心竞争力，不断推动制造业转型升级，由中国制造型向中国创造型转变，提高产品的科技含量和附加值，从低成本优势向高效率和技术优势转变，打造属于自己的品牌，使产品稳健地走出国门。同时，在承接“外部推动”的经济发展模式时，要在广泛的领域内通力合作，探索出一条国际合作和发展的道路。

12.4.1 “哈大齐”工业走廊制造业发展与东北亚各国合作的总体思路

探索出一条产业合作发展道路。目前，“哈大齐”工业走廊与东北亚各国产业合作模式主要以外商直接投资为主，产业技术的转移承接方式较为单一，寻求一条适合双方发展的产业合作模式，是扩大产业合作规模，提高合作水平的重要途径。目前的合作方式主要是将东北亚各国劳动密集型产品生产的整个产业链或劳动密集型生产环节转移到“哈大齐”工业走廊，利用当地的生产要素与配套产品生产企业，合作完成最终产品的生产。因此转移来的产业以零配件生产、食品、服装加工、提供咨询服务的行业为主。根据这一特点，“哈大齐”工业走廊与东北亚国家的产业合作可以走一条以优势产业为引导，大力吸引外资，带动相关产业进步，逐步向资本、技术密集型产业扩散的发展道路。

推进产业集群建立，吸引外商投资。外商直接投资总是倾向于能够获得最大投资回报的地区，产业集群地区以其特有的优势成为外商设立企业的首选地。在产业集群内部，相关产业、技术研发部门以及提供服务的企业相对集中，信息传递速度快，新技术的研发与推广较为便捷，技术溢出效应显著，所以集群内的企业在节省运输费用的同时，获得新技术较为方便。同时产业集群内企业间分工较为细致，效率提高较快。“哈大齐”工业走廊规划目标中曾明确提出要建设具备比较优势的产业集群。其一方面是出于推动黑龙江省产业结构优化升级的考虑。另一方面是从吸引外资的角度考虑。黑龙江省与我国其他地区相比在投资的软硬环境方面都存在一定的差距，积极推进产业集群建设是“哈大齐”工业走廊吸引东北亚国家投资的重要途径。

加强企业技术创新，提高配套生产能力。“哈大齐”工业走廊与东北亚各国产业合作的规模小、水平低，其主要原因是“哈大齐”工业走廊的投资环境落后，尤其是企业由于受资金、人才等方面的制约，配套生产能力不能满足日韩等发达国家企业的要求，所以外商将投资的重点区域转移到制造业相对发达，技术创新能力高的地区，这就阻碍了“哈大齐”工业走廊制造业与东北亚国家的产业合作。因此，未来“哈大齐”工业走廊改善投资环境的重点要放在引进人才，扩大投入，加强技术创新，提高企业配套生产能力上。通过自身的改造，提高和完善“哈大齐”工业走廊与东北亚国家的产业合作水平，更多地承接大项目的转移。

完善政府职能，加强引资后的服务。“哈大齐”工业走廊在建设规划提出的同时，政府就出台了相应的优惠政策，可以说在建立良好的投资软环境上抓住了先机。但是政府还需吸取以往的经验教训，在采取多渠道引资的同时完善政府职能，对引入的外资把好质量关，对外资管理上以宏观调控为主，松紧结合，切实落实优惠政策。在外资引进后要提高政府的工作效率，做好相应的配套服务，以实现外商投资的持续发展。

明确“哈大齐”工业走廊与东北亚各国合作的整体思路是进一步推进制造业发展的前提，在此基础上探索“哈大齐”工业走廊与东北亚各国的合作方向具有同样不可忽视的作用。

12.4.2 “哈大齐”工业走廊在制造业方面与日本的合作策略

表 12-1 日本对“哈大齐”工业走廊制造业投资情况表（万美元）

制造业具体门类	行业代码与名称	哈大齐地区整体投资现状					
		哈大齐地区整体投资现状				投资总额	注册资本外方
		哈尔滨	大庆	齐齐哈尔	合计		
C装备制造业	C34，C35，C36，C37，C39，C40，C41	21家	1家	3家	25家	19 968	2 577

（续）

制造业具体门类	行业代码与名称	哈大齐地区整体投资现状					
		哈大齐地区整体投资现状				投资总额	注册资本外方
		哈尔滨	大庆	齐齐哈尔	合计		
C 食品工业	C13，C14，C15	14 家		1 家	15 家	2 926	1 563
C 森林工业	C20	10 家		1 家	15 家	1 064	591
C 纺织业	C18	6 家			6 家	995	925
C 医药工业	C27	4 家			4 家	972	439
C 文教体育用品制造业	C24	4 家		1 家	5 家	551	234
C 非金属制品业	C31	2 家		1 家	3 家	225	183
C 石化产业	C25，C26，C29	3 家		1 家	4 家	144	53
C 印刷业和记录媒介的复印	C23	3 家			3 家	137	74
合计		67 家	1 家	8 家	76 家	26 982	6 639

资料来源：黑龙江省招商局，2005 年年检日本企业一栏表。

从表 12－1 可以看到，日本对“哈大齐”工业走廊制造业的投资领域主要集中在装备制造业，其次是食品工业和纺织业。其中装备制造业以 19 968 万美元的投资额居制造业投资之首。在装备制造业的投资中，汽车制造业的投资处在最主要位置。截至 2005 年，3 家日方投资的汽车及零部件生产企业全部落户哈尔滨，这主要是由于汽车工业一直是哈尔滨地区的支柱产业，其生产制造能力明显高于“哈大齐”工业走廊内其他地区。此外，日本对哈尔滨地区的家电、通信设备、计算机等其国内优势制造业的投资规模均相对较小，据此，“哈大齐”工业走廊制造业在与国外企业合作时，还要进一步提高附加值电子产品的生产承载能力，为吸引日本高技术电子产业的转移投资奠定基础。

12.4.3 分析韩国的投资策略，选择与韩国的合作方向

韩国是世界制造业大国，尤其是重化工业和高科技产业发达。造船、钢铁、石油化学、一般器械、纤维、家电、汽车是韩国传统产业的主力，它们与IT产业相结合，增强了传统制造业的国际竞争力。同时，由于韩国传统制造业国际竞争力的不断加强，使其采取向周边国家转移次要落后的业种以实现传统产业结构升级的策略。我国是韩国进行产业转移的首选国家之一，黑龙江省作为东北老工业基地之一，拥有雄厚的装备制造业基础，适宜吸引韩国制造业的转移。目前，黑龙江省正在积极建设“哈大齐”工业走廊，分析韩国产业向“哈大齐”工业走廊转移的现状及影响，制定招商引资政策，以完善投资环境和法制环境。

韩国向“哈大齐”工业走廊投资的策略可以从两方面来讨论。第一方面从地区角度分析，主要投资地是哈尔滨，如表12-2所示。韩国在哈尔滨地区的投资远远超过了“哈大齐”工业走廊的其他城市。哈尔滨地区韩企投资数量、投资总额、注册资本总额分别占“哈大齐”工业走廊总数的87.7%、96.53%、92.85%。而韩国在齐齐哈尔和大庆地区的投资却相对较少，不足哈尔滨地区的2%。地处“哈大齐”工业走廊沿线的安达和肇东两市，属于区域内经济实力较弱的次一级城市，目前还没有韩企对其进行投资，但随着工业走廊建设的不断完善，这两个地区将承接三个核心城市的产业转移，扩大产业辐射面，延长产业生产链条，吸引外商投资。

表12-2 韩国在“哈大齐”工业走廊投资情况

地区	企业数量（家）	投资总额（万美元）	注册资本韩方总额（万美元）
哈尔滨	107	57 513	15 742
齐齐哈尔	9	1 096	837
大庆	6	974	376
肇东	0	0	0

（续）

地区	企业数量（家）	投资总额（万美元）	注册资本韩方总额（万美元）
安达	0	0	0
哈大齐地区合计	122	59 583	16 955
黑龙江省	164	68 093	19 364

资料来源：根据 2005 年年检韩国企业一览表绘制。

另一方面从投资的行业来看，主要投资到装备制造业领域。如表 12—3 所示。韩国对装备工业的投资额占其在该地区对制造业投资总额的 89.47%。其中，韩国的绝大部分资金都投在通信设备、计算机及其他电子设备制造业上。因为韩国已经成为全球电子强国，其电子行业目前开发的先进产品已经推向了全球市场，韩国的 IT 产业具备很强的竞争力和向外转移能力。另外，韩国在“哈大齐”工业走廊对交通运输设备制造业的投资也相对较大，主要投资于汽车制造业。韩国是世界十大汽车生产国之一，汽车工业又是哈市的主导产业，韩国汽车制造业的转移有利于进一步推动“哈大齐”工业走廊汽车产业的发展。

表 12－3　韩国在“哈大齐”工业走廊制造业投资情况表（万美元）

制造业具体门类	行业代码与名称	哈大齐地区整体投资现状				
		企业数量			投资总额	注册资本外方
		哈尔滨	大庆	齐齐哈尔		
C 装备工业	C40 通信设备、计算机及其他电子设备制造业	8 家			45 499	10 564
	C37 交通运输设备制造业	7 家			2 654	1 171
	C35 通用设备制造业	6 家		1 家	369	263
	C36 专用设备制造业	6 家	1 家		338	94
	C34 金属制造业	5 家			188	117
	C39 电气机械及器材制造业	3 家		1 家	177	135
	小计	35 家	1 家	2 家	49 255	12 344

（续）

制造业具体门类	行业代码与名称	哈大齐地区整体投资现状				
		企业数量			投资总额	注册资本外方
		哈尔滨	大庆	齐齐哈尔		
C食品工业	C13 农副食品加工业	2家		2家	875	570
	C14 食品制造业	8家		2家	698	324
	小计	10家		4家	1 573	894
C森林工业	C20 木材加工及木、竹、藤、棕、草制品	2家			1 221	682
	C22 造纸机纸制品也	2家			80	43
	小计	4家			1 301	725
C非金属矿物制品业	C31 非金属矿物制品业	7家	2家		1 218	465
C医药工业	C27 医药制造业	2家			819	260
C石化工业	C30 塑料制品也	6家			250	115
	C28 化学纤维制造业		1家		180	180
	C26 化学原料及化学制品制造业	2家	1家	1家	89	62
	小计	8家	2家	1家	519	357
C纺织业	C17 纺织业	2家	1家		109	49
	C18 纺织服装、鞋、帽制造业	4家			65	50
	C19 皮革、毛皮、羽毛（绒）及其制品业	1家			15	13
	小计	7家	1家		189	112
C文教体育用品制造业	C24 文教体育用品制造业	4家			98	98

（续）

制造业具体门类	行业代码与名称	哈大齐地区整体投资现状				
		企业数量			投资总额	注册资本外方
		哈尔滨	大庆	齐齐哈尔		
C工艺品及其他制造业	C42 工艺品及其他制造业	3家			79	79
	合计	80家	6家	7家	55 021	15 334

资料来源：根据 2005 年年检韩国企业一览表绘制。

12.4.4 寻求与俄罗斯合作的新思路

俄罗斯拥有 1.7 亿人口，是东欧地区最大的国家。近年来，俄罗斯经济稳步增长，基础建设投资加大，俄罗斯已经成为全球瞩目的重要建筑市场。莫斯科建造欧洲最高的写字楼，是建设市场需求旺盛的一个标志。近几年，随着俄罗斯建筑市场的稳步发展，五金工具的需求量每年以 10%的平均速度增长。俄罗斯重型压力机械、重型数控机床、铁路货车车辆，飞机及国防军工等重工业和能源工业基础雄厚，而五金工具技术薄弱，严重依靠进口。俄罗斯全国只有 120 家左右的五金生产企业，大多数都是中小企业，其国内的市场依靠德国、中国和美国产品来满足，我国产品由于价格具有明显优势，技术过硬，将赢得越来越大的市场份额。

在全球金融危机的背景下，中俄经济贸易往来受到了比较严重的影响，2008 年第四季度以来，随着国际金融危机程度的加深，中俄贸易呈现大幅下滑态势，在中俄边贸中占有重要地位的绥芬河市对这股“寒流”反应更加明显。据俄驻华商务代表齐普拉科夫介绍，2009 年 1 月，俄对华进、出口额双双出现十年来首次负增长，同比分别降低了 51%和 27%。中国海关总署的统计数据显示，2008 年中俄贸易额为 568 亿美元，尽管实现同比增长 18%，但增速大幅下降，远低于 2007 年的 44.30%。而在金融危机之前，中俄贸易额 10 年间（1998—2007 年）增长了近 10 倍。

受国际金融危机影响，俄罗斯的国内经济表现疲软，居民收入下降，国内需求受到抑制，影响了中国对俄出口。同时，由于石油、有色金属、化肥、木材等能源原材料价格大幅度下降，导致俄对华出口放缓。截至 2008 年年底的统计数据表明，俄罗斯已从 2007 年的中国第七大贸易伙伴降至第九。尽管中俄贸易面临困难，但金融危机的冲击不会也不可能从根本上改变中俄贸易的基本面和长期发展的趋势。中俄经贸关键是大项目合作，两国目前在石油、核能、航空航天等领域的合作是长期有效的。2009 年 2 月，一份价值 250 亿美元的中俄“贷款换石油”协议刚刚签署。在未来 20 年内，中国将每年从俄罗斯获得 1 500 万吨石油。另外，根据双方达成的协议，中俄还将共同建设和运营从俄罗斯远东城市斯科沃罗季诺经中国边境城市漠河到大庆的中俄原油管道。

2008 年 10 月，国务院总理温家宝访问俄罗斯时，两国总理在石油、核能、民用直升机研制、纳米技术和金融等领域签署了一系列合作文件。两国还积极对接区域合作。中俄两国分别颁布了振兴东北规划和远东及后贝加尔地区开发战略，加强边境互市贸易区和贸易综合体的建设，大力推进口岸升级和交通合作。黑龙江省是对俄贸易第一大省，对俄口岸将全部开通国际运输线路，计划开工建设第一座跨黑龙江大桥。中俄经贸促进会主席谢苗诺夫说，中俄两国经贸关系还只处于起步阶段，经贸合作前景是巨大的。他认为，两国需要付出更多的努力推进贸易合作，这样才能实现两国领导人所定的到 2010 年将双边贸易额提升至 600 亿到 800 亿美元的目标。

为了进一步加强与俄罗斯合作与交流，国务院 2009 年 4 月

21日正式批准在黑龙江省对俄口岸绥芬河设立综合保税区，这为“哈大齐”工业走廊对俄贸易在制造业发展上搭建了一个更广阔的合作平台。未来“哈大齐”工业走廊与俄罗斯的经济贸易将建立在更深层面上开展合作。

12.5 “哈大齐”工业走廊承接“外部推动”经济的策略举例——大力发展“哈大齐”工业走廊汽车制造业

12.5.1 “哈大齐”工业走廊汽车业现状

“哈大齐”工业走廊的汽车制造业一直以来为黑龙江省的经济做出了重要贡献。2002年末，汽车工业实现总产值85.9亿元，占全省工业总产值的3.5%；实现工业增加值19.2亿元，占全省工业增加值的1.5%；实现利税3.6亿元，比2000年增加1.4倍；实现销售收入83.0亿元，比2000年增长39.6%；资产净值56.4亿元，比2000年增长24.2%。目前“哈大齐”工业走廊汽车制造业和零部件工业经过多年开发建设，基础设施、科技水平和整体功能都有了较大增强。已形成了以哈飞汽车公司为主的整车制造企业，东安发动机集团为主的零部件配套企业，有一汽集团哈尔滨轻型车厂、黑龙江客车厂、黑龙江汽车改装有限责任公司等一批骨干企业的发展格局。

但是随着全球金融危机的影响，目前“哈大齐”工业走廊的汽车业发展出现了缓慢的局面，下表2008年黑龙江省主要工业产品产量及增长情况反映出黑龙江省汽车产出情况，汽车售量21.2万量，增长率是－7.8%，而在2002年仅哈飞的“哈飞牌”汽车年销量达17.5万台，比2000年增长41.1%；东安发动机企业2002年销售“东安牌”各种微型发动机32.2万台，比2000年增长37%。从数据对比可以看出，“哈大齐”工业走廊汽车业有待进一步发展。

表 12-4 2008 年黑龙江省主要工业产品产量及增长情况

工业产品产量	1-12 月	增长%
原煤（万吨）	8 185.4	0.5
原油（万吨）	4 020.5	−3.6
天然气（亿立方米）	27.2	6.2
大米（万吨）	457.9	24.4
成品糖（万吨）	28.3	17.0
乳制品（万吨）	168.5	3.0
液体乳（万吨）	114.3	−3.0
啤酒（万千升）	173.1	0.6
卷烟（亿支）	426.0	0.6
机制纸及纸板（万吨）	52.7	0.9
原油加工量（万吨）	1 467.3	−4.9
焦炭（万吨）	781.2	14.5
合成氨（万吨）	80.5	−1.7
化肥（万吨）	55.8	−2.4
乙烯（万吨）	58.2	8.4
化学药品原药（万吨）	0.8	24.3
中成药（万吨）	2.3	5.9
化学纤维（万吨）	12.1	−11.7
水泥（万吨）	1 968.2	24.1
生铁（万吨）	364.6	−0.6
钢材（万吨）	426.3	5.3
十种有色金属（万吨）	0.8	−7.6
工业锅炉（蒸发量吨）	9 906.9	−7.2
金属切削机床（台）	7 584	−11.5
汽车（万辆）	21.2	−7.8
轮胎外胎（万条）	378.3	−15.4
发电量（亿千瓦小时）	719.2	5.5
微型电子计算机（万部）	2.9	−2.7
一次能源生产总量（万吨标准煤）	12 031.6	−1.2

“哈大齐”工业走廊汽车业发展还存在着许多问题。我国加入世贸组织后，国内汽车制造业已成为国际化竞争的重点、热点和难点。国内汽车业和零部件生产企业间的“优胜劣汰”已明显加剧。“哈大齐”工业走廊汽车制造业及汽车零部件企业面临总的形势比较严峻，存在的问题比较多。汽车业所有制体制改革仍未到位。“哈大齐”工业走廊汽车“国”字号改制，实行多种所有制体制还很艰难。主机型汽车、大型零部件企业，同国外汽车明星企业的联合、联营，合作开发经营还未实施；一些中小汽车制造业实施多种形式所有制体制还不完善、不巩固，有的流于形式；有的汽车制造业系列化的深化配套改革还不到位，影响了企业总体功能的发挥。各汽车制造业和零部件企业的所有制“改革变制”仍需进一步深化和扩宽。企业资金匮乏难以做大做强。资金不足是“哈大齐”工业走廊发展汽车制造业面临的重要问题。

12.5.2 发展“哈大齐”汽车制造业的政策建议

现在和今后一个时期，“哈大齐”工业走廊汽车业应以实施汽车工业战略性调整为主线，以做大做强和长期增效为目的，坚持市场导向，龙头牵头，科技支撑，规模化生产，市场化经销，以哈飞、东安为龙头，促进主机企业做大做强；抓住优势技术，提高零部件企业配套能力；从中多育出具有国际竞争力的知名汽车及零部件品牌，按照大批量、专业化的模式，建立汽车及零部件产业集群，以系统配套、模块化供货为目标，调整零部件工业区产品结构，把哈尔滨汽车工业园建设成产品特色突出、竞争优势明显、生产规模化的汽车产业发展基地；通过“内引外联”寻找和确立合资合作伙伴，使汽车工业成为全省重要的支柱产业。

坚持深化改革，优化汽车行业结构机制。目前，“哈大齐”工业走廊汽车业总体运行机制不尽合理。一是区域汽车行业发展不平衡。主要集中于哈市等地，企业规模和经营业绩差距较大，发展不均衡。应抓大带小，全面向前推进；二是汽车业和零部件企业的"国"字号还很浓厚，要加快所有制体制改革，改变成为有实质内容的多种所有制成分并存的运行机制；三是产品结构应随着市场需求变化而变化，不搞"十年一贯制"，不断创出新品牌，取得新优势。

强化企业管理，在挖潜增效上下功夫。目前在一些中小型汽车制造业和零部件企业中存在着三种状况：一是企业建章定制不健全；二是有规章、有制度，但流于形式；三是领导为群众制定的，是管理群众的章法。应在这次老工业基地改造过程中加以完善提高，强化企业内部管理，在管理中要发展、增效益。

进一步融通激活资金，解决汽车业和零部件企业发展的资金匮乏问题。资金匮乏是企业普遍存在的问题，它是企业发展的"瓶颈"。应采取多种切实可行的办法加以解决。一是企业采取与商业银行融通办法，创造条件在政策规定内给予借贷；二是通过地方政府给予一定的支持优惠政策，在资金上给予扶持；三是通过发行股票等办法融通民间资金；四是采取"内引外联"办法与内外企业合资、合作经营。还应创造一些融资的办法，不能因资金一时匮乏，就扰乱了汽车业的发展。

进一步创建宽松可行的市场经济环境。目前黑龙江省汽车业发展的外部环境还不够理想，仍有一些束缚企业发展的"条条框框"，使企业发展困难。全省发展汽车业和零部件企业要不要制定一个完整可行的优惠政策，据了解至今还很少有部门和人员来研究这个问题。

大力发展新能源汽车。目前，在传统能源汽车领域，我国几乎落后于发达国家50年，而在新能源汽车领域的研究与发达国家同步。因此，在当前能源面临危机的情形下，大力发展新能源汽车将成为未来汽车业的新利润增长点。"哈大齐"工业走廊应在这样的历史机遇下，增加新能源汽车研发的投入，下大力度，争取在新技术上有所突破。

13 发挥“哈大齐”龙头作用，促进周边地区农村城市化建设

13.1 农村城市化的理论分析

13.1.1 城市化的概念及特征

城市化是人类社会发展的共同规律，无论发达国家还是发展中国家，都必须经历城市化这个阶段。进入21世纪以来，中国的城市化已成为一个世界性的热点问题，引起了国外专家学者们的极大关注。

“城市化”一词，最早出现在1858年，马克思在他的《政治经济学批判》中谈及城乡分离和城市发展时就明确使用了“城市化”的概念，并提出了“现代的历史是乡村城市化，而不像在古代那样，是城市乡村化。”较系统的城市化理论最早出现在1867年西班牙工程师A. Serda的著作《城市化基本原理》中。二十世纪七十年代末，“城市化”的概念引入我国。

由于城市化研究的多学科性、系统性和城市化过程本身的复杂性，迄今为止，关于城市化概念还没有一个完整统一的解释。由于城市化本身表现出来的多元性和研究对象的多学科性，不同的学科从各自的研究领域、研究目的和研究对象出发，得出了适合本学科特点的城市化定义。

人口学所说的城市化指人口城市化，即农村人口不断涌向城市的一个地理迁移现象和过程，最终导致城市人口比重不断上升。对于单个城市来说，人口城市化的过程取决于两个途径：一是机械增长，即农村向城市以及城市之间的人口迁移；二是自然

增长，即新出生人口数量超过死亡人口数量。

经济学中的城市化指不同等级地区的经济结构的转换过程，即农业向第二、第三产业的转换过程，特别重视生产要素的流动，即资本流、劳动流在城市化过程中的作用。

地理学所指的城市化是指在一定地域范围内发生的一种空间过程，是由于社会生产力的变革引起的人类生活方式、生产方式和居住方式改变的一个综合性过程。具体来说，就是第二、第三产业在特定地理条件的地域空间集聚，并在此基础上形成消费地域，其他经济、生活用地也相应建立，多种经济用地和生活空间用地集聚的过程。

在新制度学派看来，城市化是指从以农业为基础产业、以土地为基本生产资料、以个体劳动为基本劳动方式、以血缘关系为纽带的相对封闭、分散的传统的村落聚居制度向以非农产业作为基础产业、以非土地经济要素为基本生产资料、以组织性的集体劳动为主要劳动形式、以业缘关系为纽带的相对开放、集中的现代的城市聚居制度变迁的过程。

综合上述，不同学科对城市化所做的定义，我们发现各个学科都只是在研究城市化的一个方面，没有学科对城市化给出了全面且分层次的内涵。

在借鉴人口学、社会学、经济学、地理学和新制度学派等学科对城市化定义的基础上，得出了关于城市化的概念：城市化是一个农业人口转化为非农业人口、农村地域转化为城市地域、农业活动转化为非农业活动的过程，也是农村人口和非农活动在不同规模城市环境的地理集中过程，是城市价值观、城市生活方式在农村的地理扩散过程。

13. 1. 2　城市化的本质特征

城市化涵盖人口流动、地域景观、经济、社会、文化发展等多方面的内容，而且随着社会、经济、文化的发展，城市化的内涵也在发生着变化。从发达国家城市化的进程我们不难看出，“人口的转社会学所指的城市化强调的是人类文化教育、价值观念、生活方式、宗教信仰等社会演化过程，是社会结构的变化，各个方面更加社会化的过程，是传统性逐渐减弱，现代性逐步增强的过程。

(1) 人口转移和集中是城市化的重要前提。城市化首先表现为人口的大规模迁移和集中的过程。具体地说，就是农村人口转变为城市人口的过程。它是随经济发展和社会进步自发形成的、不以人类意志为转移的客观过程，是农村的强大“推力”和城市的强大“拉力”共同作用的结果。、

(2) 城市化是一个经济活动和资源要素集聚的过程。随着人口大规模向城市集中，经济活动同时集聚于城市之中。这种经济活动集聚主要表现在：①生产要素的集聚；②产业的集聚，首先表现为第二产业的集聚，随后表现为第三产业的集聚；③商业活动的集聚；④消费活动的集聚。

(3) 社会经济结构的转变是实质与核心。不管是人口的集聚，还是经济活动的集聚，城市化的本质是通过追求聚集效应而改变社会经济结构和人们的生产方式、生活方式，最终实现城市现代化，提高人民的生活水平。

13.1.3 结构理论

结构理论也称人口流动理论。最早的人口流动理论见丁英国利文斯坦 19 世纪出版的《迁移规模》，主要代表人物有刘易斯(Lewis)、费景汉（John Fei)、拉尼斯（Ranis)、乔根森（Jorgenson)、托达罗（Todaro）和钱纳里·塞尔昆等。目前，结构理论主要有三种模式，即：

(1) 刘易斯一拉尼斯一费景汉模式。1954 年，刘易斯(W·Arthur Lewis) 创立了经济发展的二元结构模型。他把发展中国家的经济结构概括为现代工业部门（城市）与传统农业部门（乡

村)，指出传统农业部门存在着大量低收入劳动力，劳动力供给具有完全弹性，工业部门可以获得无限供给的劳动力而只支付与传统农业维持生存相应的工资。到了 1961 年，费景汉（John C. H. Fei）和拉尼斯（G. Ranis）对刘易斯二元结构作了重要补充和修正，从而形成了“刘易斯—拉尼斯—费景汉”模型。费景汉、拉尼斯认为，要使就业转换得以实现，必须保证农业迅速增长到足以满足越来越多的非农产业劳动力对产品的消费需求，必须提高农业劳动生产率。

（2）乔根森模型。1961 年，美国的乔根森（D. W. Jorgenson）提出了新二元经济发展模式。他在《剩余农业劳动与二元经济发展》一书中指出，农业剩余是劳动力从农业部门转移到工业部门的充分与必要条件。这种转移的根本原因在于消费结构变化，是消费需求拉动的结果。人们对粮食等农产品的需求是有其生理限度的，而对工业品的需求则是无限度的。当农产品生产已能满足需求时，农业的发展就失去了动力，乡村人口开始向工业部门转移。在这种转移的过程中，工资水平呈不断上升趋势。这表现在：农业个人工资随农业劳动生产率的提高而提高，工业部门为吸引农业劳动力，也不得不相应提高其劳动工资水平。

（3）托达罗模型。美国发展经济学家托达罗（M. P. Todaro）不承认农业部门中存在剩余劳动，认为农业劳动边际生产率始终为正数，人口从农村向城市迁移，不仅取决于城市与农村实际收入的差别，同时还决定于城市就业率的高低和由此而做出的城市预期收入差异。只要城镇里还存在较高预期收入，农业人口向城市迁移的过程就不会终止。托达罗模型解释了某些发展中国家存在的较高城市失业率与较大的城乡人口迁移率。因此，托达罗指出，解决城镇就业问题还必须发展农村经济，增加农民收入，改善农民的生活水平。

13.1.4 人口迁移论

人口迁移理论主要从影响城乡人口流动的因素角度出发，阐述了城乡之间人口流动的基本原理，主要代表人物有克拉克、库兹涅茨等。在探讨影响人口流动的因素时，人口迁移理论将其总结为四个方面的原因：居住地因素、迁入地因素、中间障碍因素和迁移者个人因素。每个地区都同时存在两种不同的因素，一是引起和促使人们迁移，二是排斥和阻碍人们迁移。人口迁移正是这些因素综合作用的结果。在对人口迁移的研究中，人们从经济、社会、地理以及人口等各方面提出了多种假说，其中如下理论是较具代表性的经济学假说。

(1) 推—拉理论。该理论分析群体迁移的原因及迁移方向，它的起源可以追溯到拉文斯坦的“人口迁移律”。该理论认为，迁移行为发生的原因是迁出地的推力因素和迁入地的拉力因素共同作用的结果。“推力”，即存在着迫使居民迁出社会、经济和自然压力；“拉力”，即存在着吸引其他地区居民迁入的社会、经济和自然引力。城乡推一拉理论从城市和乡村相互作用角度分析了城市化的动力机制，且对城乡地域系统的形态进行了描述，为我国“自上而下”型和“自下而上”型城市化动力机制的研究，提供了理论基础。

(2) 人口迁移转变假说。泽林斯基从经济社会发展阶段出发，提出著名的“人口迁移转变假说”，认为人口迁移和流动既与社会经济发展条件有关，同时也与人口出生率和死亡率的转变密切相关。他将社会发展划分为5个阶段，并指出，每个阶段人口迁移具有不同的特征或规律。在现代化以前的传统社会非均衡增长阶段里，人口再生产类型是“高出生率—高死亡率—低增长率”模式，人口很少发生迁移流动；工业革命早期社会转变阶段，人口再生产类型向“高出生率—低死亡率—高增长率”模式转变，人口迅速增多，出现大规模从农村向城镇人口迁移；在工业革命晚期社会转变阶段，人口再生产类型向"低出生率一低死亡率一低增长率"模式转变，人口自然增长受到抑制，各种形式的人口迁移包括乡城人口迁移势头减缓；在发达社会阶段，人口自然增长率由于生育率和死亡率的进一步下降已经降到很低水平。由乡村到城市的人口迁移和迁往未开发地区，国内人口迁移及国际人口迁移的重要性都在下降，取而代之的是城市之间和城市内部的迁移，人口流动得到进一步强化。在未来发达阶段，从总的方面来看，人口迁移数量会有所下降，但城市之间和城市内部的人口迁移仍将保持一定的增长。

（3）配第—克拉克定理。城市化过程，必然伴随着产业结构的演变与升级，同时，产业结构的演变与升级会促进人口从农村向城市不断迁移。因此，区域产业结构演进理论对于城市化动力机制研究有重要的指导意义。英国经济学家克拉克分析指出：随着经济发展，即随着人均国民收入水平的提高，劳动力首先由第一产业向第二产业转移。当人均国民收入水平进一步提高时，劳动力便向第三产业转移。劳动力在产业间分布状况是，第一产业将减少，第二、第三产业将增加。后人称之"配第一克拉克定理"。配第一克拉克定理揭示了城市化推进的实质。随着劳动力在不同产业间转移，劳动力在空间上也实现了转移。产业转移主要体现为从传统产业向现代产业，从农业向非农业的转移；空间转移则主要体现为由分散到集中，由农村流向城市。产业结构演进导致了经济的非农化、工业化和服务化，产业空间布局的转移导致了人口定居方式聚居化、规模化和城市化。

13.1.5 非均衡增长论

非均衡增长理论的代表人物有缪尔达尔、弗朗索瓦·佩鲁、艾伯特·赫希曼等人。缪尔达尔认为：经济发展不只是单纯的产出增长，而是整个社会全方面的增长，涉及的因素很多，有生产条件、生活水平、社会制度等因素。这些因素相互联系、相互影响、互为因果。他从动态系统论的角度出发，认为事物的发展是一个“循环累积”、不断演进的过程。指出当某一社会经济因素发生变化就会引起另一些社会经济因素的变化，而后者因素的变化会反过来强化初始因素的变化，使经济沿着初始因素的发展方向发展。佩鲁认为，经济增长并不是在每个部门、行业或地区按同一速度均衡增长的，而是在不同部门、行业或地区按不同速度增长。某些主导产业部门或有创新能力的企业或行业集中分布于特定的地区或大城市，形成一种资本与技术高度集中、具有规模经济效益、自身增长速度快并能对邻近地区产生强大辐射作用的增长极。一个地区如果具有较其他地区的优势，则该地区就能成为“增长极”。增长极首先通过极化效应吸引周围地区的生产要素，使其得到快速发展，随后通过扩散效应将生产要素扩散到其他地区，从而促进其他地区的经济发展。赫希曼认为一旦在某地方出现经济发展势头，首先会对落后地区的劳动力，特别是对技术人员和富于进取的人产生诱导作用，使其流入该地区；其次，由于该地的就业机会多、收益高，使落后地区的资金也流向该地。第三，又由于该地区在市场竞争中的优势地位，使落后地区贸易衰退，促使该地区经济发展的速度加快，最后这个地区便成为发达区域。与此相反，发达区域的周边地区便成为欠发达区域。同时，发达区域在其发展中也会通过购买欠发达区域的原料、燃料和向欠发达区域输出资本和技术等，诸如此类的经济活动，便在一定程度上对欠发达区域的经济发展起到了带动效应。

13.1.6 生态学派理论

城市生态学派主要从城市生态与环境的角度阐述了城市化过程中城市规划应注意和遵循的规律。其基本理论有田园城市论、芝加哥古典人类生态学论、有机疏散论、城市复合生态系统的理论和山水城市论。

（1）田园城市论。19 世纪末英国社会活动家霍华德提出关于城市规划与建设的设想——田园城市，20 世纪初以来对世界许多国家的城市规划产生了重大影响。他认为应该建设一种兼有城市和乡村优点的理想城市，他称之为“田园城市”（Garden City）。霍华德设想的田园城市包括城市和乡村两个部分。城市的四周为农业用地围绕：城市居民经济就近得到新鲜农产品的供应；田园城市居民生活于此、工作于此；城市的规模须加以限制，使每户居民都能极为方便地接触乡村的自然空间。霍华德还设想，若干田园城市围绕中心城市，构成城市组群，为“无贫民窟无烟尘的城市群”，他称之为“社会城市”。霍华德针对现代社会出现的城市问题，提出带有先驱性的规划思想，对城市规模、布局结构、人口密度、绿化带等城市规划问题，提出一系列独创性的见解，是一个比较完整的城市规划思想体系。对现代城市规划思想起到了重要的启蒙作用，对后来的城市规划理论，如“有机疏散理论”、“卫星城镇理论”等产生了很大影响，也为生态规划理论与实践奠定了基础。

（2）芝加哥古典人类生态学论。美国芝加哥大学以 R. E. Rark 为代表的学者 1916 年发表了题为《城市：关于城市环境中人类行为研究的几点意见》的论文，他们运用生态学理论，研究芝加哥城市的人口空间分布的社会原因与非社会原因，分析了城市土地利用模式，对城市环境进行调查研究，人们称之为芝加哥古典人类生态学派。该学派主要理论是认为城市土地价值变化与植物对空间的竞争相似，土地利用价值反映了人们最愿意竞争有价值的地点，这种竞争作用导致了经济上的分离，从而按土地价值支付能力分化出不同的阶层。该学派还应用植物优势中的概念解释了城市有形群体的发展形式，土地价值决定市民各种活动水平和形式。此外，他们还将植物侵入和演替的概念应用于有形群体，特别是研究特殊种族及商业活动逐步进入居住区附近的情况。芝加哥古典人类生态学派的典型理论主要有同心圆论、扇形模式论、多中心论等。

（3）有机疏散论。有机疏散论是美国著名建筑学家伊利尔·沙里宁（E. Saarinen）为缓解由于城市过分集中所产生的弊病而提出的关于城市发展及其布局结构的理论。沙里宁在他 1942 年写的《城市：它的生长、衰退和将来》一书中对有机疏散论作了系统的阐述。他认为，今天趋向衰败的城市，需要有一个以合理的城市规划原则为基础的革命性的演变，使城市有良好的结构，以利于健康发展。

（4）城市复合生态系统。城市复合生态系统的理论是我国生态学家马世骏（1984）和王如松（1988）提出的。他们认为，城市生态系统可分为社会、经济、自然三个亚系统，各个亚系统又可分为不同层次的子系统，彼此互为环境。自然亚系统是基础，经济亚系统是命脉，社会亚系统是主导，各生态要素在系统一定时空范围内相互联系、相互影响、相互作用，导致了城市这个复合体复杂的矛盾运动。

（5）山水城市论。钱学森最早提出“山水城市”的概念，它是把城市作为一个巨大的现代园林来建设。从美学意义上看，它是追求城市中既有人工的艺术创造，又有大自然的返璞归真，正如中国传统风水理论中所描述的山水城的特征：人工艺术与自然景观“共生、共荣、共存、共乐、共雅”。山水城市是人工环境与自然环境协调发展的，其最终目的在于建立“人工环境”（以城市为代表）与自然环境相融合的人类聚居环境。

13.2 黑龙江省促进农村城市化的发展进程

工业化是城市化的根本动力。黑龙江省的城市化发展，伴随工业化的发展而发展，大致可以分为以下 4 个历史阶段：

13.2.1 新中国成立初的经济恢复与“一五”期间（1949—1957 年）

新中国成立初期，黑龙江省在恢复原有企业生产的同时，新建和扩建一批中小型企业，还从辽宁省迁入并扩建了25个大中型企业，为工业经济发展打下了良好的基础，也为城市化的进步奠定了基础。1953—1957年的“一五”期间，黑龙江被列为国家重点建设省份，工业基本建设投资占全国10%，除原苏联早期援建的哈尔滨亚麻纺织厂外，全国156个重点建设项目中黑龙江省有22项。为使这些重点工程迅速建成投产，1957年，全省各级部门在前四年建设的基础上，继续加强基本建设和工业生产的。各新型企业纷纷建成，从根本上改变了黑龙江省工业在全国所处的地位，对加速黑龙江省乃至我国工业化的进程起了巨大的作用。

在国家政策的引导下，黑龙江省的重工业城市在“一五”期间快速发展，大中城市由1950年的5个，增加到1957年的7个，由于新建扩建项目上马，拉动了对土地、劳动力的需求，推动了城市各项事业的振兴。各城市在原有城市规模基础上，城市范围扩大，如哈尔滨市随着新建工业企业的扩展，城市由原来集中在南岗、道里、道外，发展到在动力区、平房区建设起居民区、大工厂、商业区等。齐齐哈尔市也由于新兴工业区的建设，使富拉尔基区成为人员密集的又一城市中心，城市的工业现代化程度增强。

13.2.2 “大跃进”和经济调整时期（1958—1965年）

“一五”时期建成投产的大型建设项目陆续发挥了投资效果，但由于指导思想上急于求成，盲目追求“大跃进”的高速度和“一大二公”的生产关系，加上连续三年的自然灾害和原苏联单方撕毁合同，经济效益日益恶化。在经济政策上错误执行了“以钢为纲”的方针，严重影响了全省工业生产。从1958年至1962年五年里，工业总产值年平均增长速度为4.5%，1961年和1962年连续两年出现负增长，轻、重工业比例严重失调。市镇人口由1958年的587万人，增加到1960年的877.6万人，猛增

290.6万人，增幅达49.4%，而城市化率则由1958年的37.5%，增加到48.5%，猛增11.0%。1962年轻工业产值占工业总产值的比重下降到37.9%，重工业则上升到62.1%。后来，由于贯彻执行“调整、巩固、充实、提高”八字方针，对大跃进时期一哄而起、技术装备落后、产品质量低劣的100多个工业企业实行了关、停、并、转，压缩了基本建设规模，精简职工，缩减了城市人口。城市人口到1963年回落到796万人，比1961年减少了103.9万人，使国民经济重新走上了有计划、按比例发展的轨道。从20世纪60年代初期开始，全省工业总产值平均每年增长12.2%，城市人口有所增加。

13.2.3 “文化大革命”到改革开放前（1966—1978年）

1966年开始的“文化大革命”，使黑龙江省的经济建设受到政治运动严重冲击，1967年和1968年是没有制订计划的两年，经济工作指挥、调度和管理系统基本陷于瘫痪和半瘫痪，经济运行处于无计划、无政府主义状态，导致工业生产萎缩，城市经济不振，干部下放，知青下乡，城市人口急剧下降。1966—1978年，黑龙江省城市化率在35.4%～37.5%之间徘徊，大大低于20世纪60年代初期。在经济严重萎缩的情况下，城市就缺少发展的空间。此时的大中城市市场供应出现紧张，人民生活水平下降。居民取暖用煤和棉布供应数量减少，一些日用生活必需品供不应求，只好实行凭票证限量供应。以哈尔滨市为例，城市基本建设进度缓慢，投资效益很差，1968年完成当年投资计划的51.5%，全市固定资产交付使用率1968年下降到39.4%，其中工业部门只有22.2%。供水、排水、路灯、公共交通和住宅等设施缺、破坏现象严重，给人民生活带来很大困难，这反映了经济发展、特别是工业化水平与城市化发展内在联系。

13.2.4 改革开放以后（1978至今）

改革开放以来黑龙江城市化水平获得稳步提高。具体表现在以下几个方面：

城市的数量增长较快。全省1979年有城市11个，其中200万～400万人的超大城市1个；100万～200万人的特大城市1个；50万～100万人的大城市5个；20万～50万人的中等城市3个；20万人以下的小城市1个。而到了2002年，城市增加到31个，是1979年2.8倍。其中200万～400万的超大城市1个；100万～200万人的特大城市2个；50万～100万的大城市15个，是1979年的3.75倍；20万～50万人的中等城市10个，是1979年的2.5倍；20万人以下小城市3个。（统计口径采取《2001—2002中国城市发展报告》分类法，把200万～400万人城市列为超大城市与建设部口径有差异）。20世纪80年代中期以后直到90年代黑龙江省城市数量增长迅速，而且50万～100万人的大城市与20万～50万人中等城市增长快。这与1983年我国行政体制实行"地改市、市带县"的改革后，许多城市扩大了行政辖区，一大批经济发展较快县纷纷设市有关。

城市化水平增长较快。黑龙江省城市化水平以市镇人口占总人口比重来看，20世纪80年代后5年增长很快。尽管其中有虚高成分，也反映了那个时期经济不断发展的总体趋势，以及城镇规模扩大的现实。到2002年全省总人口3 813万人，比1979年3 168.7万人增长644.30万人，增长率为20.33%，市镇人口到2002年末全省市镇人口2 021万人，比1979年1 181.4万人增长839.6万人，增长率为71.06%。全省城市化水平2002年达到53.0%，比1979年的37.2%提高15.8个百分点，在全国名列前茅，比2002年全国城市化水平的39.1%高出13.9个百分点。

20世纪90年代后期，经过国民经济的调整，改革开放的深化，经济发展强调结构与效益，对城市的发展、规模、用地管理进一步强化，城市规划、管理日趋制度化、科学化，城市化发展进入有序稳定的发展时期。黑龙江省在20世纪90年代城市化水平平均52%，变动不大，保持在一个相对稳定状态。

小城镇建设出现新局面。改革开放以来，黑龙江省依照“五依三沿”战略方针，即依托大城市建设辐射型卫星镇，依托工矿区建设资源加工型的小城镇，依托边境口岸建设开放型小城镇，依托风景区建设旅游型小城镇，依托大农场和农业基地建设绿色产品加工型的小城镇；沿江河湖泊建设生态型小城镇，沿铁路建设综合集散型小城镇，沿公路建设市场辐射型小城镇，小城镇建设取得了新进展。据《黑龙江年鉴2002》统计的口径，1076个县以下小城镇，其中县以下建制镇403个，乡集镇673个（含农场、林场）。这些小城镇与黑龙江1个超大城市，2个特大城市、15个大城市、10个中等城市、3个小城市构成黑龙江城镇体系（此口径与其他统计略有差异），成为黑龙江省聚集与创造财富的载体。1980—1999年农村城市化取代资源型城市的发展成为城市化进程的主要推动力量，1999年人口非农化水平达到54.2%，而同时期我国城市化水平为34.8%。2000—2004年黑龙江省城市化水平处于51.9%～52.8%之间，2004年我国城市化水平才达到41.8%，可见黑龙江省由于工业的发展始终具有较高的城市化水平。

13.3 大力推进农村城市化进程的政策建议

13.3.1 加强城市规划

发展都市经济圈，促进人口和产业聚集。在城市化进程中，欧美、日本都出现了以中心城市为核心的都市经济圈。黑龙江省应发挥哈尔滨中心城市的辐射作用和自身的产业、地理、人文优势，促进人口和产业聚集，黑龙江省已开始规划建立以哈尔滨市区为中心，以阿城、双城、肇东、宾县、五常和尚志为六个卫星城市的都市经济圈，在建设都市圈过程中借鉴国内外已有的促进交通发展，进行功能分区等成功经验，还应把减少都市圈中城乡居民收入、教育程度、社会医疗福利保障等方面差距作为主要目标，达到不仅从城市规模上进一步发展，同时在发展质量上促进城市功能发挥。在都市圈发展中应充分利用哈尔滨产业优势，进一步促进哈尔滨制造中心形成，哈尔滨在制造业中具有产业竞争优势的部门有 15 个，其中具有产业集群的有 5 个，其中电力、热力业竞争优势明显，农副食品加工业产业集中度、规模优势大，电气机械及器材制造、家具制造业具有较强综合竞争力。通过交通、信息化设施的发展提高这些产业的市场竞争力，扩大市场占有率，是提高都市圈经济效益的主要途径。

发展城市群促进城市规模的协调发展。城市群是伴随着城市化发展而出现的多个城市的聚集，如英国的伦敦—伯明翰—利物浦—曼彻斯特城市群集，美国的波士顿—华盛顿、芝加哥—匹兹堡、圣地亚哥—旧金山城市群，日本的东京、名古屋、大阪为中心的城市群等。

黑龙江省“哈大齐”工为走廊有雄厚的产业基础，哈尔滨和齐齐哈尔的装备工业闻名全国，大庆的石化工业具有先天优势。在“哈大齐”工为走廊城市群的发展过程中，应对传统产业应用先进的技术，提高产品的附加值，同时城市间形成产业的优势互补，强化城市之间的交通与信息联系，提高物流的流通效率和信息共享程度，使“哈大齐”城市群充分发挥产业聚集与空间聚集的协同作用。

13.3.2 优化产业结构

发展服务业，提高城市化水平。城市化进展同服务业发展的相关性要高于同第二产业发展的相关性。黑龙江省在发展服务业方面，应首先利用黑龙江省劳动力资源、旅游资源和区位优势，通过发展旅游服务产业和会展服务产业，吸纳农村的剩余劳动力和城市下岗人员，促进城市化水平的提高，同时起到促进交通运输发展和城市基础设施建设的作用。当批发零售贸易、餐饮业形成较大的行业规模时，应将服务业发展转向知识、信息密集的服务产业，进一步提高服务业的劳动生产率。金融业在黑龙江省的城市化发展中具有较高的增值潜力和产业发展能力，应在投资、制度创新方面予以相应支持，逐步改变黑龙江省金融业自1999年以来基本建设投资持续下降的状况，同时应将金融服务业的重点从生产服务转向为生活服务，提高消费贷款的比例。应促进黑龙江省信息服务业发展，充分利用城市信息产业的优势，发挥信息服务业对其他产业的渗透与影响作用，把推进电子政务作为城市信息化的重点，尝试促进传播服务业、人力资源服务业的发展制度与政策。通过全面提高黑龙江省服务业的水平，促进黑龙江省城市化的发展。

形成多元化城市投融资机制。城市基础设施建设主要依靠财政性资金，并由政府垄断经营，不利于加强城市基础设施建设，不适应城市化加速发展需要。要按照政企分开、政事分开、企事分开、营利性与非营利性单位分开的原则，推进城市基础设施领域产业化改革能够实行产业化经营的事业单位，要改制为独立法人企业，打破政府有关部门对城市基础设施建设和运营的垄断，开放城市基础设施的建设市场和运营市场，并放宽市场准入条件，建立公开招标、合同约束，对确需政府提供的公共服务，政府要履行好职责，提供优质服务。

建立社会保障体系。以2003年为例，截止年底，黑龙江省实际参加基本养老保险468万人，参保率为99.2%。同时黑龙江省于2003年底在乡镇、社区全部建立了劳动保障机构，为下岗失业人员提供了相应的劳动保障服务，这些措施为黑龙江省提高城市化水平起到了积极作用。但在社会保障体系中还存在一定问题，在基本养老保险征缴方面，参保职工中实际缴费人员占参保人员总数的83%，企业在上缴基本养老保险费上仍存在一定拖欠，稽核的比率还不高，清欠回收欠费、确保发放等制度还须进一步完善。对于老龄人口的保健应提倡采用以家庭养老和社区服务相结合方式，政府应采取积极措施发展社区医疗服务。对于城市中的流动人口应逐步纳入社会保障体系中，为促进城市化过程中合理的人口迁移提供相应社会保障。

13.3.3 制度创新

工业化水平和制度安排是影响城市化的重要因素，工业化发展本身要求各种生产要素的聚集，从而推动城市化的发展；制度安排是通过对各种经济社会运行规则的制定和执行来影响城市的。在传统计划经济制度下，这些制度都阻碍了城市化的发展。改革开放后，在经济发展的强大动力下，这些制度都有所创新，推动了城市化发展，但是还存在许多阻碍城市化发展的因素，因此需要对原有制度进行调整和创新。

（1）土地制度创新。改革开放之前大部分时间里，农村实行的是集体所有、集体使用的土地制度。改革开放后，农村实行了家庭联产承包责任制，土地所有权归集体，使用权归个人，实现了两权分离。1998年在农村第一轮土地承包到期后，国家又通过法律形式确立了"土地承包经营期限为30年的"的规定，赋予农民长期而又稳定使用权，并且给予了农民在30年期限内进行土地自由流转的权利。2002年《农村土地承包经营法》的颁布与实施又为农民进行土地使用权的流转提供了法律依据和保障。在法律层面上，土地制度总体改革已经比较到位，关键在于这些法律规定能否在实践中被很好地贯彻执行。对于进城农民的承包地如何处理的问题，2003年1月17日通过的《中华人民共和国农村土地承包法》第一十六条规定，"承包期内，承包方全家迁入小城镇落户的，应当按照承包方的意愿，保留其土地承包经营权或者允许其依法进行土地承包经营权流转。承包期内，承包方全家迁入设区的市，转为非农业户口的，应当将承包的耕地和草地交回发包方。承包方不交回，发包方可以收回承包的耕地和草地。”但对如何进行具体操作，未做出具体的阐述。对于进城农民的宅基地如何处置的问题，至今未有明确的法律规定。为加快城市化的进程和农民进城的步伐，本部分主要具体探讨黑龙江省城市化进程中进城农民地处置问题。

进一步完善土地使用权制度。从黑龙江省城市化进程的用地配置要求分析，要便于进城农民对留在农村的农地使用权处置，农地使用权至少应包含这样一些内容：相对独立的占有权；转让权；租赁权和抵押权等。一般来说，凡是允许转让财产，原则都应允许抵押，因此，在法律允许下可以流转的土地使用权，是可以抵押的。鉴于农地的特殊性，可以先规定农用地抵押资金的运用范围，随着条件不断成熟，再逐步放宽。进入城市农民原有土地经营权是否保留或转让，应从各地实际出发，尊重农民个人选择。

完善城乡土地置换制度。能否妥善解决进城农民土地处置问题关键在于城乡土地的置换机制。由于黑龙江省实行国有和集体所有的一元土地所有制，目前二者之间的联系只有通过国家对农村集体土地征用，使集体土地转为国有土地这一条途径。按国际惯例，土地征用是政府为“公共目的”而行使的一种特有权力，国家征用土地唯一标准是被征用土地是否用于“公共目的”。在我国由于对“公共目的”缺乏明确的界定，导致了在实际征用过程中，滥用土地征用权现象比较严重。在实践中，以商业赢利为目的的征用成为土地征用的主要类型，虽然这种土地征用也给予农民一定的补偿，但补偿费并不能与土地本身“价值”对等，从而在很大程度上剥夺了农民和农村的利益，助长了政府的短期行为，影响了城市化的健康发展。因此，改革城乡土地之间的转换制度，建立城乡土地置换机制也是城市化进程中土地制度改革内容之一。

（2）户籍制度创新。户籍制度是中国人口管理特殊制度，它的本质就是限制人口在城乡之间甚至城市之间流动。长期以来，基于户籍管理的粮食及副食品供应、住宅、就业、教育、医疗、养老制度等，构筑了城乡分割的鸿沟，是阻碍人口城市化的最直接壁垒。改革开放以来，在城市经济发展的拉动下和农业剩余劳动力推动下，黑龙江省大量农民大军进入城市工作。目前，在大中城市中都有一批进城多年的准市民，在新人口统计中已经将他们算成城市人口，但现存的户籍制度对他们来说是难以逾越的一道障碍，使他们成为市民，是加快城市化进程的突破口。应尽快放松原有的户籍管理，减少甚至取消落户费用，允许在城市有合法固定住所、稳定职业和生活来源的农民转为市民。

（3）健全社会保障制度。20 世纪 90 年代后，黑龙江省城镇的社会保障体系框架已经基本建立，但是农民和农民工仍然被排斥在社会保障体系之外。为稳步推进城市化，必须扩大保障面，扩大社会保险的覆盖面，要逐渐实行统一的社会保障管理政策，即不分户籍、所有制、不分企业的隶属关系、不分职工的职业和岗位，实行统一社会保险项目、统一的缴费标准、统一的待遇标准、基金统一调剂使用。通过完善社会保障制度，逐步建立全国统一、覆盖城乡的社会保障体系，将现行城镇居民享受的社会保障扩大到进城务工的农村人口，对在城市有稳定职业并自愿迁入城市定居的农村人口，各级政府要为其建立社会保障金；对进城从事个体经营或转让土地后没稳定职业，及其他自愿迁入城市定居的农村人口，依法实行强制性社会保障，资金来源由个人和政府共同负担。按先城市、后农村的原则，开征社会保障税，并最终建立全国统一、覆盖城乡、个人账户随本人流动的社会保障体系，并确保这一制度能使城乡接轨。

（4）因势利导发展中小城市。适当降低中小城市设市标准。设市标准直接影响着中小城市数目增长的快慢，从而影响整个城市化的进程。世界各国，特别是发达国家设市标准都相当低，例如美国仅 2 500 人，瑞士是 1 万人，日本为 3 万人。世界上设市标准最低的是北欧的丹麦、瑞典等国，仅 200 人。中国则是世界上设市标准最高的国家，1993 年国务院公布的新设立县级市的人口标准是 8 万人。再从中等城市而言，美国的标准是 2.5 万～10 万人；前苏联是 5 万～10 万人，而我国是 20 万～50 万人。除了人口规模这一项指标外，设市或镇还要满足其他指标，如人口密度、经济发展水平等，这更增加了我国设市或设镇的难度。因此，为促进黑龙江省中小城市及建制镇发展，调动广大农村地区建设城镇的积极性，建议适当降低中小城市及建制镇的设立标准。

加快中小城镇基础设施建设。中小城市要吸引众多的农村剩余劳动力，就必须加快城市基础设施建设。要抓住当前国家加大对农村电网、粮食仓储设施、农田水利和农村道路等农村基础设施建设力度的契机，加紧制定城市发展规划，加速城市基础设施建设的步伐。由于我国城市化进入快速发展期，城建规模巨大，据测算每年投资总额高达 5 000 亿元，巨额的投资单靠财政投资是办不到的。目前国家财政总收人中大约只有 2 000 亿元的资金可以用于城市基础设施建设，因此，必须进一步开拓城建筹资渠道，才能解决资金短缺问题。为此，可以借鉴国外经验，发行专项政府城建债券等方式吸收社会资金和外资参与城市基础设施建设。

搞好中小城镇发展规划。中小城镇建设涉及方方面面，影响大，时间长，城镇规划好坏直接影响城市未来发展前途。中小城镇的规划除了循序适当超前、因地制宜等基本原则外，还要突出中小城市的特点，为此在规划上应做到以下几点：①要明确中小城市规划总体轮廓，是棋盘式布局，还是同心圆布局，或者是在这两种基本布局模式基础上，依照具体的地形地貌条件的某种结合；②要突出城市中心建设，中小城市人口少，范围不大，因此在城市空间布局的设计上，城市中心功能区的建设十分重要。

③明确地划分出城市功能区，中小城市功能相对简单，在布局上应当突出各种功能区的特色，以形成中小城市布局的简明风格。

（5）促进资源型城市可持续发展。黑龙江省伴随着资源的开发而崛起多个资源型城市，鸡西、鹤岗、双鸭山和七台河四个煤城均是先有矿后建市的，大庆市是一厂一市模式建立起来的油城，1983 年实行政企分开后转入城市管理建设，这些资源型城市由资源开发相关产业是这些城市发展的主要动力，导致城市主导产业单一，欠缺区位优势，这些城市如何实现城市化的进一步发展是需要亟待解决的问题。

黑龙江省资源型城市应把振兴老工业基地的政策作为发展机遇，发展城市的接续产业，采取不平衡增长战略，选择资源型城市主导产业的下游产业进行投资，提高产品附加值，当这些部门投资有所成效时，可依托原有资源和设备优势，形成相关产业链。2004 以来，煤炭以及煤炭关联产品价格持续攀升，同时国内随着汽车工业发展对石油需求量也不断增加，为资源型城市的经济发展注入新的活力，资源型城市应将部分资金用于扶植新兴产业。为多渠道地吸引外来投资，可制定相应的优惠政策，主要包括用地优惠、融资优惠和税制优惠等。在城市发展中，要改变少数企业垄断城市经济的局面，发展多种所有制、多部门、多层次经济实体，谋求政府干预下多样化城市经济发展。加强城市集中供水、供电、供热，污水、垃圾集中处理等设施建设，改善城市的生态功能，促进转型后城市发展的全面推进。

发挥政府在可持续发展中的作用。目前，在解决资源型城市可持续发展中存在问题时政府也同样发挥重要作用。破除政企合一体制，加快资源型企业转型，促进产业结构多元化是解决资源型城市可持续发展的重要方面。从现状来看，一定时期内，不可再生资源相对枯竭已经成为必然，资源型城市如果继续维持目前政企合一的格局，城市衰退的趋势就在所难免。为化解风险，就必须减少对不可再生资源开采的依赖性，破除单个企业垄断城市经济的局面，发展多种所有制、多部门、多层次、多种组织形式的经济实体，并加强城市政府调控作用，谋求政府干预下多样化城市经济发展。为此，必须首先使不可再生资源企业退出政府的管理，实现企业自主化管理，并对企业实行分离，将主体行业和社会化服务部门剥离、重组，使其成为若干具有相对独立地位的公司实体，降低其垄断地位。同时，引入竞争机制，鼓励非国有经济、非资源产业发展，使城市经济逐步实现多样化。其次，还要大力加强政府的调控功能，充实政府职能部门，制定城市发展战略规划，改善城市发展环境，从宏观上把握城市多元化发展方向，并通过财政、税收和政策手段引导城市经济的多元化发展。资源型城市的产业转型在关闭企业、职工安置和转业培训、社会保障、发展接续和替代产业、环境整治等方面需要支付巨额转型资金，这是一个地区或一个国家财力不能及的，必须在国家财力和政策大力支持的基础上，全方位、多层次、多方式、多渠道地筹措转型资金，广泛开拓资金来源。

注重人力资源的开发利用。人才是黑龙江省城市化中起决定性作用的因素，要注重加强人力资源的开发利用，搞好城市化过程中的关键一环。

加强复合型高级人才的培养，建立一支懂经营、会管理、有技术、熟悉资源型城市本地经济的高素质队伍，带领城市开拓市场，赢得竞争。

加强对在岗职工群众的培训，围绕资源型城市发展中的热点，难点问题，为适应管理和技术创新的需要，广泛开展资本运营、金融经济、法律、电子网络等内容的培训。并充分发挥培训的激励作用，对于有突出贡献的职工给予奖励性的培训，包括可以自主选择与本岗位相关的专业培训或高一层次的学历进修。

促进资源型产业的下岗人员再就业，应注重在加强职业技术培训、促进从业人员转岗就业的同时，发展新企业、创造新就业岗位。

推进资源型城市的技术创新。建立与完善技术创新人才保障体系。资源型城市一方面缺乏发展新兴替代产业的人才，另一方面传统资源型主导产业随着资源的开采进入稳产的中后期或衰退期而出现人才过剩现象。因此，要建立与完善资源型城市的技术创新人才保障体系。首先要充分整合和利用现有人才资源，主要是创造条件，让现有的资源型主导产业的人才向与主导产业相关度较大的、有发展前景新兴产业转移；其次要引进和培养人才。要通过各种途径引进人才，能引进到城市落户的要大力引进，不能落户要争取实现"不求所在、但求所用"。

建立与完善技术创新资金保障体系。资金投入是推动技术创新的物质条件，资源型城市主导产业的企业大都是中央企业，其经营对地方财政没有很大的贡献，因此，资源型城市首先应争取国家的支持，保证技术创新的资金供应；另外，资源型城市还可通过银行贷款、上市融资、争取风险资金支持、进行股份制改造、吸引外资等渠道与方式获取创新资金。资金与人才保障体系的建立有助于提高技术创新主体的实力，改善资源型城市技术创新系统的资源配置。

加强城市基础设施与环境建设。加强基础设施与环境建设的主要目的是通过完善资源型城市的基础设施，提供广阔优越的发展环境，增强资源型城市对外界创新资源的吸引力，吸引更多人才、资金等为资源型城市的技术创新及经济发展服务。当前资源型城市建设基础与环境重点之一是要加强信息基础的建设，实现与外界信息资源的共享。要大力支持与发展具有发展前景和市场竞争力工程中心、企业技术中心以及科研基地、生产力促进中心、技术交易市场、高新技术开发区等与技术创新有关的基础设施，在法律环境、政策环境等方面也应不断完善，优化投资环境，考虑到资源型城市在地理位置、城市功能上的劣势，其软环境对于吸引技术创新资源更为重要。

加强资源型城市环境保护。资源型城市由于其本身的自然条件以及资源开发高消耗、高污染特点，在发展中对生态环境的破坏性一般都比较严重。比如由于地下资源开发引起“三废”污染问题、噪声污染的问题等，在资源型城市中都非常典型。与一般城市相比，资源型城市对生态环境的破坏和污染量大。这种状况造成了资源型城市的生态环境问题普遍要比其他城市突出，降低了资源型城市对外界的吸引力，也增加了资源型城市发展非持续性。因此，从客观实际出发，加强资源型城市环境保护，需要国家采取一些必要的调控措施。比如，可以对中央企业的环境污染治理进行财政补贴，帮助其建立完备的排污体系；对于污染严重同时经济效益欠佳的企业，尽早设法使其关停并转；帮助当地政府辟建新工业区，调整污染型企业的不合理布局，采取集中治理措施；协助地方建设重要的污染处理设施，比如污水处理厂、垃圾处理厂等；制定与地区实际相适应的污染排放标准，并通过经济、行政、法律措施来保证其执行。

参 考 文 献

[1] 张吉光．商业银行全面风险管理［M］．立信会计出版社，2006：3～12

[2] 赵志宏．银行全面风险管理体系［M］．中国金融出版社，2005：365～381

[3] 查尔斯 W. 史密森．金融风险管理鉴．李强译．中国金融出版社，2003：3～4

[4] 闫果棠．巴塞尔新资本协议与我国商业银行全面风险管理［J］．2006，(8)：74～76

[5] 章国华．实现“四化”是国内银行实现全面风险管理的必经之路［J］．浙江金融．2007，(4)：11～12

[6] 成斌．建立全面风险管理体系的对策与建议［J］．商业银行．2007，(1)：59～60

[7] 张维然，田常浩．VAR模型及其在国际银行风险管理中的应用［J］．技术经济与管理研究．2001，(4)：22～24

[8] 郝建新．浅议金融业全面风险管理模式［J］．集团经济研究．2006，(11) 期，165～166

[9] 刁钦义．商业银行强化全面风险管理的思考［J］．济南金融．2007，(2)：6～8

[10] 葛兆强．国外商业银行风险管理机制研究［J］．金融与经济．2002，(4)：14～17

[11] 邓黎阳．试析商业银行风险管理职能在内部资金定价机制中的实现［J］．南方金融．2003，(1)：33～35

[12] 陈林龙．西方商业银行风险管理概述［J］．中国城市金融．2001，(4)：41～42

[13] 王健．中外资银行风险管理的趋势、差距与对策［J］．新金融．2002，(4)：12～14

[14] 任兆璋．金融风险防范与控制［M］．社会科学文献出版社，2001：

125～131

[15] 欧阳卫民．论加快我国银行风险管理现代化进程 [J]. 福建金融. 2002，(10)：21～23

[16] 陈四清．试论商业银行风险管理 [J]. 国际金融研究．2003，(5)：32～33

[17] 许崇正．我国商业银行风险防范模型的建立与分析 [J]. 金融论坛. 2002，(9)：11～17

[18] 崇明．论构建我国商业银行全面风险管理体系 [J]. 新金融．2003，(9)：14～16

[19] 韩曙光．商业银行风险控制对策探讨 [J]. 济南金融．2002，(10)：4～6

[20] 唐国储．巴塞尔新资本协议的风险新理念与我国国有商业银行全面风险管理体系的构建．金融研究．2003，(1)：12～14

[21] 范英．建立商业银行风险管理信息系统的几点思考 [J]. 科技进步与对策．2005，(7)：24～26

[22] 陈四清．论商业银行风险管理 [J]. 国际金融研究．2003，(7)：32～35

[23] 卢唐来，周好文．经济资本与商业银行操作风险 [J]. 国贸经济. 2005，(9)：12～14

[24] 盛军．科学的贷款定价方法—RAROC 定价法 [J]. 金融实务研究. 2000，(7)：36～38

[25] 沙振林．对商业银行防范市场风险的探讨 [J]. 金融理论与实践. 2005，(8)：7～9

[26] 赵家敏．全面风险管理模型设计与评价 [J]. 国际金融研究．2005，(3)：45～48

[27] 张晓扑．人民币汇率新机制对我国商业银行风险管理的挑战 [J]. 国际金融研究．2005，(12)：41～42

[28] 克里斯·马滕．银行资本管理—资本配置和绩效测评 [M]. 王洪译．机械工业出版社，2004：66～68

[29] 吴青．西方银行管理 [M]. 对外经济贸易大学出版社，2002：98～99

[30] 徐一丁，戴小玲．现代商业银行风险管理 [M]. 四川大学出版社，2003：21～24

[31] 郑先炳．西方商业银行最新发展趋势 [M]. 中国金融出版社，2001：42～44

[32] 宗良．跨国银行风险管理 [M]．中国金融出版社，2002：77～79
[33] 徐敦鹏．借鉴国外先进经验推行全面风险管理 [J]．福建金融．2003，(8)：18～20
[34] 朱剑锋．借鉴国际银行经验构建我国银行业风险管理体系 [J]．国际金融研究．2004，(4)：33～35
[35] 朱剑锋．西方银行业的风险管理经验及对我们的启示 [J]．现代商业银行．2004，(9)：21～22
[36] 崔滨洲．巴塞尔新资本协议与中国银行业的全面风险管理 [J]．武汉大学学报．2004，(5)：55～56
[37] 赵奇志．构筑商业银行全面风险管理新模式 [J]．山东审计．2003，(5)：59～60
[38] 江磊．银行全面风险管理的方法 [J]．西安金融．2002，(10)：62～63
[39] 宗良．驾驭风险之道—国际银行风险管理的发展历程及主要新方法 [J]．国际贸易．2000，(3)：32～33
[40] 陈小宪．中国商业银行风险管理的认识与实践 [J]．中国金融．2004，3
[41] 王少峰．浅析我国商业银行风险管理的现状 [J]．华南农业大学学报．2004，(1)：16～17
[42] 谭德彬，晏永胜．树立以 RAROC 为核心的风险管理理念 [J]．中国金融．2003，(9)：12～16
[43] 武剑．论商业银行经济资本的配置与管理 [J]．新金融．2004，(4)：25～26
[44] 黄宪．商业银行全面风险管理体系及其在我国的构建 [J]．中国软科学．2004，(11)：26～27
[45] 裴平．金融全球化与商业银行的发展 [J]．南京航空航天大学学报 2000，(9)：39～42
[46] 刘建德．经济资本风险和价值管理的核心 [J]．国际金融研究．2004，(8)：7～9
[47] 刘晋宁．从新资本协议看银行风险管理的发展 [J]．杭州金融研修学院学报．2002，(5)：66～67
[48] 齐美东，闰春英．构筑振兴东北老工业基地的金融支持体系 [J]．经济纵横，2005，(2)：34～36
[49] 于谨凯，李宝星．现代金融服务业发展模式研究—以青岛为例 [J]．

环渤海经济燎望，2007，(4)：30～34

[50] 王云峰，杨冬．金融业对山东经济增长支撑作用研究［J］. 甘肃金融．2007

[51] 孙险峰．哈大齐工业走廊建设中金融支持问题与对策．北方经贸．2008 (11)

[52] 丁柏群，崔声伶．哈大齐工业走廊建设研究［J］．商业研究，2006 (22)

[53] 巴曙松．振兴东北的金融支持战略［J］．财经问题研究，2004 (3)

[54] 巴顿．城市经济学［M］. 上海：上海译文出版社，1984

[55] 钱文荣．中国城市化道路探索［M］. 北京：中国农业出版社，2003

[56] 李文．城市化滞后的经济后果分析［J］. 中国社会科学，2005

[57] 周一星．中国城镇的概念和城镇人口的统计口径［J］. 人口与经济，2005

[58] 李辉．中国人口城市化综述［J］. 人口学刊，2006 (6)

[59] 谢文惠．城市经济学［M］. 北京：清华大学出版社，2006

[60] 黑龙江省统计年鉴 1993—2007［M］. 北京：中国统计出版社

[61] 张景忠．黑龙江省城市化进程评价及对策研究［D］. 哈尔滨理工大学。2008. 3

[62] 刘婧．渤海经济圈与国内外经济圈的差距及发展制约因素分析．鲁东大学学报，2009. 3

[63] 黑龙江省人民政府．关于印发哈大齐工业走廊产业布局总体规划的通知．2005. 10. 27

[64] 刘云刚．中国资源型城市的发展机制及其调控对策研究［D］。博士毕业论文．长春，东北师范大学，2002

[65] 陈晓红．东北地区城市化与生态环境协调发展研究［D］。博士毕业论文．长春，东北师范大学，2008，6

[66] 邢焕峰．东北经济区整体化发展及其协调机制研究［D］。博士毕业论文．长春，东北师范大学，2008，6

[67] 刘岩．关于哈尔滨市属工业园区管理问题的研究．硕士毕业论文．哈尔滨，黑龙江大学，2007，5

[68] 翟绪军．黑龙江省工业循环经济发展研究 硕士毕业论文．哈尔滨，东北林业大学，2007，3

[69] 赵欣．基于循环经济理论下的黑龙江省循环经济发展研究 硕士毕业论文．长春，吉林大学，2008，5
[70] 冯智能．生态工业园的企业共生关系研究 硕士毕业论文。武汉，华中农业大学，2007，6
[71] 尹音频．资本市场税制研究 [M]. 北京：中国财政经济出版社，2006
[72] 林楠．完善我国资本市场税收政策的若干思考 [J]. 价格月刊，2008，8
[73] 孙雷．21 世纪经济报道，民建中央：我建议适时开征资本利得税等公平资本市场税收政策．001 版，2008.3.4
[74] 上海证券报．民建中央：建议完善多层次资本市场税收政策，2008.3.3
[75] 陆春晖．促进我国区域经济协调发展的税收政策研究．硕士毕业论文，西南交通大学，2008，5
[76] 马拴友．《中国经济增长的财政政策分析》[D]．中国社会科学院博士论文．2001
[77] 贾彦利．《中国区域政策对区域差距影响研究》[D]．上海财经大学博士论文．2006
[78] 张蕾芳．《区域经济发展中的财政金融政策工具研究》[D]. 武汉理工大学博士论文．2006
[79] 吴晓宇等．影响区域经济发展的相关财税问题 [J]．经济研究参考．2006. 62
[80] 万莹．我国区域税收优惠政策绩效的施政分析 [J]. 中央财经大学学报．2006，8
[81] 滕兴华．我国现行税收优惠政策存在的问题与完善措施 [J]．黑龙江对外经贸．2005，01
[82] 杨俊，王燕．积极财政政策与私人投资关系的区域差异 [J]．财经科学．2007，5
[83] 高寒峰．东北制造业区域创新能力提升与创新模式选择研究 [D]．博士毕业论文．吉林大学，2008.4
[84] 葛新权，李静文等．技术创新与管理 [M]. 北京：社会科学文献出版社，2005（4)：313～339
[85] 陈永杰．东北基本情况调查报告 [J]. 经济研究参考，2003 年总第 77

期，20～32

[86] 中国社会科学院工业经济研究所课题组．振兴东北老工业基地科技支撑战略研究（总报告）[C].2005，6

[87] 朱恒源，杨艳，吴贵生．市场成长过程的国际比较：创新扩散的视角 [J]. 科学学研究，2007（2）：346～351

[88] 官建成，钟蜀明．技术创新绩效的产业分布与演变 [J]. 中国科技论坛，2007（9）：26～32

[89] 王亮．区域创新系统资源配置效率的演进规律与创新机制研究 [D]．博士毕业论文，吉林大学，2008，4

[90] 何一民等．中国城市发展模式研究 [J]. 社会科学研究，2005，(1)

[91] 胡鞍钢．如何认识中国的技术追赶效应 [J]. 科学中国人，2005（1）：24～29

[92] 董秋玲，常玉，庄宇．科技园区区域技术创新能力评价综述．科学管理研究，2005，23（3）：20～24

[93] 易宪中．自主创新、技术模仿与中国技术赶超 [D]．博士毕业论文．湖南大学，2008，3

[94] 胡均明，张亚斌．简论对外贸易增长方式的转变．光明日报，2006—3—1

[95] 曾铮，张亚斌．价值链的经济学分析及其对我国的政策借鉴．中国工业经济，2005，(5)

[96] 邵云飞，谭劲松．区域技术创新能力形成机理探析．管理科学学报，2006，l9，(4)：1～3

[97] 赵长春等．国外节能面面观．中国经贸导刊，2005，(17)：49～50.

[98] 宣能啸．我国能源效率问题分析．国际石油经济，2004，12（9）35～39

[99] 王素萍．我国能源节约的潜力和对策探讨．能源与环境，2005，(1)：11～13

[100] 刘戒骄．加强制度机制建设 推进节能降耗和污染减排 [N]．中国社会科学院院报，2007—03—30

[101] 黄海峰等．德国发展循环经济的经验及其对我国的启示．北京工业大学学报，2005，5（2）：38～42

[102] 陈永昌．关于黑龙江省发展循环经济的几点建议．决策咨询通讯，

2005 16（2）：12～13
[103] 王佳宁，胡新华．大力促进节能降耗 推动产业结构升级［N］．经济日报，2007—02—12
[104] 陈佳贵．跨国公司的全球经济整合战
[105] 与东北老工业基地的市场经济重构．税务与经济，2004，(5)：190～196
[106] 肖坚．促进节能减排的税收政策思考［N］．辽宁税务高等专科学校学报，2007—12
[107] 林毅夫，刘明兴．经济发展战略与中国的工业化．经济研究，2004（7）：48～58
[108] 曹华．发展循环经济，实现生态友好型社会．当代经济，2006，(6)：91～92
[109] 黄婕．论可持续发展的技术保证．承德职业学院学报，2007 年第 1 期：62～64
[110] 王仲璃，黄清．论发挥我国中小企业的国际竞争优势．学术交流，2006，1（76）
[111] 胡毓娟，林乐，万丽．我国节能减排工八中存在的主要问题和对策措施［J］．河北金融 2008，2
[112] 青言．进一步加强节能减排工作［N］．光明日报，2007—05—10
[113] 郝玲，上半年医药经济三步走，《医药经济信息》，2006（17）
[114] "要闻"，《医药经济信息》[J]，2006（18）
[115] 庄榆，"2006 年全球药品市场增长继续维持在 6%～7%"，《医药经济信息》[J]，2006（18）
[116] 陈春华，"拉动为主推动为辅"，《中国药品零售市场研究报告》[J]，2006（ 9）
[117] 肖志飞，"制药业营销战略转型——竞争力营销或成趋势"，《医药经济报》[J]，2006，10 第 5 版
[118] 孙一楠．日本医药产业研究及对我国的启示．硕士毕业论文，沈阳药科大学，2003，6
[119] 张宇石．通化医药产业集群现状的调查与思考《通化师范学院学报》2007 年 2 月 28 日第 1 版
[120] 陈建伟．政策与人才因素是影响医药行业发展关键，《中国中医药报》2007 年 3 月 7 日第 007 版

[121] 周惠．我国医药知识产权保护中存在的问题及对策．《中国食品药品监管》2006（1）

[122] 廖丽运、高秀蓉、昝旺．浅析 WTO 对我国医药知识产权保护．《西南军医》2007（2）

[123] 李金华等．《中国产业：结构、增长及效益》，清华大学出版社 2007

[124] 袁俊．加速企业技术创新提高企业核心竞争力．航空科学技术，2005，3

[125] 周振平，高淑仪．论企业核心竞争力及其要素组合．商业现代化，2005，7

[126] 刘晨亮．黑龙江省绿色食品产业集群发展研究［D］．博士论文．哈尔滨，东北林业大学，2007，6

[127] 马立新．黑龙江省生态省建设阶段性评估指标体系研究［］硕士论文．哈尔滨，东北林业大学，2007，6

[128] 史芳，王咏红，高瑛．我国乳制品国际竞争力研究及政策建议［J］．安徽农业科学，2008，36

[129] 刘艺卓，田志宏．中国乳品的国际贸易格局及市场策略分析［J］．世界农业，2005（8）：18～21

[130] 赵美玲，王述英．农业国际竞争力评价指标体系与评价模型研究［J］．南开经济研究，2005（6）：39～44

[131] 张文兵．中国奶业竞争力：基于 RCA 和“钻石”模型的分析［J］．农村经济问题，2005（11）：36～41

[132] 王威，顾海英．中国乳品加工业的过度竞争分析［J］．中国农村经济，2005（2）：43～49

[133] 陈燕芳．福州市可持续发展指标评价研究．硕士学位论文，福建农林大学，2006

[134] 黑龙江省生态省建设十一五规划．黑龙江省生态省建设领导小组办公室．2007

[135] 李云清．物流系统规划［M］．上海同济大学出版社，2004，08

[136] 刘秉镰．21 世纪两岸三地现代物流发展研究［M］．北京机械工业出版社，2003，05

[137] 杨茅甄．现代物流理论与实务［M］．上海人民出版社，2004，04

[138] 朱智．哈大齐工业走廊现代物流系统研究．商业经济．2007，04

[139] 高敬峰．中国制造业比较优势与产业结构升级研究［D］．博士毕业论文．山东大学，2008，5

[140] 华民．我们究竟应当怎样来看待中国对外开放的效益［J］. 国际经济评论．2006（1～2）

[141] 胡昭玲．产品内国际分工对中国工业生产率的影响分析［J］. 中国工业经济．2007（6）

[142] 黄蔚，方齐云．对外开放与我国经济增长的实证分析［J］. 国际贸易问题．2006，06

[143] 李辉文．现代比较优势理论的动态性质—兼评“比较优势陷阱”［J］. 经济评论．2004，01

[144] 李辉文．石燕．产业内贸易与比较优势——对产业内贸易根源的重新审视［J］. 经济评论．2006，03

[145] 李铁滨．东北老工业基地承接东南沿海地区劳动密集型制造业扩散研究［D］．东北师范大学，2008，05

[146] 金暗等．加入 WTO 以来中国制造业国际竞争力的实证分析［J］. 中国工业经济，2006，10

[147] 安涛．东南沿海劳动密集型企业西移的构想［J］．中共珠海市委党校珠海市行政学院学报，2005，1

[148] 工秀芝，尹继东．中国收入差距与劳动力流动关系研究综述［J］．当代财经，2007，4

[149] 陈雯．当前仍要大力发展劳动力密集型产业［J］．商业研究，2004，02

[150] 潘家玮．跳出浙江发展浙江（第1版）［M］．研究出版社，2005

[151] 孔令江．中国制造业集群与区域经济增长研究．东北财经大学，2007

[152] 吴德进．《产业集群论》，社会科学文献出版社，2006

[153] 孙洛平．孙海琳，《产业集聚的交易费用理论》，中国社会科学出版社，2006

[154] 徐康宁．《产业聚集形成的源泉》，人民出版社，2006

[155] 徐强．《产业集聚因何而生—中国产业集聚形成机理与发展对策研究》，浙江大学出版社，2004

[156] 鲁开垠．《增长的新空间—产业集群核心能力研究》，经济科学出版

社，2006

[157] 中国国际投资促进会，中欧国际工商学院，中国服务外包研究中心．中国服务外包发展报告 2007 [M]．上海交通大学出版社，2007：25～30

[158] 卢峰．服务外包的经济学分析：产品内分工视角 [M]．北京大学出版社，2007：45～57

[159] 谭力文，刘林青等．跨国公司制造和服务外包发展趋势与中国相关政策研究 [M]．人民出版社，2008：33～42

[160] 张文宣．全球价值链理论及其实践应用．西北大学博士学位论文，2008

[161] 江小涓，杜玲．国外跨国投资理论研究的最新进展．世界经济，2001.6

[162] 唐守祥，关于齐齐哈尔发展服务外包产业研究与思考，理论观察，2008.3

[163] Joel Bessis，Risk Management in Banking [M]. John Wiley & Sons Ltd. 2004：7～10

[164] Eddie Cade. Managing Banking Risks，Reducing Uncertainty to Improve Bank Performance [M]. Glenlake Publishing company ltd. 2004：2～3

[165] Conrad Gardner. Risk Management for financial institutions. Advances in measurement and control [M]. Risk Pub. 1997：44～45

[166] Carol Alexander. Risk management and analysis [M]. New York. Wiley，1998：22～23

[167] Bruni Francoetal. Risk management in volatile financial markets [M]. NL-Kluwer，1996：11～12

[168] Alexander，C. Risk Management and Analysis. Markets and Products [M]. John Wiley. 1998：123～124

[169] David H. Pyle. Bank Risk Management Theory [M]. University of California，Berkeley. 1997：200～201

[170] Basel Committee on Banking Supervision. The New Basel Capital Accord [M]. 2003：12～24

[171] The Committee of Sponsoring Organizations of the Treadway Commos-

sion. Enterprise Risk Management Framework [M]. New York Wiely. 2004：8～13

[172] Michael F. Corbett. The Outsourcing Revolution：Why It Makes Sense and How to Do It Right. Kaplan Business Press，2004

[173] D. Besanko，D. Dranove，M. Shanley，S. Schaefer. Economics Of Strategy. John Wiley & Sons Canada，Ltd，2003

[174] Ronald H. Coase. The Nature of the Firm，Economica（n. s.）386 (1937)

[175] David J. Collis（Author），Cynthia A. Montgomery. Corporate Strategy：A Resource-based Approach. McGraw-Hill Inc.，1997

[176] Sundeep Sahay，Brian Nicholson，and S. Krishna. Global. IT outsourcing：software development across borders. Cambridge，UK；New York：Cambridge University Press，2003